¡Te Toca!

¡Te Toca!

A New Communicative Spanish Course

Richard Pym and Mark Allinson
Royal Holloway, University of London

ARNOLD

A member of the Hodder Headline Group
LONDON

First published in Great Britain in 2002 by
Arnold, a member of the Hodder Headline Group,
338 Euston Road, London NW1 3BH

http://www.hoddereducation.com

British Library Cataloguing in Publication Data
A catalogue record for this book is available from the British Library

ISBN-10: 0 340 74073 6
ISBN-13: 978 0 340 74073 6

3 4 5 6 7 8 9 10

Typeset in 10/12 Palatino by Integra Software Services Pvt. Ltd, Pondicherry 605 005, India
www.integra-india.com
Printed and bound in Great Britain by MPG Books Ltd, Bodmin, Cornwall

What do you think about this book? Or any other Hodder Arnold title?
Visit our website: www.hoddereducation.com

Contents

Acknowledgements

The authors would like to thank the following people who contributed in different ways to the project. Raquel Mardomingo of the Open University checked the entire manuscript and made a number of useful suggestions. Professor Chris Perriam and Marleny Jiménez at the University of Newcastle tested simulations with their students. Gejo Cánovas, Ruth Aedo-Richmond, Kirsty Dunseoth, Patricia Montenegro, Paola Martínez, Reyes Menés and Ana Bravo all made valuable suggestions at different times. Much valued, too, has been the support of Elena Seymenliyska and Eva Martínez of Arnold. Most of all we would like to thank our colleagues, María José Gago, Aida Martín Valverde and Susana Marcos, who, after reading through early versions of most of the simulations and making corrections and suggestions, went on to use them in their language classes at Royal Holloway, University of London. Lastly, we thank our students at Royal Holloway from 1994 to the present, who, through their willing, lively and extremely enthusiastic participation in simulations in class, have demonstrated so convincingly the motivational and pedagogical efficacy of this approach.

Introduction

What's new about this approach?

¡Te Toca! marks a significant departure from traditional approaches to advanced language teaching. Many institutions in the United Kingdom and elsewhere still rely in the main on the increasingly outmoded grammar-translation approach, even where attempts have been made to introduce more communicative methods. This book places communication centre stage. Its language simulations, which drive the learning process, immerse students in a virtual Spanish-speaking world, requiring of them a level of communicative participation unprecedented in language teaching.

Who is the course designed for?

University students with advanced Spanish. The course is most suitable for second and final-year students, although the early simulations in particular are also perfectly usable at first-year level. The increasing prevalence of an instrumental attitude to degree courses, both among students and employers is widely acknowledged by teachers. *¡Te Toca!* is designed to provide students with a thorough grounding in practical language skills across a range of registers for use in real situations.

What is a language simulation?

A language simulation creates a learning environment in which the student is required to study a set of documents, all of them in Spanish, in order to discover relevant information for use in the discussions and debate which make up the classroom element of the simulation. Each simulation centres on a particular polemic. Facts, figures and even some circumstantial evidence relating to the issues to be discussed are presented, sometimes explicitly, sometimes less so, in the accompanying documentation. Students are given new, Spanish or Latin-American identities or roles, the short biographies provided positioning each participant on one side or other of the argument. The short-term goal of 'winning the argument' (for what is effectively your 'team') thus depends on effective information gathering and communication skills in the target language (only Spanish is permitted). This constitutes an immediate and compelling factor in the motivation of students for whom the goal of 'mastering Spanish' may sometimes seem a relatively vague and distant objective. The simulation provides an opportunity for students to solve 'real-world' problems in Spanish *now*. The confidence and enthusiasm engendered by such immediately visible results inject a powerful impetus into the learning process. It is worth stressing at this point that this book's simulations are specifically designed to highlight the ludic and often theatrically heightened nature of its plots and characters. This aspect of the simulations has been found both to encourage and 'authorize' student engagement much more effectively than, for example, a relatively dry discussion of a recent newspaper article.

Simulations break through the traditional walls of the classroom (grammar for grammar's sake, etc.) and stress the functionality of language as a communicative tool in problem solving. Research has shown that adult learners acquire language much more readily when they are required to use it in what they perceive as 'real' situations. The simulations contained in this book have been trialled with great success by teachers who are native speakers of Spanish.

The simulations are designed to improve all four communicative skills (speaking, listening, reading and writing). Moreover, each simulation not only introduces new vocabulary, but also focuses on a few points of functional grammar known to cause difficulty even at this advanced level. However, the most important aim of this approach is to mobilize all these skills so that students learn to *use* Spanish, rather than merely learning *about* it. Their engagement with the simulation, with both the documentation and the subsequent discussion, is *necessarily* active rather than passive. Student feedback about these simulations has repeatedly stressed the value of the opportunity, and indeed requirement, they provide for production rather than just consumption of Spanish language.

What do students say about these simulations?

- 'A really fun way to get people to communicate in Spanish.'

- 'We all needed to contribute to help our team win the argument. Simulations really improved my confidence in Spanish.'

- 'The simulation encourages you to speak up and to think on your feet.'

- 'A great way to expand your vocabulary. Really useful.'

- 'The simulation felt like a real situation and got *all* of us involved. It was very animated.'

- 'The wealth of material provided is a great incentive to put a good argument together.'

- 'Great fun! I learned a lot of Spanish.'

- 'They make you feel Spanish!'

So how does a simulation work?

The *situación* describes the background against which the simulation takes place. Each *situación* is accompanied by a brief description of the stages of that simulation.

The list of *personajes* provides brief biographical details which normally include pointers to each character's attitude towards the proposal or polemic around which the simulation revolves (see also 'The Seven Golden Rules' below, especially rule 4).

Stages of the simulation

1. Approximately a week before the simulation[1], ALL the students in the class will:

   (a) have been introduced to the theme or topic of the particular language simulation.

   (b) have been provided with an introductory 'lead text' related to this theme or topic. The text in question is designed to 'trail' vocabulary of direct practical value for the simulation which follows, although the lead text itself may not be directly related to the simulation which follows. Each lead text is followed by a number of comprehension questions.

   (c) have focused on and practised one or more points of functional grammar which students will then be expected to use in their contribution to the simulation.

   (d) have read through *all* the roles and other documentation associated with the particular simulation.

2. The day of the simulation:

   (a) The teacher introduces the simulation, explaining to those not already familiar with this type of activity what it involves. This explanation should include what is expected of the students and what they in turn can expect of the teacher, whose function in a language simulation is one of facilitation and 'policing' of the rules.

   (b) Participants are assigned their individual roles.[2] An occasional (temporary) sex-change is to be expected, as the names and genders of simulation characters must be respected! Students should be given about ten minutes to re-read and familiarize themselves in greater detail with their role. *The list of roles for each simulation is set out in order of priority* in two, different ways. Firstly, they are set out in order of importance to the debate. Secondly, the list alternates between those who are broadly for and against the 'motion'. The minimum number of participants required to run a simulation is six, while the maximum is approximately fifteen. For larger groups, the authors recommend that two simulations be run simultaneously.

   (c) Students should already have read the 'situación' and the 'etapas de la simulación', which should now be followed. Generally speaking, students are first physically separated into two groups (normally for and against the proposal), and are then reconvened for the final debate, according to the stages suggested for each simulation. Tables and chairs will often need to be rearranged in the classroom for this.

   (d) Once the simulation is *over*, there may be a free vote by the participants as to who, in their opinion, has won the argument. All participants abandon their adopted character for this and vote as themselves.

---

[1] This will clearly depend upon the vagaries of timetabling. A week is suggested as a suitable period to allow students time to assimilate material introduced at this preliminary stage.

[2] The authors strongly recommend that roles be allocated on the day of the simulation and not before. This will encourage students to read *all* the roles, many of which contain important information. Additionally, allocation of roles on the day ensures that any absence through sickness will not deprive the debate of any of its especially vital roles.

(e) It is essential that teachers leave *at least* ten minutes at the end of the class for linguistic feedback to students as a group. Associated written work will also be set at this stage and provides the basis for more formal assessment and feedback.

The success of a simulation depends upon strict adherence to the following set of rules:

The Seven Golden Rules

1. **Spanish is the *only* language permitted during simulations**.
This rule applies at *all* times, regardless of whether you are speaking in a full-scale debate or are merely engaged in one-to-one discussions with others. The only person permitted to break this rule, should he or she choose to do so, is the class teacher.
2. **At *no* stage may you step outside the world of the simulation**.
As a participant you are integrally involved in the 'action', rather like a 'method' actor, and you will therefore wish to win the argument (though always within the constraints set by the evidence available in the documentation).
3. **You are not permitted to invent 'facts' in order to win the argument**.
The only admissible facts are those contained in the information provided for purposes of the simulation, or, very occasionally, such facts as may be adduced from other verifiable sources in Spanish which are held to be acceptable by the class teacher.
4. **While 'facts' must not be invented, opinions and speculation are encouraged**.
You may advance any argument or opinion which seems appropriate to your role and to the situation with which you are faced. It is, of course, in the nature of the free vote with which most simulations end that you may also change your mind after hearing the arguments, regardless of the opening position suggested by your role.
5. **You must be easily identifiable to others in your allocated role**.
We strongly suggest that name badges and/or easily visible table-top name cards be used. You should also introduce yourself ('in character') to your fellows at appropriate moments of the simulation, as perhaps when you make your first contribution to debate in different groups. As in real-life group discussions, a simple statement of your name and occupation will usually suffice.
6. **You must ensure that you are well-briefed before the simulation**.
The various documents provided are of fundamental importance to the effective progress of the simulation. You must therefore study them carefully in advance in order to prepare yourself properly for the complex arguments and decisions with which you will be faced as the simulation develops.
7. **You must not treat the teacher as a dictionary!**
Teachers manage the mechanics of the simulation. Unless they choose to take a specific character role, they are not there to provide opinions or arguments. They may, exceptionally, choose to intervene in matters of linguistic interest or particular difficulty, but are not to be regarded as 'walking dictionaries' to be consulted at will. Participants are expected, just as they would be in a Spanish-speaking country, to improvise their way out of linguistic difficulties as best they can using their own resources. In fact, the use of dictionaries is not permitted on the day of the simulation. The class teacher will, however, take notes for subsequent analysis, feedback and discussion.

What this book is...and what it is not.

¡Te Toca! is...

- provocative, in that its simulations are designed to encourage impassioned argument
- incomplete, in that its simulations' plots are effectively 'completed' by students in the classroom and are therefore always different
- unorthodox, in that it privileges an advisory role for the teacher, who acts as facilitator, provider of feedback and perhaps even *personaje*, over the more traditional, and more hierarchical, role of the teacher as information provider.

¡Te Toca! is not...

- a reference grammar. Other books, such as Butt & Benjamin's *A New Reference Grammar of Modern Spanish*, to which this book is cross-referred, fulfil this function.
- full of wholly convincing, comprehensive and 'watertight' plots. A simulation's 'plot' need only convince sufficiently to involve students in the debate. Moreover, experience has shown that a certain outlandishness in both characters and plot actually serves further to 'authorize' active student engagement in what is effectively an unscripted piece of theatre.
- politically correct, in that it sets out to provoke argument. The authors nevertheless wish to stress most vigorously that the views held by characters and perhaps implied in some of the simulations are *not* in any way representative of their own.

Cross-referencing

The 'Focus on Function' sections of this book are cross-referenced to the third edition of John Butt and Carmen Benjamin's *A New Reference Grammar of Modern Spanish* (B&B) and to Christopher Pountain and Teresa de Carlos's *Practising Spanish Grammar: A Workbook* (P&dC), which is itself cross-referenced to Butt and Benjamin.

A Checklist for Teachers

The week before the simulation:

1. Introduce students to the theme or topic via the lead text.
2. Reading comprehension questions on lead text (for classroom use or home-work).
3. Work through 'Focus on function' and associated grammar and exercises.
4. Stress that it is *essential* that students *use* these structures during the simulation.
5. Tell students to read through *all* the roles and other documentation for the simulation.

The day of the simulation:

1. Introduce the simulation, explaining what the activity entails.
2. Go through the 'Seven Golden Rules' with students.
3. Stress that students breaking the rules (e.g. using English) are 'policed' by their peers.
4. Assign individual roles. Some students may have to change sex!
5. Remember that the list of roles for each simulation is set out in order of priority:
   (a) in order of importance to the debate.
   (b) alternating between those who are broadly for and against the 'motion'.
6. Minimum number of participants: 6. Maximum: 15. For larger groups, two simulations should be run simultaneously.
7. Give students about ten minutes to re-read and familiarize themselves with their role.
8. Following the 'etapas de la simulación', students are first physically separated into two groups (normally for and against the proposal) to prepare their arguments. Tables and chairs will often need to be rearranged in the classroom to separate these groups.
9. After approximately 15 minutes, reconvene the students for the final debate.
10. After the simulation, there may be a free vote as to who has won the argument. All participants abandon their adopted character for this and vote as themselves.
11. Leave *at least* ten minutes at the end for feedback to the class. Encourage students to reflect upon their performance and how to improve in the future.
12. Set written work (see *Tareas escritas*).

Remember, the success of any simulation depends upon strict adherence to the 'The Seven Golden Rules' (see page 4)

I

EL TABACO

Lo que yo reprocharía al Presidente de Tabacalera es que haya intentado buscar una coartada terapéutica al vicio, degradándolo a medicina

En nuestras sociedades se puede blasfemar contra cualquier cosa, contra las más venerables instituciones o las más nobles ideas, sin suscitar más que leves refunfuños. Lo único que hace temblar cielos
5 y tierra es blasfemar contra la salud y contra las autoridades médicas que la administran. Conservar la salud es la primera de nuestras obligaciones públicas: perderla, el peor de los pecados o incluso uno de los más graves delitos. Por lo visto, la
10 salud es atributo necesario de nuestros órganos, que debemos guardar en buen uso y perfecto estado de revista para que a la Seguridad Social no le cueste dinero arreglarlos. El inspector nos dice: "Tiene usted sanos los pulmones, sano el hígado,
15 sano el corazón...". Y a uno le entran ganas de preguntar: "Muy bien, pero ¿estoy sano *yo*?". Porque a lo mejor yo soy algo más que la simple suma de mis órganos: y mi salud, la mía y no la de mis vísceras, exige que mis pulmones o mi hígado
20 sufran un poco por mí, que a fin de cuentas yo soy el que manda. Vivir es algo más que funcionar y alguien puede estar sano aunque tosa por las mañanas o no llegue a los 90 años, lo mismo que una película puede ser estupenda aunque algún
25 actor resulte mediocre o la fotografía no sea perfecta.

Al presidente de Tabacalera, con heroísmo propio de su cargo, se le ha ocurrido decir que fumar moderadamente puede ser beneficioso para la
30 salud y de inmediato se ha encontrado en la picota. Horrenda blasfemia, digna de ser castigada con lapidación. Los unos le repiten perentoriamente que la Organización Mundial de la Salud y sus diversas sucursales especializadas tienen el tabaco
35 por el más serio enemigo de varios de nuestros principales órganos. Si no recuerdo mal, esa misma sabia organización es la que decretó no hace mucho que un simple vaso de vino es ya gravemente perjudicial para la salud. ¡Bien
40 empleado les está a los que se contentan con sólo

un vasito! Otros señalan que esas declaraciones son interesadas y vienen auspiciadas por las grandes multinacionales del tabaco. ¡Como si la preocupación por la salud pública de nuestros
45 órganos no estuviese también motivada por los gastos que las travesuras que cometemos le cuestan al erario de la Seguridad Social! Por lo visto, los impuestos que pagamos los fumadores no bastan para costear nuestro posible deterioro...
50 Lo que yo reprocharía al presidente de Tabacalera es que haya intentado buscar una coartada terapéutica al vicio, degradándolo a medicina. Que si es bueno para el Parkinson o para el Alzheimer...hubiera sido más noble limitarse a
55 insistir en lo que ya nos enseñó en su día Sarita Montiel: que fumar es un placer sensual. Y un placer es algo sano para el sujeto que lo disfruta, aunque algunas de sus vísceras accidentalmente se resientan por ello. No dudo que fumar de manera
60 desaforada (igual que comer de manera desaforada, beber desaforadamente, hacer desaforado deporte o rezar sin tasa ni medida) sea perjudicial para nuestros pulmones o nuestro páncreas. Pero eso no demuestra que debamos renunciar a los
65 placeres, sino que tenemos que aprender a administrarlos bien, para que sean compatibles con el buen funcionamiento de las piezas de recambio de nuestro cuerpo. En último término, cada cual ha de saber lo que prefiere y obrar en consecuencia. No
70 sé para lo que hemos venido al mundo, incluso tengo serias dudas de que hayamos venido para nada serio o digno de mención, pero dudo mucho que nuestro mejor destino sea meramente *durar* y estoy seguro de que no es ahorrar gastos a la
75 Seguridad Social. Más bien opino que se trata de vivir y para saber que uno está vivo, gozar no es mal indicio.

Fernando Savater, *El País*.

1.2 Questions on the Lead Text

Answer the questions IN ENGLISH unless otherwise indicated

1. Translate or explain in English the meaning of the following phrases:
   (a) 'hace temblar cielos y tierra' (lines 4–5)
   (b) 'perfecto estado de revista' (line 12)
   (c) 'son interesadas' (line 42)
   (d) 'heroismo propio de su cargo' (lines 27–28)
   (e) 'sin tasa ni medida' (line 62)
2. According to the author, what is the only thing in our society now held as sacred?
3. What reason does the author give for the need to keep ourselves healthy?
4. How does the article attempt to counter the arguments of the World Health Organization?
5. What parallel does the author draw between private corporations and the state?
6. What strategies does the author employ in the third paragraph to try to justify smoking?

1.3 Focus on Function

1.3.1 Expressing an opinion or highlighting a point

When expressing their opinion, students of Spanish frequently seem to get into a rut, constantly repeating the phrases 'creo que' and 'en mi opinión'. While neither phrase is incorrect or uncommon, there are in fact many other ways of communicating a similar idea, most of which will be known to you already. *Make a conscious effort* to use a variety of such expressions in conversation. Don't allow them to remain dormant, merely a part of your 'passive' repertoire. Here are some examples which will prove useful in the simulations which follow.

> **Bien, pero *pienso que* va a ser difícil convencer a los demás.**
> Okay, but I think it's going to be difficult to convince the others.

> ***Opino que* lo que hay que buscar es algo que guste a los jóvenes.**
> I think we've got to look for something that appeals to young people.

> **Bueno, *a mi parecer* lo del presupuesto no tiene nada que ver.**
> Well, in my view the question of the budget's got nothing to do with it.

> ***A mi juicio*, están todos ustedes muy equivocados.**
> In my judgement, you're all very much mistaken.

> ***Para mí* lo más importante es la ayuda económica para las víctimas.**
> As far as I'm concerned, the most important thing is the financial aid for the victims.

> ***Por lo que veo yo*, lo que acaba de anunciar el Gobierno carece de sentido.**
> As far as I can see, what the Government's just announced doesn't make sense.

Me parece que **sí/no.**
I think/don't think so.

Sé que ella lo desmiente, pero *estoy convencido/a de que* **los dos son amantes.**
I know she denies it, but I'm convinced the two of them are lovers.

Hay que tener en cuenta que **esta política podría resultar contraproducente.**
You have to bear in mind that this policy could turn out to be counter-productive.

Tengamos en cuenta que **la dirección se opone a la fusión con ALPESA.**
We should bear in mind that the management opposes the merger with ALPESA.

Cabe apuntar que **su último proyecto fracasó de forma espectacular.**
It should be pointed out that his/her last project failed spectacularly.

1.3.2 Expressing an emotional or judgemental reaction

In the simulations which follow, you will find yourself wanting to react, some-times with indignation or even anger, to ideas put forward by other people. To express such reactions, Spanish often requires the use of the subjunctive, as in 'no me parece bien que digas eso'.

The general rule here is that the subjunctive is required in the subordinate clause (i.e. the clause introduced by *que*), after statements involving an emotional reaction or some form of personal assessment or value judgement. (B&B 16.6.1–16.6.3) You are strongly recommended before proceeding further to read all of chapter 16 in Butt & Benjamin's *A New Reference Grammar of Modern Spanish*, where the whole question of the subjunctive in Spanish is treated at length. An ability to use the subjunctive effectively allows for greater subtlety in argument and is one of the hall-marks of the truly competent foreign speaker of the language.

Me parece absolutamente absurdo que **no** *tengamos* **datos sobre estos incidentes.**
It seems absolutely absurd to me that we don't have data on these incidents.

Era importante que **no nos** *fallara* **nadie en la reunión aquella tarde, habi-da cuenta de los comentarios del alcalde.**
It was important that no one let us down at the meeting that afternoon in view of the mayor's comments,.

Es una vergüenza que **te** *hable* **así sin que nadie le diga nada.**[*]
It's a disgrace that he speaks to you like that without anyone saying any-thing to him.
[*] Note that *sin que* also requires the subjunctive *diga.*

Nos parece completamente inadmisible que se niegue **a hacerlo.**
It seems quite unacceptable to us that he should refuse to do it.

Es lógico que **los comparecientes** *se sientan* **algo nerviosos en el tribunal.**
It's normal for those appearing to feel somewhat nervous in court.

> ***Lo más normal era que me pusiera* de parte de la víctima.**
> I normally used to side with the victim.

but note that the following statements take the indicative:

> **Es cierto que la fábrica no me pilla muy cerca.**
> It's true that the factory's not very close by for me.

> **Está clarísimo que Alba no puede ver a Joaquín.**
> It's really obvious that Alba can't stand Joaquín.

Exercise 1.1

Change the verb in brackets as appropriate in the following sentences:

> Me parece completamente inadmisible que Pérez (*volver*) _____ a salirse con la suya sin tener que llegar a un acuerdo con nosotros primero.
> No puedo contener la risa cuando me (*hablar*) _____ tu cuñado de lo que le pasó cuando estaba en Londres.
> Para mí, lo más lógico es que Juan te (*dar*) _____ la referencia.
> Es verdad que me (*gustar*) _____ los langostinos, pero sólo de vez en cuando.
> Es difícil que Mendieta (*superar*) _____ su propio récord, que hace tres semanas que no puede entrenar.
> Nos parecía casi increíble que nadie (*mencionar*) _____ el atentado contra el Presidente.
> Después de una cornada tan grave, es fácil que no (*volver*) _____ nunca al ruedo.
> Lo que sí es imprescindible es que (*tener-nosotros*) _____ los detalles para mañana.

(For further exercises, see P&dC 13.5–13.6)

1.3.3 Chairing a meeting

Most of the simulations in this book involve meetings which require a chairperson whose responsibility it is to ensure the smooth running of the meeting, while at the same time also ensuring that all those present are encouraged to contribute their views. A truly 'hands-on' chairperson will thus greatly enhance the effectiveness of the simulation and help provide structure to the debate. Below are some examples of appropriate phrases, which, while certainly not exhaustive, you may nevertheless find useful when such a role falls to you.

Getting started and setting out the ground rules

> **A manera de introducción, me gustaría destacar algunos de los puntos claves del tema que vamos a tratar hoy.**
> By way of introduction, I'd like to highlight some of the key points of the topic we're going to address today.

> **Antes que nada, me gustaría presentarme.**
> First of all, I'd like to introduce myself.

> **Para empezar les presento a mis compañeros.**
> To start with, I'd like to introduce you to my colleagues.

Para dar respuesta a esta cuestión, el punto de partida tiene que ser la situación económica actual.
In order to answer this question, the starting point has to be the current economic situation.

Desde luego, debe quedar bien sentado que todos los asistentes tienen el mismo derecho a participar en este debate.
Of course, it should be established that all those present have the same right to contribute to this debate.

Focusing (or re-focusing) on the matter in hand
Vamos a discutir el tema de la eutanasia.
We're going to discuss the issue of euthanasia.

Nos hemos reunido para abordar el tema del reloj del Ayuntamiento.
We've met in order to tackle the issue of the Town Hall clock.

Vamos a discutir los argumentos a favor y en contra de la nueva autovía de circunvalación.
We're going to discuss the arguments for and against the new bypass.

Se ha planteado el tema del paro.
The question of unemployment has been raised

Examinemos con más detalle la cuestión de la vivienda.
Let's examine in more detail the housing question.

Conviene dirigir la atención a los problemas que esto nos causó el año pasado.
It's worthwhile looking at the problems this caused us last year.

Moving on to the next topic
Pasemos ahora a considerar el próximo punto del orden del día.
Let's move on to consider the next item on the agenda.

Stopping someone talking
Le voy a tener que interrumpir.
I'm going to have to interrupt you.

Ya, ya, pero no andemos por los cerros de Úbeda.
Yes, alright, but let's not wander off at a tangent.

En seguida te doy la palabra.
I'll let you speak in a moment.

Encouraging others to contribute
Remember that 'open' questions, which often begin with 'what?', 'how?' or 'why', typically require the person addressed to reply at greater length than 'closed' questions of the 'do you agree?' type, which may often elicit no more than a monosyllabic 'yes' or 'no'. Remember, one of the most important functions of the chairperson is to encourage all the participants to contribute fully to the discussion.

Y usted, ¿qué opina?
And what do you think?

¿Cómo van ustedes a financiar este proyecto a largo plazo?
How are you going to finance this project in the long term?

¿Por qué se empeña usted en oponerse a la propuesta?
Why are you insisting on opposing the proposal?

Quisiera dar la palabra al señor Beltrán.
I'd like us to hear from Mr Beltrán.

¿Podría hablarnos un poco más sobre ese punto/esa respuesta?
Could you expand a little more on that point/that answer?

Tenemos aquí hoy a un representante del Instituto de la Juventud.
We have here today a representative of the Instituto de la Juventud.

Ahora vamos a escuchar al presidente de la Federación de Pequeñas y Medianas Empresas.
Now we're going to hear from the Chairman of the Federation of Small and Medium-Size Businesses.

Bringing a meeting to an end

Para llevar a término el debate, quisiera resumir los argumentos que hemos escuchado.
To conclude the debate I'd like to summarize the arguments we've heard.

Todo parece apuntar a la misma conclusión.
Everything seems to point to the same conclusion.

Parece que hemos llegado a un arreglo.
We seem to have reached a compromise.

SIMULACIÓN 1
PROHIBIDO FUMAR

Notes on *PROHIBIDO FUMAR*

It is essential, in this, your first simulation, to remember that you are not about to embark on a free debate about the merits and demerits of smoking. When you enter the 'world' of the simulation, you agree to abide by its rules (look again at the 'Seven Golden Rules'). What this means is that you may only make use of such facts as are available to you in the various documents provided. Equally, your opinions will not be your own, but rather those of the character you play in the simulation.

You should think of your role, your 'new identity' for this simulation, as authorizing you to make statements and perhaps to act in ways which under normal circumstances would be out of character for you. In this sense, simulations have something in common with theatre, though you will not, of course, be provided with a script!

Finally, remember that in any simulation you should first read all the documentation *thoroughly*. In this way, you may well find that you will have an advantage, and perhaps a winning advantage, over some of your opponents.

Contenido

Situación

La dirección de una empresa de publicidad y márketing ha tomado la decisión de prohibir el tabaco en todas las instalaciones de sus centros. La sede, en las afueras de Sevilla, se ha convertido en un auténtico campo de batalla entre los que defienden su decisión, con los razonamientos habituales, y otros que defienden las libertades personales. Para éstos, el derecho de fumar llega a representar ni más ni menos que el derecho a la libertad individual. La dirección, mayoritariamente (pero no unánimamente) a favor de la prohibición, tiene una política abiertamente democrática con respecto a sus empleados, y hasta el momento ha colaborado con los sindicatos sin serios conflictos laborales. Dado el carácter único y especial de esta disputa, y dada las buenas relaciones que la dirección ha venido manteniendo con toda la plantilla hasta el momento, la empresa se encuentra entre la espada y la pared. En público, todo el equipo directivo está obligado a mantener una sola política, pero en privado, algunos – tanto fumadores como no fumadores – estiman que la prohibición es irrealizable. La situación se complica bastante cuando se tiene en cuenta el hecho de que la compañía es una empresa filial de la gigantesca y poderosa Tabacotera, la compañía de tabaco más importante de España. Los accionistas se preocupan mucho más por los valores de la bolsa que por la política interna de una de las empresas filiales de la poderosa empresa. La dirección teme un exceso de publicidad por si influye en las relaciones con la Tabacotera que en cualquier momento puede retirar su apoyo y vender la empresa pequeña.

Etapas de la simulación

1. El equipo de la dirección, junto con todos los que quieren prohibir el uso del tabaco en el lugar de trabajo, se reúnen para definir y desarrollar su estrategia para conseguir su objetivo que es la prohibición. Mientras tanto, los representantes sindicales, junto con los que se oponen a la propuesta de prohibición, se reúnen aparte a fin de concretar la estrategia que van a desplegar a la hora de enfrentarse con la dirección en el debate final.
2. Los dos bandos se reúnen en una sala de la empresa para realizar el debate final. Cada bando tendrá unos minutos para explicar su postura ante la propuesta. La persona que presida este debate final debe asegurarse de que todos los participantes intervengan en la discusión.
3. Al terminar el debate, se pasará a realizar una votación libre, dejando a un lado los papeles (véase introducción p. 3), que decidirá si aceptar o rechazar la propuesta del equipo de dirección.

Personajes

1. Sole Hernández – directora del comité ejecutivo – 50 años

Mujer segura e inteligente, razonable con todo el mundo, lleva sólo tres años a la cabeza de la empresa. Su predecesor llevó las riendas durante 10 años y era muy de la 'vieja escuela', y muy duro con su equipo. A Sole le ha costado mucho introducir procedimientos más modernos en el funcionamiento de la empresa, sobre todo por su condición de mujer – y existen ciertas tensiones a su alrededor por esta misma razón. Ella no fuma. Está a favor de la prohibición y además, está muy convencida de tener razón. Sin embargo, su carácter le empuja a escuchar a sus compañeros aunque no estén de acuerdo con ella. Hasta ahora, de su equipo directivo sólo queda una persona que no está convencida de la necesidad de la prohibición, el Director Gerente, Gerónimo Sánchez. Intentará convencerle pero no está dispuesta a imponer un solo criterio en el Consejo de Administración. Si llegara al caso, preferiría que Sr. Sánchez tuviera la libertad de apoyar al otro bando en este asunto tan particular.

2. Gerónimo Sánchez – director gerente – 58 años

Hombre un tanto misógino, firme en sus convicciones y experto en manipular a los demás. Está en la empresa desde sus comienzos y la mayor parte del personal le tiene mucho respeto – por no decir miedo. No oculta el respeto que tenía por el anterior director ejecutivo y esto crea ciertos problemas (un tanto superficiales) con la actual directora, Sole Hernández. Él fuma como un carretero y está en contra de la prohibición del tabaco. Le sorprende la libertad peculiar de suspender la más usual 'unanimidad aparente' del Consejo de administración. Es decir, le sorprende poder adoptar otra posición diferente a la del Consejo. Por eso insiste en su postura y le agrada bastante la oportunidad de poder oponerse directamente a su jefa, Sole Hernández. Bajo ningún pretexto renunciaría a este derecho singular. Total, que quiere guerra.

3. Mercedes Aragón – directora de personal – 44 años

Directora muy popular en toda la empresa, amable y sensata. Apoya abiertamente a Sole Hernández, y está de su lado cualquiera que sea el tema, cosa que empiezan a notar otros. Algunos podrían cuestionar el motivo de su fidelidad – ¿será solidaridad femenina? – sobre todo cuando está a favor de la prohibición del tabaco aunque ella también fuma. No le cae nada bien Gerónimo Sánchez. Tiene muy buenas relaciones con la plantilla e intentará compaginar el apoyo a su compañera Sole con la conciliación de los representantes sindicales. Aún así no cambiará de opinión sobre la prohibición, pero sí puede intentar suavizar la decisión.

4. Arturo Arenas – enlace sindical – 49 años

Serio, eficaz y muy respetado por toda la empresa, Arturo está absolutamente convencido de que la declaración de la dirección es una afrenta contra la normativa de negociación en asuntos de condiciones de trabajo. Él no fuma, pero esto no tiene nada que ver con su posición. Reconoce los argumentos referentes a la salud de la plantilla, aunque no está dispuesto a ceder mucho terreno sin ver lo que va a ofrecer el equipo directivo. Lo mínimo que concederá será la prohibición en zonas de trabajo, dejando aparte otras zonas de descanso para fumadores, lo cual supondría la necesidad de llevar a cabo una negociación con los sindicatos sobre los períodos de descanso para los que fuman. Recientemente le ganó el puesto de enlace sindical a Julio Domínguez, segundo representante en estos momentos, por lo que existe una fuerte rivalidad entre ambos, aunque más por parte de Julio.

5. Pedro Carnero – director de ventas – 45 años

Es el miembro más joven y vital del Consejo de Administración. Es un hombre guapo, deportista y muy seguro de sí mismo. Tiene ideas bastante radicales a veces y algunos envidian su atractivo y su capacidad intelectual. No fuma y odia el tabaco. Se empeña en prohibir el tabaco y si tiene algún fallo, es el de despreciar las opiniones de otros más 'viejos y conservadores'. Sale con una mujer de la sección de personal, María Tejero. Sus compañeros le presionarán para que ejerza influencia sobre los demás miembros del Comité sindical. Esto le preocupa, porque a pesar de estar seguro de llevar la razón, no le parece aceptable tener que presionar a su novia.

6. Julio Domínguez – segundo representante sindical – 38 años

Radical y bastante agresivo, Julio está acostumbrado a recibir todas las concesiones que pide a la dirección y por lo tanto le ha asombrado la reciente decisión de la dirección en cuanto al tabaco. Está totalmente en contra de la prohibición. Le sorprendió igualmente perder hace poco su puesto de enlace frente a Arturo Arenas, por lo que está muy amargado. Intentará criticar a Arturo todo lo que pueda y culparle de cualquier concesión que haga a la dirección. En el fondo, a Julio le interesan más los asuntos internos del sindicato que las cuestiones realmente importantes de su entorno laboral. Sobre todo le gustan las peleas entre las distintas personalidades del comité. Intentará, por ejemplo, demostrar que María Tejero se ha dejado manipular por su novio y tratará de tacharla de traidora de la causa sindical.

7. María Tejero-Winston – delegada de salud – 39 años

Mujer moderna, profesional y muy seria en su cargo, María es administrativa en la sección de Personal, además de tener un cargo sindical en el área de responsabilidades de la salud del trabajador. Su Jefa de Sección, Mercedes Aragón sabe que María es la persona mejor situada para mediar entre la dirección y el sindicato porque es la única del Comité sindical que está a favor de la prohibición del tabaco. Esto puede crear problemas porque Arturo Arenas y Julio Domínguez son los representantes con el cargo oficial de intermediarios entre dirección y sindicato. Al ver que María hace de mediadora, algunos dirán que ha sido manipulada por su novio, Pedro Carnero, Director de ventas. No le ha influenciado para nada el que su novio sea Pedro Carnero, un miembro del Consejo de Administración de la empresa. Ella ha llegado a la opinión que tiene porque es la delegada permanente con la responsabilidad particular del entorno laboral y la salud de la plantilla en la empresa.

8. Mari-Pili, 'La Condesa' – encargada del café – 73 años

Mari-Pili – 'La Condesa' para toda la plantilla de la empresa, aunque nadie se acuerda por qué – representa la inercia habitual de los más mayores. No quiere cambiar nada porque su lugar de trabajo le parece maravilloso. Por eso está todavía trabajando aquí a sus 73 años tras innumerables ofertas de jubilación. Y es que ella no quiere jubilarse porque le encanta estar presidiendo la cafetería, metiéndose en los asuntos de los demás y haciendo chistes, sobre todo con los hombres, porque es una mujer pícara y divertida. Para ella el tabaco forma parte del ambiente del café y cree que muchos ni irían si se prohibiese el tabaco. Sus razones puede que sean algo subjetivas, pero en su capacidad de discutir no le gana nadie.

9. Dr. Sergi Prades – delegado especial encargado del área de bienestar y salud – 45 años

El Dr. Prades es médico de cabecera del barrio donde se encuentra emplazada la empresa por lo que conoce a varios empleados. Tiene muchas razones por las que está a favor de la prohibición del tabaco. Primero, porque es médico y, a su juicio, en esta empresa el único problema de salud en terreno laboral es el tabaco. El ambiente en las oficinas está muy cargado de humo – igual que en otras muchas empresas de la ciudad. Segundo, el tabaco representa un riesgo para él demasiado cercano porque aparte de los pacientes de cáncer que ve a menudo en su consulta, su padre murió hace tres años de un cáncer de pulmón a causa del tabaco.

10. Juana Pastor – tercer representante sindical – 30 años

Dulce y guapa, sólo lleva un año en el Comité Sindical y le sorprende este problema porque es el primero que ha visto. Intentará escuchar a todos para ayudar a justificar una decisión que ella no ha tomado. En el fondo tiene dudas. No fuma y además le horroriza el tabaco, pero quiere hacer bien el trabajo de representar a sus compañeros. ¿Qué puede hacer? ¿Ser sincera y divulgar su asco al tabaco con el riesgo de perder el apoyo y el respeto de sus colegas del sindicato? No. Prefiere defender los derechos de los fumadores aunque no sea partidaria del vicio.

11. Miriam Fundador – directora de márketing – 48 años

Sensata y tranquila, Miriam es una persona muy razonable y conciliadora. Se lleva bien con todo el equipo de dirección y también con la plantilla en general. Está a favor de la prohibición del tabaco. De hecho ella misma dejó de fumar hace dos años y utiliza su experiencia para apoyar los argumentos a favor de la prohibición. Afirma que su vida ha mejorado en muchos aspectos: evidentemente está más sana (ha fundado un club de tenis en la empresa hace puy poco); también bebe menos porque no pasa tanto tiempo en los bares (tan cargados de humo) y hasta ha adelgazado en contra de todas las expectativas y consejos de sus amigas.

12. Hilario Matamoros – delegado de derechos constitucionales – 60 años

Hilario trabaja en mantenimiento (limpiando principalmente, pero también hace alguna reparación que otra). Noble y aplicado, llegó a Sevilla hace 40 años sin saber ni leer ni escribir. Se educó y se interesó por los derechos de los trabajadores cuando los sindicatos eran para él sólo los 'falsos comités' de Franco*. Desde los 80 es representante sindical por su sección en Avance, puesto que toma muy en serio. Luchará contra cualquier intento por parte de la directiva de imponer cualquier medida que no haya sido negociada con los sindicatos, sobre todo si el asunto está relacionado con la UE. Rechaza rotundamente la idea de Europa y siempre pregunta que dónde estaba Europa cuando España sufría un régimen dictatorial...

Personajes suplementarios

13. José María Sanz – empleado de avance – 32 años

14. Teresa Camino – empleada de avance – 28 años

15. Enriqueta Solórzano – emplada de avance – 59 años

---

* Durante la dictadura existían sindicatos, pero éstos carecían de poder a la hora de negociar.

AVISO

LA DIRECCIÓN ANUNCIA SU DECISIÓN DE PROHIBIR EL CONSUMO DE TABACO EN TODAS LAS INSTALACIONES DE ESTA EMPRESA A PARTIR DEL 1 DE ENERO

El Comité Ejecutivo de la empresa justifica esta prohibición de acuerdo con los siguientes puntos:

◆   fumar perjudica seriamente la salud

◆   los llamados fumadores pasivos (los que inhalan el humo de otras personas fumadoras) tienen mayor riesgo de padecer ciertas enfermedades relacionadas con el humo del tabaco

◆   muchos empleados protestan por una constante atmósfera cargada de humo y el deterioro resultante de la ropa y posesiones personales

◆   el humo del tabaco implica un coste anual insostenible en limpieza y mantenimiento de las instalaciones de esta empresa

◆   se considera que los 'descansos del tabaco' (5 ó 10 minutos durante los cuales el fumador sale fuera del edificio para fumar un cigarrillo) equivalen a una pérdida de tiempo productivo de unas 144000 minutos anuales

DOCUMENTO 2

AVANCE
Diseño y Publicidad

MEMORANDUM
Avance
diseño y publicidad
Polígono Norte, 22 41222 Sevilla
Tlf. 95 788 7879 fax 95 788 7880
E-MAIL. g.sánchez@avance.es

DE: Mercedes Aragón, Directora de personal

A: Enlaces y Representantes Sindicales

FECHA: 14 de noviembre

ASUNTO: Prohibición del tabaco

Se reconoce que el tema de la prohibición del tabaco en las instalaciones de esta empresa puede causar ciertas tensiones o hasta discusiones entre el Comité Ejecutivo y la plantilla.

Según nos aconsejan nuestros abogados laborales, no se ha dado, hasta la fecha, ningún caso de demanda contra este tipo de resolución dentro del ámbito laboral y por lo tanto la situación no tiene precedente. No obstante, se estima que el nivel de protesta podría resultar en el deterioro de las buenas relaciones entre dirección y plantilla de que gozamos en esta empresa.

Por estos motivos creo oportuno convocar cuanto antes una reunión entre la dirección y los representantes sindicales para evitar cualquier enfrentamiento por esta cuestión.

DOCUMENTO 3

Congreso de Sindicalistas Unidos

Prohibición del tabaco
Declaración preliminar del Comité Sindical

El Comité Sindical expresa su profunda oposición a la reciente declaración del Comité Ejecutivo de esta empresa respecto a la prohibición del tabaco en todas las instalaciones de la misma. Quisiéramos apuntar lo siguiente:

• La normativa propuesta no se ha sometido a los procedimientos normales de consulta entre Dirección y Comité Sindical, por lo que se aprecia un intento de reprimir los procesos adecuados de negociación y respeto a la normativa sindical.

• la dirección no ha querido justificar dicha decisión hasta el momento.

• los representantes sindicales tienen la función de comunicar a los empleados todo tipo de cambio en las condiciones laborales de la plantilla, sobre todo cuando estos cambios afectan a los acordados y establecidos períodos de descanso.

• se considera que la aprobación definitiva de la norma propuesta perjudicaría seriamente las buenas relaciones existentes entre la dirección y la plantilla de la empresa

Por estos motivos, pedimos se lleve a cabo una reunión entre dirección y representantes sindicales para entrar en negociaciones conjuntas y evitar así que este asunto derive en un conflicto laboral.

Fdo. Arturo Arenas, Enlace Sindical

DOCUMENTO 4

Ayuntamiento de Sevilla
SANIDAD Y CONSUMO
c/ Lepanto s/n
41000 Sevilla

tlf. 95 344 2345
fax. 95 344 2344

11 de diciembre

Muy Señores míos:

En contestación a su carta fechada el 5 de septiembre acerca de las normas regu-
ladoras de las condiciones laborales, les adjuntamos una copia de la sección con-
cerniente a 'Seguridad e higiene en el entorno laboral', que aparece en la sección
3.1-b.

Estas normativas entraron en vigor el 1 de enero de 1984. Sin embargo, les acon-
sejamos que consulten asimismo las normas correspondientes a los acuerdos
sociales de la Unión Europea que igualmente tienen vigor en este área.

Les saluda atentamente

D. José L. Fernández Costas
Secretario de Asuntos Laborales

DOCUMENTO 5

Ayuntamiento de Sevilla
SANIDAD Y CONSUMO
c/ Lepanto s/n
41000 Sevilla

Seguridad e higiene en el entorno laboral (1–1–84)

3.1-b.

i) Queda terminantemente prohibido fumar en los siguientes casos:

–lugares donde se utilice cualquier material inflamable (plásticos, telas, pinturas, aerosoles, y derivados) [véase lista completa de productos inflamables reproducida en el Manual de Seguridad y Sanidad en el Trabajo, 25–6–90]

–lugares donde se utilice maquinaria de voltaje superior a 240v.

–lugares donde se utilice maquinaria a gasolina o gas.

–lugares referidos a la sanidad pública (hospitales, consultas, sanatorios, etc.)

–cines y teatros (por Real Decreto 212, 'Medidas Especiales de Seguridad')

–transportes públicos urbanos (por Real Decreto 212, 'Medidas Especiales de Seguridad')

ii) Se recomienda la prohibición del tabaco en los siguientes casos, por medio de acuerdos entre Empresas/Instituciones y Sindicatos, pendiente de la aprobación de la nueva normativa 3145 de la Unión Europea, prevista para entrar en funcionamiento en 2004.

–Instituciones públicas: Oficiales (Ayuntamiento, Hacienda, Seguridad Social, Oficinas de Empleo y similares), Educativas (Guarderías, Colegios, Institutos, Universidades y Escuelas Politécnicas).*

–Instituciones privadas en lo que corresponde a zonas comunales. (Sin embargo, se hará excepción donde un fumador tiene despacho individual, o igualmente donde todos los que comparten un despacho son fumadores).*

*Asimismo, se propone el establecimiento de unas 'zonas exclusivas del fumador', normalmente salas separadas y acondicionadas donde se puede fumar en períodos de descanso.

iii) Se favorece establecer unas normas de conducta social que incluyan la prohibición del tabaco en zonas de recreo, ocio, alimentación, y zonas comerciales (manteniendo el principio de las 'zonas especiales para fumadores' en particular para sitios de recreo (restaurantes, bares, discotecas etc.)

iv) El ayuntamiento se reserva el derecho de conceder permisos de excepción a entidades no mencionadas hasta el momento para prohibir el uso del tabaco en lugares de valor especial (por ejemplo, museos y galerías de arte) o en lugares de peligro especial (por ejemplo, edificios con un riesgo de incendio).

DOCUMENTO 6

 # 20 COSAS QUE DEBE SABER

1. El 70% de los fumadores quiere dejar de fumar.

2. Si se abandona el tabaco antes de los 50 años, el riesgo de morir en los siguientes 15 años se reduce a la mitad.

3. Se ha comprobado que un fumador extrae un miligramo de nicotina con cada cigarrillo, aunque sea de la marca con menos nicotina. ¿Cómo? Taponando los orificios de ventilación y dando más caladas y más profundas.

4. Un fumador de 30 pitillos/día y 20 años fumando habrá dado dos millones de caladas.

5. Los chinos fuman el 30% de los cigarrillos del mundo.

6. Los niños españoles son los que más fuman de Europa.

7. El riesgo de morir de cáncer de pulmón es un 30% mayor en los fumadores pasivos.

8. Eslogan en Estados Unidos: 'Besar a un fumador es como chupar un cenicero'.

9. Tres semanas después de la elección de su marido como presidente de Estados Unidos, Hilary Clinton anunció que el tabaco quedaba prohibido en la Casa Blanca.

10. Inventores del cigarrillo; los mayas, primeros humanos que enrollaron hojas de tabaco para fumarlas.

11. A su vuelta de las Indias, Rodrigo de Jerez, marino de Ayamonte (Huelva), introdujo la costumbre de fumar al otro lado del Atlántico. Al principio, los españoles aromatizábamos el tabaco con azahar y otras plantas.

12. Se calcula que, en 1995, morirán prematuramente 570.000 ciudadanos de la Unión Europea como consecuencia del tabaco.

13. Según una encuesta de la Generalitat de Cataluña, hay en España unos cinco millones de fumadores pasivos que inhalan el humo equivalente al de fumar entre tres y cinco cigarrillos al día.

14. Los fumadores pasivos tienen mayor riesgo de padecer asma, bronquitis, neumonía y problemas circulatorios.

15. El tabaco es más peligroso para la mujer. Una fumadora tiene un riesgo 2,5 veces mayor que un fumador de contraer cáncer de pulmón.

16. Las fumadoras tienen la menopausia antes que las que no fuman.

17. Si una mujer fuma durante el embarazo, su hijo tendrá el doble de riesgo de contraer cáncer de pulmón en la edad adulta que el de una no fumadora. Si deja el tabaco durante la gestación, ese riesgo es el mismo que si no fumara.

18. Ventas anuales de tabaco en España: 2,5 millones de cajetillas de rubio, 1,7 millones de cajetillas de negro y 750.000 cigaros puros.

19. La primera manufactura de tabaco se estableció en Sevilla en 1620. Producía tabaco en polvo, para 'esnifarlo' y estornudar.

20. Dos tercios de los adolescentes que prueban el tabaco más de dos veces se vuelven fumadores.

El País

Tareas Escritas

1. Escribe una carta al editor de un diario de prensa nacional, en favor o en contra de los derechos del fumador, utilizando el caso de la empresa Avance como ejemplo.
2. Vuelve a escribir el aviso de la compañía (Documento 2) en un tono más persuasivo. Puedes añadir cualquier punto que te parezca oportuno.
3. Redacción: elige uno de los temas:
   a) Si se prohibe el tabaco en los lugares públicos debe prohibirse el alcohol también. Discute.
   b) Los que padecen enfermedades atribuibles al consumo de tabaco deben pagar por su propia cuenta cualquier tratamiento médico que necesiten.

PROHIBIDO FUMAR
Glosario selectivo español-inglés

PLEASE NOTE: The glossary **definitions provided throughout this book relate** *specifically to the context in which the given words or phrases appear.* **A number of the words defined will have quite different meanings in other contexts, so, if there is any doubt, a good dictionary should be consulted.**

Accionistas *mfpl*	*shareholders*	descanso *m*	*rest, break*
Aceptación *f*	*acceptance*	despreciar	*undervalue, despise, to*
acondicionado, aire *m*	*air conditioning*	detallar	*detail, to*
afrenta *f*	*affront*	deterioro *m*	*deterioration*
afueras *fpl*	*outskirts*	difunto/a	*deceased*
ahorrar	*save, to*	dirección *f*	*management*
alimentación *f*	*food*	director de ventas *m*	*sales director*
alquitrán *m*	*tar*	director gerente *m*	*managing director*
amargado/a	*bitter*	directora de personal *f*	*head of personnel*
ámbito *m*	*area*	diseñadora *f*	*designer*
amenaza *f*	*threat*	eficaz	*efficient*
aprendiz *m*	*apprentice*	empeñarse	*insist upon, to*
aprobación *f*	*approval*	empeño *m*	*insistence*
apuntar	*point out, to*	empleados *mpl*	*employees*
asimismo	*in the same way*	empresa *f*	*company*
atropellado/a	*knocked down*	empresa filial *f*	*subsidiary/sister company*
aumento *m*	*increase*		
auspiciado/a	*sponsored*	encargado/a de	*in charge of*
aviso *m*	*warning*	enfermedades *fpl*	*illnesses*
azahar *m*	*orange blossom*	enfrentamiento *m*	*confrontation*
bienestar *m*	*welfare*	enlace sindical *m*	*union rep*
blasfemar	*blaspheme, to*	entorno *m*	*surroundings, place*
bolsa *f*	*stockmarket*	envidiar	*envy, to*
cabeza del grupo *mf*	*chair of group*	equipo *m*	*team*
calada *f*	*puff (on cigarette)*	erario *m*	*treasury, public funds*
cargo *m*	*job, role*		
ceder	*give in/up, to*	estatal *adj*	*state*
citar	*cite, quote, to*	estimar	*believe, to*
ciudadano *m*	*citizen*	estornudar	*sneeze, to*
coartada *f*	*alibi*	exigir	*demand, to*
comité sindical *m*	*union committee*	facilitar	*facilitate, to*
consejo de administración *m*	*executive committee*	fallo *m*	*weakness*
conserje *m*	*doorman*	fumar en pipa	*smoke a pipe, to*
conservar	*preserve, to*	funcionario *m*	*civil servant*
consulta *f*	*consultation*	gozar	*enjoy, to*
consumo	*consumption*	grave *adj*	*serious*
contentarse con	*be content with, to*	guardería *f*	*nursery school*
cuestionar	*question, to*	gubernamental *adj*	*government*
dañino/a	*harmful*	Hacienda	*Inland Revenue*
definitivo/a	*final*	humo *m*	*smoke*
dejar de fumar	*give up smoking, to*	imponer	*impose, to*
delegado/a *mf*	*delegate*	indeciso/a	*undecided*
delitos *mpl*	*offences, crimes*	indicio *m*	*sign*
demanda *f*	*demand, appeal*	informe *m*	*report*
desaforado/a	*wild, unbridled*	inhalar	*inhale, to*

interesado/a	self-interested, biased	recursos humanos mpl	personnel
irrealizable	unworkable	refunfuños mpl	grumblings
jefe del ejecutivo m	chief executive	representante sindical mf	union rep
lapidación f	stoning	reprimir	repress, to
leve adj	light	reprochar	reproach, to
llevar las riendas	hold the reins, to	resentirse	suffer (the conseque-
mantenimiento m	maintenance		nces), to
maquinaria f	machinery	resultante	resulting
moderadora f	moderator	resumen m	summary
motivo m	reason	retirar	retire, withdraw, to
nicotina f	nicotine	riesgo m	risk
normas fpl	rules	rivalidad f	rivalry
normativa f	rules, regulations,	sede f	main office
	guidelines	sensato/a	sensible
obrar	act, to	sindicatos mpl	unions
ocio m	leisure	someterse	submit to, to
oportuno/a	appropriate	sordo/a	deaf
padecer	suffer, to	sucursales fpl	branches
pecado m	sin	sugerencias fpl	suggestions
perentoriamente	peremptorily	suscitar	arouse, raise, to
perjudicar	damage, to	taponar	cover up, to
perjudicial adj	damaging, harmful	tener que ver con	have to do with, to
petición f	demand, request	terapéutico/a	therapeutic
picota, encontrarse en la	be on the spot, to	terminantemente	expressly
pitillo m	fag	total (fam.)	all in all
plantilla f	workforce	travesuras fpl	mischief
política f	policy	unanimidad f	unanimity
prestar oídos	listen to, to	ver con, tener que	have to do with, to
procedimientos mpl	procedures	vicio m	vice
publicidad f	advertising	vísceras fpl	insides (of body)
pulmón m	lung	voltaje m	voltage
recreo m	recreation		

2

LA PRIMERA INDUSTRIA DE ESPAÑA

Los ingresos por turismo superaron los 5,5 billones de pesetas el pasado año.

S. HERNÁNDEZ

El turismo, considerada la primera industria nacional, aportó el año pasado unos ingresos de 5,5 billones de pesetas con un crecimiento del 10,9% sobre el ejercicio anterior. Los datos fueron adelantados ayer por el ministro de Economía, Rodrigo Rato, durante la presentación de la Feria Internacional de Turismo (Fitur), que presidió el príncipe Felipe. El vicepresidente segundo presentó, además, el Plan Integral Turístico, que prevé unas inversiones de 850.000 millones hasta 2006, y subrayó que ocho de cada 100 nuevas afiliaciones a la Seguridad Social proceden del turismo.

El turismo goza de buena salud. A pesar del frenazo de julio y agosto, son ya cinco años consecutivos de récord tanto en entrada de turistas (aumento del 3% sobre 1999 hasta los 48,5 millones) como en ingresos (5,5 billones de pesetas, con un aumento del 10,9%). España confirmó el pasado año su papel como primer destino mundial en vacaciones. También es el segundo país del mundo en ingresos, después de Estados Unidos, y el tercero en recepción de turistas, de nuevo tras Estados Unidos y Francia.

'El turismo se ha convertido en un gran impulsor del primer empleo y, de hecho, ocho de cada 100 nuevos empleos procedieron el pasado año de este sector', dijo Rato. Para el ministro, el sector ha mejorado claramente su rentabilidad, ya que los ingresos de 2000 subieron el 10,9% (hasta los 5,5 billones, un techo nunca alcanzado) con un aumento de los turistas del 3%. Rato, que en esta ocasión no aludió al impacto de la subida de los precios en los establecimientos turísticos en el índice general de precios al consumo (IPC), advirtió al sector de la competencia creciente en los países del Mediterráneo y del norte de África y pidió una mejora de la calidad de los servicios como único método para seguir siendo competitivos.

Desestacionalización

El titular de Economía recordó que las comunidades autónomas del centro de España y del norte han crecido por encima de la media nacional y que la ansiada desestacionalización del turismo va por buen camino. Entre abril y octubre se recibieron más de cuatro millones de turistas al mes y la concentración de los meses de julio y agosto va cediendo. En el año 1995, el 50% de los turistas que visitaban España lo hacía en los meses de julio y agosto y el pasado año ese porcentaje bajó al 46%.

Rato aprovechó su intervención para reclamar un esfuerzo a los organismos mundiales para avanzar en una homologación y mejora de las estadísticas turísticas que pueden inducir a errores.

El ministro abogó por la incorporación de las nuevas tecnologías en la oferta turística. En este sentido, anunció la creación de un portal en Internet para la oferta turística española e instó a los empresarios a que utilicen estas tecnologías para mejorar la calidad y los precios.

El Gobierno quiere fomentar un turismo que no dañe el medio ambiente, así como incentivar el turismo de ciudad y el cultural. Por ello, el 22% de esos 850.000 millones que se invertirán hasta 2006 en el desarrollo sostenido del sector se destinará a esos dos últimos apartados.

El Príncipe de Asturias inauguró Fitur con un discurso en el que destacó la importancia del turismo como motor de bienestar. Pidió a los responsables del sector que diseñen un turismo que sirva para redistribuir la riqueza, ya que es 'un elemento vital en el proceso de mundialización que vive la economía en la actualidad'.

Fitur se celebra desde ayer hasta el próximo día 4 de febrero en el recinto ferial Juan Carlos I de Madrid. A esta edición asisten 8.200 empresas representantes de 170 países.

El País, 1 de febrero de 2001

2.2 Questions on the Lead Text

Answer the questions IN ENGLISH unless otherwise indicated

1. Translate or explain *in English* the meaning of the following words or phrases:
   (a.) 'goza de buena salud' (line 13)
   (b.) 'a pesar del frenazo de julio y agosto' (lines 13–14)
   (c.) 'su papel como primer destino mundial en vacaciones' (lines 19–20)
   (d.) 'un techo nunca alcanzado' (line 30)
   (e.) 'fomentar un turismo que no dañe el medio ambiente' (lines 60–61)
2. Paraphrase the following words or phrases *in Spanish*:
   (a.) 'aportó' (line 2)
   (b.) 'Los datos fueron adelantados' (lines 4–5)
   (c.) 'ha mejorado claramente su rentabilidad' (line 28)
   (d.) 'la ansiada desestacionalización del turismo' (line 43)
3. As far as tourism statistics are concerned, what two things does Rodrigo Rato call for in his speech?
4. Rato points to *three* areas to which the Spanish tourist industry should look in order to remain competitive. What are they?
5. Which kinds of tourism is the Spanish Government particularly interested in promoting?
6. What does the Prince of Asturias call for in his speech?
7. Write *in Spanish* a short summary of the *El País* article for use as a television news item. What you write is to be read on air by a TVE newsreader. Your news editor has limited you to 200 words, which should nevertheless convey all the essential information contained in the article. You must, however, avoid mere repetition of phrases used in the original article.

2.3 Focus on Function

2.3.1 Agreeing & disagreeing
Agreeing
> Short expressions of agreement can work perfectly well in many cases. You will almost certainly know these frequently used phrases, but how frequently do *you* use them? They are listed here roughly in order of emphasis (the most emphatic coming last).

> **Bueno.** *(can indicate reluctant acceptance.)*
> Alright then. (Very well.)

> **Vale.** *(quite informal; can indicate either reluctance or enthusiasm depending on intonation.)*
> OK.

> **De acuerdo (Conforme** *in LAm. Also heard in Spain, but more formal in tone.)*
> Alright.

> **Claro que sí.**
> Of course.

Below are some further examples of how to express agreement in Spanish.

Personalmente *estoy a favor* **de la estrategia.**
Personally, I'm in favour of the strategy.

Ella no ve *los argumentos a favor* **del nombramiento de Raúl Cárdenas.**
She does not see the arguments for appointing Raúl Cárdenas.

Marina *está de acuerdo con* **la decisión.**
Marina agrees with the decision.

Su representante *tiene toda la razón.*
Your agent is absolutely right.

Disagreeing

Short, and once again very frequently used phrases (again from mild to emphatic):

No creo.
I don't think so.

En absoluto.
Not at all.

De ninguna manera.
Not at all / By no means.

¡Qué va!
Not at all!, No way!

¡De eso ni hablar! *or just* **¡Ni hablar!**
No way!

¡Quita! *(very informal register)*
Come off it!

No, no, no... *(invariably accompanied by a waggled index finger and/or a shaken head)*

Some further expressions of disagreement:

Todos estamos *en contra del* **plan.**
We are all against the plan.

Siento *llevarte la contraria,* **pero yo no lo veo así para nada.**
I hate to disagree with you, but I don't see it that way at all.

Sigo pensando que **sería mejor de otra manera.**
I still think that some other way would be better.

Estás muy equivocado.
You are quite wrong.

Some expressions of disagreement which use negatives require the use of the subjunctive. (*See 8.3.1*)

Niego que sea así. *(see 8.3.1 for subjunctive after a negative antecedent)*
That's not the way it is.

Por lo tanto, no es un argumento que me convenza. *(see 8.3.1 for subjunctive after a negative antecedent)*
Consequently, it's not an argument I find convincing.

2.3.2 Talking about the future

The 'plot' of *La invasión de Posadas* will inevitably require the participants to discuss plans and intentions. Write down all the different ways you know of talking about the future in Spanish. Once again, you should make a conscious effort to *use* the range of possibilities suggested in your contribution to *Posadas*.

Listed below are various different ways of talking about the future in Spanish.

To express pre-arranged plans in the immediate future use the present tense. (B&B 14.6.3)

La reunión *empieza* hoy a las cuatro.
The meeting starts today at four.

La Directora de marketing nos *habla* en la última sesión.
The Marketing Director is speaking to us in the final session.

More formal (and more likely in written registers) is the future tense for pre-arranged plans. (B&B 14.6.1)

La construcción *comenzará* a finales de septiembre.
Construction will begin at the end of September.

Intentions mentioned in the present often take the **ir a** + *infinitive* form. (B&B 14.6.4)

***Vamos a estudiar* la documentación.**
We are going to study the documentation.

***Van a explicar* las razones con detalle.**
They are going to explain the reasons in detail.

Less certain intentions can be expressed by *tener la intención de* + infinitive or **pensar** + *infinitive*

***Tengo la intención de* preguntárselo.**
I intend to ask her about it.

¿ *Piensas tirarlo* todo?
Do you intend to throw it all away?

Promises and Offers

An offer or a promise is normally expressed with the future tense. (B&B 14.6.1)

Por supuesto que te *daré* toda la información antes de la reunión.
Of course I'll give you all the information before the meeting.

Le prometo que *tendrá* el paquete antes del mediodía.

I promise you you'll have the parcel before midday.

Predictions

Making predictions may entail using expressions of possibility or probability (see 4.3.1), but equally a simple future tense will often suffice. (B&B 14.6.1)

¿Cree usted que *ganarán* ellos?
Do you think they will win?

Subjunctive Indicating the Future

The Subjunctive is to indicate events which are still in the future after the following: *cuando, en cuanto, hasta que, mientras* and *una vez que* (B&B 16.12.7).

Here are some examples:

Cuando visite por fin Nueva York, iré al Guggenheim.
When I finally visit New York, I'll go to the Guggenheim.

En cuanto me paguen a mí, te pago yo a tí.
As soon as they pay me, I'll pay you.

Hasta que no te calles, no vamos a salir.
We're not going out until you shut up.

¿Cómo va a triunfar mientras no se haga un lifting?
How on earth is he going to make it if he doesn't get a facelift?

Te llamo una vez que haya llegado.
I'll call you as soon as she's arrived.

Exercises

2.1 *Conjugate the verbs in brackets in this passage about plans for the next few days. Beware! Not all the verbs refer to the future!*

Esta semana la (*tener*) _____ muy complicada. Hoy (*terminar*) _____ los exámenes y al acabar (*tener*) _____ que (*entregar*) _____ los papeles en la oficina. Luego (*ir*) _____ a (*tomar*) _____ café con Enrique y de ahí los dos (*ir*) _____ directamente al cine. Mañana (*creer*) _____ que (*hacer*) _____ buen día y si (*ser*) _____ así Enrique y yo (*hacer*) _____ una excursión a alguna playa bonita. Por la noche yo (*quedar*) _____ con Maruchi para (*ver*) _____ una obra de teatro. ¿(*Creer*) _____ que le (*importar*) _____ si me (*llevar*) _____ a dos más? Si (*fallar*) _____ todo eso entonces te (*prometer*) _____ que pasado mañana (*ir*) _____ a por ti en coche e (*intentar*) _____ (*ir*) _____ al archivo general a (*ver*) _____ los periódicos que tanto te (*interesar*) _____ .

(For further exercises see P&dC 11.7, 19.1–19.3)

2.2. *Change the infinitive in brackets as appropriate in the following sentences*:

1. Voy a quedarme aquí en el portal hasta que me (*devolver*) _____ lo que me debe.

2. Buscaremos un restaurante para comer cuando (*terminar-nosotros*) _____ , a no ser que prefieran volver al hotel.
3. Sé que Rosa quiere verte en cuanto (*tener-tú*) _____ redactado el informe.
4. ¿Por qué no vamos nunca a los toros cuando (*estar*) _____ en Madrid?
5. Si (*venir*) _____ mañana, habrá que contárselo todo, sin falta.

(For further exercises see P&dC 13.17)

SIMULACIÓN 2
LA INVASIÓN DE POSADAS
(lodging)

Notes on *LA INVASIÓN DE POSADAS*

Before you begin your second simulation, take some time to reflect on your experience of *Prohibido fumar*. Did you, for example, *really* get into your role and argue your case as if your life depended on it? In *La invasión de Posadas* you will be dealing with issues which have the potential dramatically to change both people's lives and their environment. If all the participants argue their case strongly and passionately, the simulation will be even more engaging, lively, and above all, beneficial.

A word about mistakes, gaps in vocabulary, getting stuck and all the other pitfalls that lie in wait for the language learner. Our advice is that you should relax. Just as when you are in Spain or Latin America, the fact that you make a few mistakes, or that you lack some vocabulary or fluency, does not and should not prevent you from communicating your ideas in Spanish. You should expect to make mistakes and should not be afraid to do so. Your teacher will anyway be making notes on the linguistic performance of the group as a whole and is the person best placed to identify any areas that need attention. Such feedback should take place *only* after the final debate has ended.

One last tip. In this and other simulations, a very close reading of the documentation is strongly recommended, not least because a close reading may reveal certain facts, suggestions, or even clues, which might otherwise remain hidden!

Contenido

Situación

Enclavado al pie de una montaña, a poco más de un kilómetro de la costa cantábrica, el pueblo de Posadas es uno de los más típicos entre los celebrados pueblos de la región. Está rodeado de altas montañas, entre ellas las de la Sierra de Buitres, muy conocida en España por la riqueza de su fauna. La economía del pueblo sigue basándose en la agricultura, pero ya hace tiempo que el índice de paro en este sector ha ido aumentando. La falta de trabajo en el sector de la agricultura se hace cada vez más preocupante para los habitantes. Muchos jóvenes se marchan a la ciudad para buscar trabajo, y la gran mayoría de ellos no volverá nunca a vivir en su pueblo natal.

Posadas es un pueblo que ha cambiado muy poco a lo largo de los siglos. Es como si el pueblo no quisiera adaptarse a la vida moderna. El visitante que pasea por sus calles estrechas pronto se dará cuenta del por qué de esta resistencia. Tal vez sea uno de los pueblos más bonitos y de mayor interés histórico de la región: las casas con balcones de hierro forjado; las tranquilas plazuelas; la iglesia barroca (siendo ésta de destacado valor artístico), y no hay que olvidar su Plaza Mayor, cuyos orígenes se remontan al siglo diecisiete. Todo esto sirve para subrayar lo que tiene de especial este pueblo. Sin embargo, sus calles silenciosas y de aspecto más bien deprimido parecen señalar al mismo tiempo que este pueblo o no ha querido, o no ha podido adaptarse a la llamada 'revolución turística' de los últimos años.

No obstante, ahora parece posible que todo vaya a cambiar. Un consorcio madrileño de construcción ha propuesto transformar de forma radical el pueblo de Posadas y su entorno. La constructora tiene prevista la creación de hoteles, piscinas, restaurantes, un hipermercado y varias urbanizaciones, con el propósito de atraer al pueblo el turismo no sólo exterior, sino también nacional.

Entre los habitantes del pueblo hay opiniones para todos los gustos. La verdad es que hace tres meses ya que no se habla de otra cosa. Por supuesto, no todos estarán conformes ... no todos quieren que el proyecto siga adelante ... Como después se verá, algunos se han empeñado en rechazarlo de plano ...

Etapas de la simulación

1. Las personas a favor del proyecto de desarrollo turístico se reúnen para discutir y preparar su estrategia, y también para intentar anticiparse a los argumentos del otro bando. Al mismo tiempo, los que se oponen al proyecto se reúnen aparte para concretar la estrategia que van a utilizar contra el bando opositor en el debate final.
2. Los dos bandos se reúnen en la Sala de Juntas del Ayuntamiento para el debate final. Cada bando tendrá unos minutos para presentar sus argumentos iniciales antes de comenzar el debate propiamente dicho. El alcalde, Tulio Rodríguez, que preside este debate final debe asegurar que todos los participantes intervengan en la discusión.
3. Al terminar el debate, se pasará a una votación libre. De este modo se decidirá si aceptar o rechazar el proyecto de urbanización.

Personajes

I. Tulio Rodríguez Marín – alcalde del pueblo de Posadas – 37 años, casado con 2 hijos.

Está a favor del proyecto. Es un hombre serio y no le interesa mucho la política del asunto, pero sí quiere que los jóvenes de su pueblo, entre ellos sus propios hijos, tengan más oportunidades en la vida. No le gustan mucho los extranjeros, pero reconoce que pueden traer nuevos recursos económicos al pueblo. En lo que a él se refiere, tampoco sufriría demasiado. Sus huertas son muy extensas y son de las más ricas de la comarca. Es muy posible que pueda vender sus terrenos o bien al consorcio constructor o si no, a los que seguramente vendrán después. Como alcalde, Tulio tendrá que presidir el debate público en la Sala de Juntas del Ayuntamiento. Tendrá que asegurarse de que todos los asistentes a la reunión tengan la oportunidad de expresar su opinión sin que nadie les quite la palabra.

2. Blanca Pareja Arroyo – ecologista – 29 años, soltera.

Blanca está muy preocupada por la fauna y flora de las montañas que rodean el pueblo. De todas maneras, está muy en contra de lo que se ha hecho en la costa española en las últimas décadas. Piensa que ha habido un desarrollo demasiado rápido y que el ecosistema difícilmente lo puede soportar. En la Sierra de Buitres, por ejemplo, aún sobrevive el oso pardo ibérico, un animal que está en gran peligro de extinción. Sólo quedan entre quince y veinte ejemplares en estas montañas. Por otra parte, ella está enterada de la existencia de lobos en estas montañas, pero este hecho no se ha publicado a fin de minimizar la posibilidad de que se suscite el interés del público. El impacto del turismo en el medio ambiente sería para Blanca desastroso.

3. Juana Valbuena Calderón – presidenta del consorcio constructor – 5I años, casada con tres hijos.

Juana es consciente a ratos de haber tenido que renunciar a algunos de los rasgos más humanos de su personalidad para poder prosperar en un mundo empresarial agresivo y machista. Aunque ha alcanzado la presidencia de un grupo tan importante como es Construcciones Vistalegre, sabe perfectamente que sus enemigos (¿quién en este mundillo no los tiene?) aprovecharían cualquier oportunidad para destrozarla. Ha calculado que los beneficios de este proyecto podrían superar los 30 millones de Euros en los primeros cinco años. Para ella esto representaría no sólo una de las mejores inversiones de su larga y accidentada vida profesional, sino también una venganza contra estos enemigos ocultos o tal vez imaginados. Estima que el proyecto ofrece una oportunidad sin precedentes para el pueblo de Posadas, a pesar de las inevitables protestas, hasta cierto punto justificadas, y está empeñada en llevarlo a cabo.

4. Ramón Morilla Salas – pescador – 34 años, casado con un hijo pequeño

Ramón ha trabajado en la pesca de toda la vida, al igual que su padre y su abuelo – aunque éste ya se ha jubilado. Es un hombre muy apegado a la tradición familiar en lo que se refiere a su oficio. La vida de los que trabajan en el mar siempre ha sido bastante dura, pero hoy en día se hace cada vez más difícil. El gran enemigo del pescador, aparte de la explotación excesiva del agua, es la contaminación del mar por los desechos industriales y los residuos domésticos de la vida moderna. Por eso precisamente está muy en contra del turismo en esta costa. Ya ha visto en otros pueblos los daños ecológicos que conlleva el turismo incontrolado. No está dispuesto de ninguna manera a aceptar que semejantes cosas puedan ocurrir en su pueblo natal. Ramón vive del mar, y está dispuesto a luchar para que nadie le quite el pan de cada día.

5. Enrique Amontona Pasta – agricultor – 46 años, casado con cuatro hijos.

Astuto, altivo y seco, don Enrique tiene dos grandes fincas en las afueras de Posadas. Es ganadero. Se dedica a criar toros de lidia en su finca *La Estrella*. Hace tiempo ya que los toros de *La Estrella* van cobrando cierta fama en las plazas de España. Efectivamente, hace dos semanas en el coso de Madrid uno de ellos, de nombre *Bailaor*, fue indultado por el presidente, cosa que ocurre con poquísima frecuencia, como ya se sabe. Enrique es rico, y todo el mundo sabe que tiene buenos enchufes. Lo que no saben los habitantes del pueblo es que Enrique tiene acciones en varias compañías. Entre ellas figura una fábrica de ladrillos que forma parte del consorcio constructor que tiene intención de montar hoteles y viviendas en Posadas. De todas maneras hará todo lo posible para impedir que la gente se meta en sus asuntos. Por supuesto, no quiere que nadie ate cabos y le pille con las manos en la masa. Andará con mucho cuidado por si acaso. El hermano de Enrique, Alberto, trabaja en un ministerio en Madrid.

6. Josefa Garbanzo Sánchez – dueña del Bar Pepe – 34 años, soltera.

Josefa es una persona seria, simpática e inteligente. Le gusta el pueblo de Posadas tal como es. Hace seis años vivía en Barcelona, pero no le gustaba el ajetreo de la ciudad. ¡Vamos, no lo aguantaba! En cuanto al proyecto madrileño, no se ha decidido todavía. Desde luego, el pueblo necesita algo... Se lo está pensando, pero ha empezado a pensar que quizás hasta pueda estar a favor... De todas maneras, lo que sí le parece una buena idea es la llamada *ecotasa*, el impuesto para turistas implantado recientemente en Baleares. Vio en la tele no hace mucho una entrevista con Francesc Antich, el Presidente de las Islas Baleares. Antich hablaba del coste medioambiental del turismo y la necesidad de hacer algo que respondiera a la exigencia social y que compensara las cargas sobre el medio ambiente que supone la actividad de 11 millones de turistas. Pero Josefa no se fía mucho de los políticos, y por eso le gustaría saber exactamente cómo y en qué se propone gastar el dinero.

7. Alicia Cabrera-Ponce de Lugo – escritora gallega muy famosa – 67 años.

Autoexiliada de su nativa Pontevedra, no aguanta el frío y la humedad del noroeste. Esta gran dama de la literatura, autora de *Las pasiones despavoridas* y *Mi eclipse sicalíptico*, lleva 32 años viviendo en el pueblo. Le gusta el silencio del pueblo y le gustan sus montañas. Opina que no podría escribir sus novelas si el pueblo se convirtiera en un 'paraíso para los turistas'. No los aguanta. En el pueblo todo el mundo la conoce, pero aun después de treinta y dos años, se siente extranjera. Sus posibilidades de acceder fácilmente a los medios de comunicación, sobre todo a la prensa nacional, le proporcionan una influencia notable. Por eso, aunque a veces no la acaba de entender, la gente suele prestar atención a lo que dice.

8. Don Emilio – un anciano – 83 años.

Don Emilio, hombre nacido y criado en Posadas, se siente muy arraigado en el pueblo y no quiere que cambie el entorno que conoce de toda la vida. Piensa que el pueblo encarna ciertos valores específicamente españoles y no quiere que se pierdan. Tiene cierta fama de gruñón, pero todo el mundo sabe que en el fondo es una persona de muy buen corazón. Es un hombre pobre pero orgulloso de lo suyo. Su mundillo es, efectivamente, el de su pueblo natal.

9. José María Vallejo Fernández – soltero – 21 años.

Vive con su madre, pero ella está muy enferma. Al parecer tiene cáncer. No se sabe qué va a pasar con ella. José María está en paro y ve muy pocas posibilidades de encontrar trabajo si el proyecto no sale adelante. No quiere marcharse del pueblo, pero en fin, tampoco quiere pasarse la vida trabajando en el campo. ¡Es que eso es una vida muy dura!

10. Lourdes Villa Núñez – 19 años – soltera.

Lourdes piensa que Posadas es, sin duda alguna, el lugar más aburrido del mundo entero. A Lourdes le gustan las discotecas, las salas de fiestas. O sea, que le gusta pasarlo bien con sus amigos. Pero aquí, ¡huy!, ¡no hay nada! No es de extrañar entonces que lo proyectado para Posadas le haga muchísima ilusión a Lourdes.

11. Anastasio Losa de Los Ríos – 32 años – maestro – soltero

Anastasio nació en Posadas y todavía vive allí. Tuvo que salir del pueblo para seguir su carrera universitaria en Bilbao, pero una vez terminada ésta, volvió al pueblo. Trabaja en el colegio de un pueblo cercano. Anastasio es de izquierdas. No se siente nada cómodo con el mundo capitalista que le rodea. Está totalmente en contra del proyecto y está dispuesto a luchar para que no se lleve a cabo. Convive con Belén y tienen un hijo, Carlos.

12. José María Conde – periodista – 36 años.

Han venido a Posadas desde Madrid para hablar con los habitantes sobre el proyecto previsto para el pueblo y para investigar la verdad del asunto. Su misión es hacer muchas preguntas (¡cuanto más, y cuánto más incómodas, mejor!).

Personajes suplementarios

13. Ana Ríos – periodista – 30 años.
14. Víctor Egido – maestro de música – 70 años
15. Conchi Velázquez – guarda forestal (Sierra de Buitres) – 26 años

DOCUMENTO I

POSADAS – BORRADOR DE PROYECTO – RESUMEN GRÁFICO

Plano del pueblo de Posadas en la actualidad.

Disposición de las obras de urbanización y otras asociadas.

2 hoteles (10 y 12 plantas respectivamente – 600 camas total)
150 apartamentos y estudios (a la venta – oficinas inmobiliaria en Madrid y extranjero)
8 tiendas (franquicias, cadenas moda, etc.) y un hipermercado *Enrique la Sal*
1 banco (Hampton International)
3 restaurantes (*McDonuts, Burgermax*, y otro por designar)
2 discotecas (una al aire libre y de espuma, tipo *rave*) y una sala de fiestas *Karaoke*
Parque acuático *San Blas de los Buitres*
2 urbanizaciones (72 adosados en total) – suministro de agua pendiente investigación MOP
Disponibilidad de parcelas edificables – en trámite
Terrenos aparcamiento – por investigar

Está proyectado construir una carretera que conectará con la nueva autovía de Madrid.

DOCUMENTO 2

Ministerio de
Obras Públicas y Transportes

Madrid 9 enero 2002

MINISTERIO DE OBRAS PÚBLICAS Y TRANSPORTES

Vista su petición de autorización para construir una carretera siguiendo las especifica-ciones previstas en su propuesta de construcción N 26743A, el **Ministerio de Obras Públicas y Transportes** dictamina lo siguiente: Queda autorizado el solicitante, **Construcciones Iberval, S.A.**, para que proceda en un plazo de no más de dos años a la construcción de una carretera conforme con las especificaciones estipuladas en contrato (doc. 77741/99). Puesto que dicha carretera conectará con la autovía de Madrid, A322, y, por consiguiente, tendrá que atravesar la Sierra de Buitres, zona de gran importancia ecológica, queda entendido que **Construcciones Iberval, S.A**. hará todo lo posible para evitar o minimizar los daños ecológicos que tal proyecto pueda ocasionar.

Lo que transmito a Vds. para su conocimiento y efectos.

Les saluda atentamente.

JEFE DE LA SECCIÓN, Alberto Amontona Pasta

Firma:

Sello.

DOCUMENTO 3

El oso pardo en España

Oso pardo (Ursus arctos) Cl. mamíferos; Or. Carnívoros; F: Ursidos
Tamaño: de 170 a 250 cm de longitud: Altura en cruz: de 90 a 110 cm: Peso: de 90 a 150 Kg
Distribución: Cordillera Cantábrica, Pirineos y Sierra de Buitres (España)
Alimentación: Omnívoros
Reproducción: Puede tener de uno a tres oseznos entre los meses de enero y febrero. Alcanzan la independencia a los 18 meses. La madurez sexual se produce entre los 3,5 y 5 años. La longevidad es de 20 a 25 años.

La población no llega a cien individuos

Acaba de darse un paso más en el conocimiento y conservación del oso pardo en España, probablemente la especie ibérica en mayor peligro de extinción. Diez años de investigaciones de esta especie son los que se recogen en un reciente libro, editado por el Icona, que arroja relevantes conclusiones acerca de sus poblaciones, hábitat, alimentación y comportamiento.

A partir de los estudios a los que hace referencia este libro, titulado "El oso pardo ibérico" y dedicado a Joaquín Varela, investigador fallecido mientras buscaba oseras para este estudio en la Sierra de Buitres, se aprecia cómo éstos animales, que en el siglo XIV ocupaban la mayor parte de los sistemas montañosos de la Península, se han visto reducidos a un centenar de ejemplares distribuidos en dos poblaciones de la Cordillera Cantábrica aisladas entre sí, y otras minoritarias en los Pirineos y la Sierra de Buitres.

La pérdida de hábitat así como la caza furtiva, se perfilan como las principales causas de su desaparición. Entre 50 y 65 ejemplares aparecen en la población occidental de la Cordillera Cantábrica, principalmente en Asturias, y entre 20 y 25 en la oriental, sobre todo en la comunidad de Castilla y León. Algunos de los datos de esta zona arrojan una importante mortalidad no natural, puesto que en la década de los ochenta se confirmó la muerte de 27 osos y la probabilidad de otros 18 fallecimientos. Cazadores furtivos fueron los causantes de 22 de estas pérdidas, mientras que el veneno se cobró la vida de otros dos individuos.

De alarmante califican los autores el peligro de extinción que acecha a las antaño abundantes poblaciones del Pirineo occidental, al reducirse su presencia a 2 o 3 ejemplares en Aragón y Navarra, dentro del núcleo occidental franco-español que consta de al menos once individuos. De la población de la Sierra de Buitres aún no tenemos datos fiables, pero los investigadores calculan que la cifra no supera una veintena. La dramática situación que atraviesa el oso pardo hace que los investigadores sugieran prestar una atención especial a las poblaciones cantábrica oriental y de la Sierra de Buitres, destinándose, con carácter prioritario, recursos humanos y materiales.

Planes oficiales de recuperación
Prioritariamente, y ante la influencia de los daños producidos por otras especies, especialmente el lobo y el jabalí, se trataría de indemnizar y eliminar los retrasos en los cobros por los daños producidos por éstos en la cabaña ganadera; llevar a cabo planes oficiales hispano-franceses de recuperación del oso pardo pirenaico, así como su recuperación en el Pirineo catalán mediante la conservación del hábitat y la reintroducción a la vista de la inviabilidad de la supervivencia del núcleo actual, en la que se registra la presencia de algún ejemplar de forma esporádica.

El seguimiento continuado a una osa, que curiosamente no hibernó, y sus dos crías, o a tres oseznos huérfanos, que ocupan dos capítulos del libro, arrojan otro cúmulo de conclusiones de gran interés para conocer mejor a esta emblemática y desgraciadamente escasa especie.

TEXTO Josefina Maestre *NATURALEZA* Junio 1999 (adaptado)

¡Paraíso No!

¡Hola coleguis!

Aquí el personal hemos montado una pandilla muy enrollada que quiere ~~*ground*~~ acabar de una puta vez con la idea de convertir nuestro pueblo en el hermano pobre y feo de Marbella. Estamos luchando contra esos constructores de pacotilla que nos quieren llenar el pueblo de *Burgermax*, chozas para ricos y hoteles a troche y moche, y queremos que te apuntes *YA* a la lucha.

Lo primero, que no tenemos por qué soportar al madrileño de turno, tan tacaño él, que viene a montarse el negocio a costa de nuestros sudores para volverse a llevar sus pelas a la capi. ¡Calentitas y al bolsillo! Y nosotros a cambio aguantar el coñazo de los yupis con sus Mercedes recién encerados. Ni me hables de esos guiris achicharrados con sus camisas jaguayanas – que esto no es guirilandia.

Segundo, que ¿quién nos manda aguantar a esos banqueros barrigones que nos quieren comprar? ¡Que no tío, aquí nadie da duros por pesetas!

Pero bueno, vayamos por partes, que se me sube la sangre a la cabeza y desvarío que es un alucine. Y lo que nos hincha las pelotas es que nos llenen la playa de *Aftersun* y el monte de latas de *Coca Cola*. ¡Que no, señores! Que la Sierra de Buitres es de nuestros osos y no de los niños pera que se dedican a hacer barbacoas. ¡Y el mar para nuestros pescadores! ¿Y os imagináis la Plaza Mayor como un parking a lo bestia?

El rollo este que os he soltado viene a cuenta de que estamos muy mosqueados, porque el señor alcalde (que tanto nos quiere) no mueve un dedo para proteger al pueblo de la que le viene encima.

Por eso queremos que te apuntes a la manifestación que vamos a montar a la puerta del ayuntamiento. ¡Prepárate a gritar por tu pueblo, por Posadas! Ni paraíso ni su madre!

DOCUMENTO 5

Posadas, 14 Noviembre, 2001

Hola Alberto,

¿Cómo te va la vida? Hace tiempo que no nos vemos, ¿verdad? Mira, que me están dando la lata por el pueblo sobre lo de la propuesta. J. se ha puesto nerviosísima. Creo que es capaz de retirarse si los problemas no se solucionan ya. A ver si me echas una mano; que ya sabes que una mano lava a la otra – seguro que me entiendes, ¿verdad? Con los buenos contactos que tienes, no creo que haya problema. Hombre, ya sabes que siempre va a haber protestas, ¿no? Dios los cría, y ellos se juntan. En fin, ya sabes que con lo que tenemos entre manos – pongamos un poquito de suerte también –, el poder vivir a cuerpo de rey está más o menos asegurado.

Tengo muchas ganas de verte.

Tu hermano

E

DOCUMENTO 6

❖ EL PUEBLO ❖

SÁBADO I DE NOVIEMBRE DE 2000

Redacción, Administración y Talleres: San Blas, 27 / Santillana / ☎ (948) 46 88 93 / 1,5 Eur / Año XIV Número 1.334

✄ La voz del lector ☙

La vergüenza del cambio económico

Las siete de la tarde ... un calor sofocante ... la Plaza Mayor de San Gregorio de la Ribera. Un perro aúlla. Los ancianos del pueblo se han refugiado en sus casas. Ya no se ve a Pepe el del Burro con sus amiguetes jubilados, la copita en la mano y jugando al mus, ni tampoco a su mujer, la Dolores y compañía, haciendo punto entre cotilleos y quejas. Ya no se ve.

Ya no se ve desde hace precisamente trece meses, los trece meses que lleva la Dolores en el Hospital de la Paz, desde el día en que le atacaron en el mismo portal de su casa. Le quitaron los dos Euros que llevaba encima, dos Euros que no valen ni para comprar un gramo de esa porquería que llaman *éxtasis*. Los valores han cambiado. Ahora parece que estas drogas – que tan sólo hace dos años no se conocían por estos lares – valen más que el bienestar de una señora mayor que ya bastante sabe de conflictos y violencia en la vida.

Pero este conflicto que tiene nuestro pueblo hoy no es como los de antes. Se ha importado. Se ha importado de los nuevos guetos de Madrid. Se ha importado de calles donde mandan los traficantes, y donde la gente decente tiene miedo de salir a tomarse una copa. Se ha importado. Porque ya existe un mercado para su "producto". Ya no queda ni huella de la gran ilusión suscitada cuando abrimos las puertas al desarrollo. Porque no es lo que esperábamos. No esperábamos que se destruyera nuestra pequeña empresa pesquera; no esperábamos ver la playa llena de basuras, preservativos y jeringuillas; no esperábamos las borracheras diarias que tenemos que aguantar de marzo a noviembre, ni poder salir a la calle por miedo a que algún gamberro nos amenazara con la navaja en la mano; ni lo esperábamos, ni lo queremos.

A mí como guardia rural me toca manejar una serie de problemas que nunca creí ver en mi trabajo de guardia rural. No es que no quiera cumplir con mi deber, y además, el pueblo necesita de nosotros más que nunca. Pero llega un momento en que uno se da cuenta de la imposibilidad de nadar contra la corriente de vicios que ahora nos envuelve. Nos ahogamos en un mar de vergüenza. A nosotros también nos han engañado con eso del cambio económico.

**Ángel Jiménez García
(Guardia Rural de san Gregorio de la Ribera, Sección 12, Santillana)**

DOCUMENTO 7

ENFOQUE SEMANAL

Echegaray, 14 / Madrid / ☎ (91) 528 96 25 11 / 1,5 Euros / Año XXXII
Número 1.661 / sábado 2 de Diciembre de 2001

Los furtivos playeros

No nos debe extrañar que los campesinos que pasaban tanta hambre en los años 40 y los 50, los llamados 'años del hambre', hubieran tenido que recurrir muchas veces a la caza furtiva. Eso era cazar para la olla porque no había más remedio, porque no había para darles de comer a los niños.

Pero ahora vivimos otra época. En la España de hoy, gracias a Dios, nuestro pan de cada día no consiste en tener que hacer frente a esa hambre canina y desesperada. ¡De eso ni hablar! Vivimos bien, muy bien.

¿Y el furtivismo? Pues eso ya es cosa del pasado, ¿no es así? Pues no, queridos lectores, temo decirles que no es así. Las organizaciones ecologistas están de acuerdo en afirmar que la caza furtiva de especies protegidas sigue practicándose en casi todo el territorio español. Según estas mismas fuentes, existe un entramado de furtivos y coleccionistas que logran salvar los obstáculos legales y mantienen contactos con taxidermistas que les preparan las piezas. En el mercado negro se llega a pagar 1.300 euros por una cabeza de urogallo y 7.000 por la pieza entera. Los urogallos de España constituyen los últimos ejemplares de la especie del sur de Europa. El oso pardo ibérico también se encuentra en gran peligro de extinción a manos de los cazadores de trofeos. Se sabe que la disminución de esta especie se debe en parte a la acción del furtivismo. ¿Y por qué? Pues porque por un oso cazado furtivamente se pueden pagar hasta 35.000 euros. Poderoso caballero es don dinero.

Y hay que tener en cuenta que los furtivos de hoy día se han vuelto profesionales. Utilizan focos de luz de gran potencia, escopetas de alta precisión y teléfonos móviles. No debe sorprender por lo tanto que ni el urogallo cantábrico ni el oso pardo puedan resistir a estos asaltos tecnológicos. Representantes de la guardia forestal de la reserva Los Pinares de Peña Santa afirman que se necesita tomar medidas urgentes antes de que desaparezcan tanto estas como otras especies de la península.

Una novedad quizá aun más preocupante, según estas fuentes, es el creciente furtivismo por parte de turistas aficionados a la caza menor en varias zonas costeras de gran interés ecológico. Fuentes policiales afirman al mismo tiempo que la protección de especies en peligro de extinción no cae dentro de la competencia de sus agentes, y que tampoco disponen de los recursos humanos necesarios para emprender tal tarea.

Casilda Obregón de la Fuente

Tareas Escritas

1. Imagina que eres el secretario de la empresa constructora. Escribe un informe preliminar para los directores exponiendo los argumentos en contra del proyecto y apunta en cada caso cómo la empresa ha contestado a estos argumentos.
2. Redacción: elige uno de los temas:
   (a) El desarrollo económico es más importante que la protección de un paisaje pintoresco. Discute.
   (b) ¿Cómo pueden convivir el turismo y el medio ambiente en España o en otros destinos de turismo masivo?

LA INVASIÓN DE POSADAS
Glosario selectivo español-inglés

abogar por	argue for, to
achicharrado/a	burnt to a cinder
adelantar (datos)	disclose (data), to
afiliación f	enrolment
ajetreo m	hustle and bustle
altivo/a	arrogant, haughty
ansiar	long for, desire, to
antaño	in days gone by
apartados, esos dos últimos	these last two areas
aportar	contribute, to
arraigado/a	deeply rooted
arrimarse	be emotionally attached to, to
arrojar conclusiones	produce results, to
atar cabos	put two and two together, to
aullar	howl, to
barrigón/gona	paunchy
beneficios mpl	profits
bestia, a lo (fam.)	massive
borrador	draft, draft copy
buitre m	vulture
cabaña ganadera f	livestock
capi, la	capital, the (i.e. Madrid)
caza furtiva f	poaching
ceder	drop, to (lit. to cede, give way)
choza f	house (sl – lit. shack)
cobrar fama	become famous, to
comarca f	district
competencia f	competition
coñazo m (vulg.)	pain in the arse
conforme adj	in agreement
conllevar	entail, to
consorcio m	consortium
constructora f	construction company
coso de Madrid, el (fam.)	the Madrid bullring
cotilleo m	gossip
cruz, altura en	height at the withers
daño m	damage
dar la lata (fam.)	pester, to
depredación f	predation
desestacionalización f	moving away from purely high season holidays
deshechos industriales mpl	industrial waste
destacado/a	outstanding
destacar	stress, to
destino m	destination
desvario que es un alucine (fam.)	I'm talking thirteen to the dozen
dictaminar	pass judgement, to
discurso m	speech
ejercicio m	financial year
empeñarse en+ infin	insist on, to; strive to, to
enchufes, tener buenos	have good connections, to
enclavado/a	buried deep
enrollado (argot)	committed
entramado nm	network
escopeta f	shotgun
foco de luz m	spotlight
fomentar	encourage, to
franquicia f	franchise
furtivos mpl	poachers
gozar	enjoy, to
gueto m	ghetto
guiri mf(fam.)	foreigner
gruñón/ona	grumpy,given to moaning
hambre canina f	intense hunger
hinchar las pelotas a (vulg.)	get up someone's nose, to
homologación f	standardization, comparability
huella f	trace
implantar	introduce, to
impuesto m	tax
índice general de precios al consumo	consumer price index
indultado/a	pardoned
ingresos mpl	income, revenue
inmobiliaria f	estate agency
instar	urge, to
inversión f	investment
jabalí m	wild boar
jaguayana, camisa f	Hawaiian shirt
jeringuilla f	syringe
jubilarse	retire, to
lares, por estos	round here
llevar a cabo	carry out, to
media nacional, la	national average, the
MOP (Min. de Obras Públicas)	Ministry of Public Works
mosqueado/a (fam.)	suspicious, annoyed
mundialización f	globalization
mus m	Spanish card game

niño/a pera *mf* (*fam.*)	*rich kid*	rechazar	*reject, to*
nuevo, de	*once again*	recinto ferial, el	*showground, the*
ocasionar	*cause, to*	reclamar	*demand, to*
oferta turística, la	*what's on offer for tourists*	recurrir	*have recourse to, to*
		remontarse a	*date back to, to*
olla *nf*	*cooking pot*	rentabilidad *f*	*profitability*
organismos mundiales *mpl*	*global organizations*	residuos domésticos *mpl*	*domestic waste*
osera *f*	*bear's den*	retraso *m*	*delay*
osezno *m*	*bear cub*	rodeado/a	*surrounded*
oso pardo ibérico *m*	*Iberian brown bear*	rollo *m* (*fam.*)	*story (here, but has a range of meanings)*
pacotilla, de	*trashy*		
pandilla *f* (*fam.*)	*gang*	sala de juntas *f*	*boardroom*
papel *m*	*role*	salvar los obstáculos legales	*overcome the legal obstacles, to*
parcelas edificables *fpl*	*building plots*		
paro, en	*unemployed*	socio/a *mf*	*partner (business)*
partes, vayamos por	*let's take it one step at a time*	solicitante *m*	*applicant*
		subrayar	*underline, to*
pelas *fpl* (*fam.*)	*pesetas*	titular *m*	*main or headline story*
plazo *m*	*period*	traficante *m*	*drug dealer*
preservativo *m*	*condom*	trámite, en	*being processed*
presidir	*chair, to*	troche y moche, a (*fam.*)	*all over the place*
proceder de	*come from, to*	turno, de	*of the moment*
puta vez, de (*vulg.*)	*once and for all*	urogallo *nm*	*capercaillie (a game-bird)*
rasgo *m*	*characteristic, feature*		
recaudar	*collect, to*	vivir a cuerpo de rey	*live like a king, to*

3

EL DIVORCIO Y LOS HIJOS

Una de las preocupaciones más frecuentes y angustiosas que abruman a los matrimonios infelices y sin esperanza de arreglo a la hora de plantearse el divorcio, es el impacto dañino que su ruptura pueda tener sobre los hijos.

LUIS ROJAS MARCOS

Pocos niños esperan que sus padres se separen. Y son menos los que están preparados para este trance tan penoso. Quizá por eso, al ser informados del desenlace, su reacción inmediata suele ser de
5 asombro, de desconsuelo, de confusión y de miedo. Al mismo tiempo, casi todos se culpan a sí mismos por la ruptura. Los adolescentes tienden a responder además con rabia. Consideran la decisión de romper irresponsable o egoísta, y se
10 indignan de que sus mayores no sean capaces de resolver sus divergencias y no practiquen los principios que predicaban. Hay casos, sin embargo, de claro alivio para los chicos. Cuando, por ejemplo, son víctimas de contínuos malos tratos a manos del
15 progenitor que se ausenta del hogar.

Los hijos de parejas rotas pierden la estructura familiar, el andamiaje que sirve de apoyo material y emocional para su desarrollo, al menos temporalmente. Excepto aquellos que sufrieron abusos crueles
20 o abandono, la mayoría no percibe la ruptura como una segunda oportunidad. Algunos incluso sienten que su infancia se ha perdido para siempre, y este sentimiento de carencia impregna una gran parte de su dolor. No son pocas las criaturas que nunca renun-
25 cian a la ilusión de que sus padres algún día se reconcilien, y sueñan con retornar a la familia original.

Los efectos a largo plazo del divorcio sobre los niños varían mucho, según la idea que tengan éstos de la relación entre sus padres y el grado de vio-
30 lencia física o psicológica que soportaron en el hogar. Las consecuencias también dependen de su temperamento, de su edad y de la red de apoyo familiar y social con la que cuentan después. Estudios recientes indican que, a los cinco años de
35 la ruptura, un tercio de los hijos manifiesta sín-

tomas de depresión, complicaciones escolares o problemas de conducta. Aunque la causa del daño no es tanto la separación en sí como los conflictos que precedieron, las amarguras que la acom-
40 pañaron o las privaciones que se sucedieron.

Es de sentido común que los niños de padres divorciados tienen más dificultades en su desarrollo que los que crecen en familias intactas, junto a padres felices. Pero esta comparación no viene al
45 caso ni nos ayuda a entender el impacto de la ruptura sobre los pequeños, ya que los niños de padres separados no contaron con un hogar feliz. La pregunta correcta que cabría hacerse es si los hijos de padres malavenidos que se divorcian tienen más
50 problemas de mayores que los hijos de padres, igualmente desgraciados, que no se separan. Otra cuestión importante es si una pareja desdichada hace más o menos daño a sus hijos permaneciendo juntos o separándose. En este sentido, hoy existe
55 amplia evidencia que demuestra que un matrimonio sacudido constantemente por el odio, el resentimiento y las disputas daña gravemente a los menores y es incluso más pernicioso para ellos que el trauma de la separación.

60 Como ocurre con sus padres, los hijos, en su gran mayoría, acabarán superando con éxito la crisis de la ruptura. Pero para alcanzar esta meta deseada necesitarán crear y asimilar mentalmente su propia historia, su explicación personal de lo sucedido.
65 Relato que, para cumplir su función beneficiosa, deberá exculparles totalmente a ellos y tener a los padres de protagonistas, puesto que el divorcio es, en definitiva, un asunto de padres y no de hijos.

3.2 Questions on the Lead Text

Answer the questions IN ENGLISH unless otherwise indicated

1. Translate or explain *in English* the meaning of the following phrases:
   (a) 'al ser informados del desenlace' (lines 3–4)
   (b) 'complicaciones escolares' (line 36)
   (c) 'las privaciones que se sucedieron' (line 40)
   (d) 'no viene al caso' (lines 44–45)
2. How do the children of estranged parents usually react to their parents' divorce?
3. How does the reaction of older children differ from that of younger children?
4. What constitutes the most significant loss for the children of broken families?
5. Which factors influence the longer-term effects of family breakdown?
6. According to the author, what represents a greater danger even than divorce to the welfare of children?
7. What advice to separating parents is contained in the final paragraph?
8. Make a list of all the words or phrases in the article relating to the emotions or to psychological states.
9. Explain why the verbs 'sean' and 'practiquen' (lines 10 and 11) are in the subjunctive mood and then write three sentences *in Spanish* containing subjunctives used for the same reason. You may use any tense of the subjunctive as appropriate.

3.3 Focus on Function

3.3.1 Talking about the past
Batalla de custodia will inevitably require participants to make frequent reference to events and situations in the past. You will of course be quite familiar by now with the range of past tenses in Spanish. Nevertheless, the question of when to use which tense can still present certain problems.

- Students of Spanish sometimes encounter problems in trying to decide which past tense to use. Set out below are the five main functions you will need for effective communication. For a comprehensive explanation of past tenses see (B&B 14.4–14.5.9).
- Remember that one of the fundamental distinctions between the *pretérito indefinido* (preterite: e.g. *hablé*) and the *pretérito imperfecto* (imperfect: *hablaba*) is that the imperfect cannot be used to move a narrative forward in the past. Rather it is used for description in the past (setting the scene, describing what was going on, what used to happen, etc.). The preterite is the tense you need to use to move a story on step by step in anything other than the very recent past.

So, to talk about *events* which started and finished in the past you should use the preterite tense. (B&B 14.4)

> *Se vieron* **en Miami el año pasado.**
> They saw each other in Miami last year.

> *Viví* **en Cáceres durante siete años.**

I lived in Caceres for seven years.

Narrative events or story telling therefore require the preterite for a sequence of events related step by step. (B&B 14.4)

El primer día *se miraron* **en el bar,** *empezaron* **a charlar y** *terminaron* **tomando una copa juntos.**
On the first day they looked at each other in the bar, began to chat and ended up having a drink together.

However, setting the scene or describing the background to a story, describing people or things, and repeated or habitual actions in the past all require the imperfect tense. (B&B 14.5)

Aquel día *hacía* **un calor insoportable y yo** *estaba* **tumbado al lado de la piscina.**
That day was unbearably hot and I was lying beside the swimming pool.

Cuando era más joven, siempre iba a la piscina cuando hacía calor.
When I was younger, I always used to go to the swimming-pool when the weather was hot.

To talk about past events in a way which stresses their continuing importance for the present (or the future) you will need to use the perfect tense, as in British English. (B&B 14.9)

He terminado **el informe.**
I have finished the report. *(meaning 'it is now finished' – present)*

¿Has bebido **de más?**
Have you drunk too much? (meaning 'are you drunk'? – present)

Han decidido **construir una cárcel nueva.**
They have decided to build a new prison.

However, the perfect tense in Spanish does not follow British English usage when you wish to refer to the very recent past. In Spain (though not usually in Latin America), the perfect tense is preferred. (B&B 14.9.3)

Lo *has dicho* **hace un momento** *(Spain),* **Lo dijiste hace un momento** *(LAm).*
You said that a moment ago.

Exercises
3.1. *Conjugate the verbs in brackets with an appropriate form in the past tense:*
(*ser*) _____ un día de verano, agosto creo que (*ser*) _____ , y las calles del centro (*estar*) _____ vacías como siempre (*pasar*) _____ en Madrid en aquellos tiempos. Yo (*perder*) _____ mi puesto en la escuela de idiomas tres semanas antes por decirle gilipollas a un alumno especialmente insoportable. Luego (*descubrir*) _____ la razón: su padre (*trabajar*) _____ con alguien que (*tener*) _____ un conocido en el ministerio de educación y se las (*arreglar*) _____ para que me echaran. Bueno, la verdad es que aquel día yo no (*tener*) _____ nada mejor que hacer. (*Ponerse*) _____ a andar por Pintor Rosales en dirección Moncloa escuchando mi walkman. Seguramente (*escuchar*) _____ Siniestro Total

que entonces no me (*gustar*) _____ casi ningún otro grupo. De pronto (*darse*) _____ cuenta de que alguien me (*seguir*) _____. Dos veces (*intentar*) _____ echar un vistazo pero discretamente porque no (*querer*) _____ animarle a seguir con el juego. Él, sin embargo, tan pancho: no (*dejar*) _____ de mirarme descaradamente. Y es que (*ser*) _____ un payaso; un payaso de verdad, todo trajeado como si estuviera camino de una fiesta de niños o algo por el estilo. Al rato (*empezar*) _____ una canción especialmente brutal y eso me (*inspirar*) _____ : (*darse*) _____ la vuelta dispuesto a decirle algo, a preguntarle que por qué me (*perseguir*) _____. Pero él (*decidir*) _____ hablar antes. Sonriendo, me (*decir*) _____ que (*andar*) _____ suficiente ese día. Según él ya (*ser*) _____ la hora de los cuentos y él los (*contar*) _____ mejor que nadie. (*Sentarse*) _____ a escucharlo. Y lo que no me explico es que (*olvidarse*) _____ por completo lo que me (*contar*) _____ .

The following two exercises are designed to practise past tenses. The rubric for 3.2 also applies to 3.3

3.2 *While travelling in Spain, you witness the events described below. A week later, you are interviewed by a detective, who asks you to describe in detail what you saw. Base your evidence on the following description of events. Have a close look at all the verbs. Many will need to change, but others will not. Use past tenses wherever possible:*

Estás en el parque de María Luisa, el que está cerca de la Plaza de España. Hace buen tiempo, pero no hace mucho calor. No hay mucha gente en el parque porque es la hora de comer. Hay unos chicos jugando al fútbol y dos o tres ancianos están sentados en un banco cerca del estanco que hay cerca de la entrada del parque. Un perro sarnoso duerme debajo del banco. Son las dos de la tarde. Ves entrar en el parque a una mujer con una niña que tendrá unos cuatro años. La mujer lleva una falda roja. Tiene el pelo moreno y muy largo. Parece algo distraída. La niña tiene el pelo rubio y se le nota que ha estado llorando. Las dos andan rápido, quiero decir, casi corriendo. De repente te das cuenta de que hay un hombre siguiéndolas. Es alto y rubio y poco a poco se aprieta el paso para alcanzarlas. Tiene bigote, y lleva un traje oscuro que no le queda nada bien. Se acerca a las dos, coge en brazos a la niña y sale corriendo del parque. La mujer, muy angustiada, grita tras él, 'Andrew, ¿qué *haces*, por Dios? ¿Qué *HACES*?'.

3.3

Estás en la Plaza de Doña Elvira en el barrio de Santa Cruz. Es tarde, sobre las once y media de la noche. Hace un calor sofocante. La plaza está llena de gente. Es que no se puede dormir con el calor que hace. Hay un bar abierto en la esquina. Dos turistas japoneses están sentados en una mesa debajo de uno de los naranjos que hay en medio de la plaza. Un joven está tocando la guitarra. Tiene un aire de esos 'hippies' de los 60. Es alto, delgado, y tiene melena. Ves salir del bar a un tipo joven. Tendrá veintitantos años.. Se nota que está o borracho o drogado, o quizá las dos cosas, porque te das cuenta que está tambaleándose. Desde luego, mala pinta tiene. Al rato se acerca a los japoneses, pero parece que no quiere que ellos se enteren. De repente saca algo del bolsillo y empieza a gritar, pero sin que tenga mucho sentido. Te fijas en que lleva una jeringuilla en la mano. Uno de los japoneses se levanta rápido, y antes de que el chaval les alcance, le pega dos veces. Éste se cae, y se queda tumbado en el suelo, sin sentido. Los japoneses pagan sus copas, como si no haya pasado nada, y se van. Poco después, o sea, dentro de dos o tres minutos, llegan dos policías. Cogen al chaval que ya empieza a volver en sí y lo llevan a la furgoneta.

(For further exercises see P&dC 10.5, 11.4–11.6)

3.3.2 Asking questions

As well as expressing your own point of view in simulations, you will, of course, have to ask many questions, whether to clarify what others have said or simply to seek information.

Direct questions

The simplest (and often forgotten) way of asking a question in Spanish is by using any phrase or 'statement' as a question by means of rising intonation. The inverted question mark at the start of an interrogatory phrase in written Spanish alerts the speaker to the need to make the intonation rise. This avoids the need to change the word order of a non-interrogatory sentence to turn it into a question. (B&B 37.2.3)

Thus, the affirmation *es posible* becomes *¿es posible?* through a rising intonation, unlike in English where we would often expect to see either an inversion ('is it?') or a word like 'do'.

Other question words are identified by the accent which tells us they are always the stressed elements in any phrase. (B&B 24.1)

¿Quién **va a empezar?**
Who is going to start?

¿Qué **opina usted sobre la Unión Europea?**
What do you think about the European Union?

¿Cuál **es tu/su opinión sobre la eutanasia?**
What is your opinion on euthanasia?

¿Cuánto **nos va a costar todo esto?**
How much is all this going to cost us?

¿Dónde **están las ventajas de la propuesta?**
Where are the advantages of the proposal?

¿Para qué **sirven esas normas?**
What purpose do these rules serve?

¿Cuándo **veremos los resultados?**
When will we see the results?

¿Cómo **crees que funcionará el sistema?**
How do you think the system will work?

¿Por qué hay que hacerlo así?
Why does it have to be done that way?

In questions, the verb normally comes before the subject in Spanish. (B&B 24.2)

¿Cree usted que saldrá bien?
Do you think it will turn out alright?

¿Está el Alcalde a favor del proyecto?
Is the Mayor in favour of the project?

¿Qué opina su jefa sobre el tema?
What does your boss think of it?

¿Considera el Juez que el acusado es culpable del crimen?
Does the Judge consider the accused to be guilty of the crime?

Indirect questions (B&B 24.4.2)

You can often use either **qué** or **lo que** in indirect questions:

Cuéntanos *qué* **pasaría si llegara a rechazar el proyecto.**
Tell us what would happen if he rejected the project.

Dinos *lo que* **has descubierto.**
Tell us what you have discovered.

However, **'lo que'** cannot immediately precede an infinitive

Todavía no hemos decidido *qué* **hacer.** (*and NOT* 'lo que hacer')
We haven't yet decided what to do.

No *sé qué* **pensar.**
I don't know what to think.

Tagged-on questions

Question tags are very useful when you are trying to be persuasive!

Tú estás de acuerdo, *¿no?*
You're in agreement, aren't you?

Es una idea maravillosa, *¿a que sí?* (somewhat colloquial but acceptable and commonly used.)
It's a marvellous idea, isn't it?

Vosotros ya lo sabíais, *¿no es así?*
You already knew, isn't that so?

Los ingleses son muy fríos, *¿verdad que sí?*
The English are a cold people, aren't they?

(For exercises see P&dC 30.2)

3.3.3 Reported speech

In conversation, and especially in trying to win a debate, in order to convince someone of your arguments, or to counter opposing arguments, you will need to be able to report on what has already been said by others.

In spoken or written language speech may be reported using phrases like *dijo que* ... (he said that...). Imagine that 'el constructor' has told you, 'No afectará para nada el medio ambiente' and you later want to refer back to this statement. You would probably do so as follows:

El constructor nos *dijo que* no *afectaría* para nada el medio ambiente.
The builder told us that it wouldn't affect the environment at all.

Just as in English, where there is a time difference between the original statement and its reporting, a change in the verb tense is needed, in the previous example from the future to the conditional, or, in the example below, from the present to the imperfect and from the perfect to the pluperfect. (B&B 14.5.9)

Direct speech:
Director: 'El único problema *es* la financiación. *Necesitamos* invertir 33 millones de euros y nadie *ha apoyado* el proyecto todavía.'
Director: 'The only problem is the financing. We need to invest 33 million euros and no-one has backed the project yet.'

Reported speech:
El Director nos explicó que el único problema *era* la financiación. *Necesitábamos* invertir 33 millones de euros y nadie *había apoyado* el proyecto todavía.
The Director explained to us that the only problem was the financing. We needed to invest 33 million euros and no-one had backed the project yet.

The reader is also once again strongly recommended to (re)read all of chapter 16 on the subjunctive in Butt & Benjamin's A New Reference Grammar of Modern Spanish.

Exercise
3.4. *Turn these sentences in direct speech into reported speech as in the example below:*

'No puedo acabarlo si también tengo que preparar la cena', dijo David.
David dijo que no podía acabarlo si también tenía que preparar la cena.

1. 'Si vienes conmigo te invitaré a cenar' contestó Roberto.
2. 'La Ministra de Sanidad no va a hablar en la rueda de prensa', informó su portavoz.
3. 'Como has llegado tarde no disponemos del tiempo necesario', me comentó Luis.
4. 'Si Pablo quiere recoger su móvil que venga por él' añadió Carla.

(For further exercises see P&dC 14.1–14.3)

3.3.4 'Fillers'
Known as *muletillas* in Spanish, these very useful little words and phrases, which in fact tend to carry relatively little meaning, are heard constantly in spoken Spanish. You will recognize them immediately, but *do you use them?* Not only can they lend authenticity to your speech, but they sometimes also buy you a little thinking time! *Bueno* and *pues* are very frequently heard as the first word of any

reply to a question ... and there can be quite a long (and useful) pause before the rest of the response:

> ***Bueno, pues* yo creo que hay que seguir adelante.**
> Well, I think we should go ahead.

In Latin America (and occasionally in Spain), *esto* is used to do little more than pause for thought at the beginning of or in the middle of a sentence. In Mexico *este* is also heard.

Here are a few more examples of common phrases which perform a similar function:

> ***Mira, es que* yo no lo veo así.**
> Look, the thing is just don't see it that way.

> ***Vamos a ver* (or *A ver*) ¿Tú qué piensas?**
> Let's see now. What do you think?

> **Luis no quiere hacerlo.** *O sea*, **no lo va a hacer.**
> Luis doesn't want to do it. Or rather, he's not going to do it.

SIMULACIÓN 3
BATALLA DE CUSTODIA

Notes on *BATALLA DE CUSTODIA*

This simulation contains a certain amount of Spanish written in a broadly legal register. Just as when you receive a solicitor's letter, you are only expected to understand it, rather than being able to reply in kind, so here you are not expected to be instantly conversant with the legal register in your contribution to the simulation.

Given the context, in this simulation there will be no free vote at the end, since the judge will have the power and responsibility to reach a decision binding on all the parties.

Contenido

Situación

Isabel Meléndez Pérez y Herminio Flores Hernández, residentes de la Ciudad de México, se separaron hace siete meses y han decidido divorciarse. Al iniciar los trámites de separación los dos querían optar por un divorcio voluntario. Sin embargo, en ese caso, la custodia de su hija de cinco años, Belén, queda con la madre, a lo cual se opone el padre. Herminio cree que Isabel no debe tener custodia de la niña porque, según él, es una alcohólica y ha establecido una relación lesbiana con su psicóloga. Isabel argumenta que el adulterio de su esposo fue el causante de la separación.

El Código Civil de México D.F. contempla entre las causales de divorcio necesario tanto los 'hábitos de embriaguez' aplicables a la madre, como el adulterio del padre. En este caso la custodia dependerá hasta cierto punto de la 'culpabilidad' del fracaso matrimonial. Así por medio del divorcio se disputan la custodia de Belén, de cinco años de edad, hija de ambos. A falta de acuerdo después de dos meses de intentos de conciliación, el caso llegará al Juzgado Familiar de México D.F. nº13.

La historia tiene elementos ya comunes en este tipo de desacuerdo: padres separados, los dos con motivos para defender su derecho a la custodia del vástago y los dos muy queridos por el hijo. No obstante este caso tiene elementos menos corrientes como puede ser la relación lesbiana que la madre ya mantiene con su psicóloga o la promiscuidad del padre y su turbulenta relación con una chica de 18 años (20 menos que él). Las leyes de México – algunos militantes homosexuales dicen que por la innata homofobia del Estado de México – no mencionan la viabilidad de parejas lesbianas en cuestiones de custodia; del mismo modo, la cuestión de infidelidad del padre no figura entre las razones dadas normalmente por conceder a la madre la custodia del hijo (aunque sí para conceder el divorcio).

Por lo tanto el Juez de lo Familiar, ayudado por dos especialistas, tendrá que escuchar los argumentos de los dos equipos de abogadas y testigos para después tomar una decisión sobre la custodia de Belén.[*]

Etapas de la simulación

1. Los dos equipos se reúnen por separado para planificar su estrategia. Mientras tanto, en otra parte del aula, el Juez y sus dos oficiales profesionales Miguel Rubio y Ester Ramos, estudian la documentación y preparan las preguntas que harán a los dos equipos.
2. El Juez preside el juicio de custodia. Se escuchará a los dos testigos profesionales y después éstos podrán ser interrogados por los abogados de cada equipo. Los dos equipos expondrán sus argumentos y tendrán la oportunidad de interrogar a miembros del equipo oponente.
3. El juez – ayudado por sus oficiales – dictará la sentencia final.

[*] Para información de los participantes adjuntamos todos los documentos entregados al juez, incluida la correspondencia entre las dos partes y sus respectivos abogados.

Personajes

1. Gregorio Ochoa – juez familiar – 62 años

Un oficial tradicionalista por no decir reaccionario, don Gregorio se enfrenta con un conflicto interno de opiniones en este caso. Por un lado le repugna la homosexualidad y no cree que una pareja lesbiana sea un buen modelo de familia para la niña. Hasta cree que el 'homosexualismo' puede contagiarse o imponerse a otro mediante coacción. Por otro lado, no piensa que un comportamiento como el de Herminio Flores sea ejemplo adecuado para una niña de cinco años. Además la ley favorece a la madre en estas cuestiones. Necesitaría una razón muy convincente para quitarle la custodia a la madre. Le ayudarán su pequeño equipo de asesores profesionales, Miguel Rubio y Ester Ramos.

2. Ester Ramos – psicóloga infantil – 42 años

Presentará un informe sobre Belén Flores al tribunal y después pasará a ser interrogada acerca de las repercusiones psicológicas que podrían tener la convivencia con Herminio o con Isabel. Ha tenido mucha experiencia en el trabajo con menores y ha visto las consecuencias negativas del divorcio. Opina que tanto un padre soltero como una mujer con pareja lesbiana pueden ejercer perfectamente de familia para los menores, opinión que, según ella, le otorga cierta objetividad en este caso.

3. Isabel Meléndez Pérez – la madre – 36 años

Nativa de Sonora, vive en la ciudad de México desde los 18 años, edad en la que empezó la universidad. Cursó estudios de pedagogía en la Universidad de Guadalajara y, al acabar su licenciatura, se trasladó a México D.F. para ponerse a trabajar como profesora de idiomas en un instituto del estado. Se casó con Herminio Flores Hernández en 1994 y a los dos años tuvieron una hija, Belén. Isabel dejó de trabajar durante diez meses y después volvió al instituto sólo por las tardes y tres días a la semana. Pocos meses después se enteró de que su marido le estaba engañando con otra mujer. Decidió encararse con él directamente y Herminio prometió dejar a su amante y ser fiel a Isabel. Pero Isabel no pudo olvidar esa infidelidad y empezó a darse a la bebida. Sus amigas se dieron cuenta y una de ellas le recomendó que visitara a una psicóloga. Isabel fue a verla y al cabo de unos meses la situación empezó a mejorar. Tanto prosperó esa relación que las dos mujeres acabaron teniendo una relación amorosa. Isabel no había tenido antes ninguna relación lesbiana pero es muy feliz con Claudia (así se llama la psicóloga). Isabel no vive con Claudia sino que continúa viviendo en la que antes era su casa conyugal. Ha dejado de beber. Pero su situación laboral es precaria, ya que no tiene contrato fijo. De momento Belén vive con ella.

4. Herminio Flores Hernández – el padre – 37 años

Nativo de México D.F. y profesor funcionario y fijo de un instituto en las afueras del D.F., Herminio es un hombre muy dedicado a su profesión. Se casó con Isabel Meléndez Pérez en 1994. Herminio es un padre ejemplar pero como esposo nunca ha sabido ser fiel a su mujer. Le ha estado engañando durante los casi ocho años de casados con diferentes mujeres. Considera que Isabel es una mujer distante y, cuando él se agobia en el trabajo, busca alivio con otras mujeres. Se lleva muy bien con sus padres y con sus hermanos (todos viven en el mismo barrio del D.F). Su hija pasa una parte del día con sus abuelos y también los quiere muchísimo. Tiene excelente salud y estabilidad económica. De momento vive con sus padres y así ve bastante a su hija. Ahora sale con una chica de 18 años, Laura Casanova.

5. Cristina Carmona – abogada de la madre – 38 años

Especialista en derecho familiar, Cristina trabaja en uno de los mejores bufetes de la ciudad. Temiendo que un juez machista rechace rotundamente las declaraciones de Isabel, Cristina va a insistir mucho en los testigos (tanto profesionales como personales) que declararán por parte de Isabel. Por otro lado quiere aprovechar el testimonio de una ex-novia de Herminio para echar por tierra la supuesta estabilidad de éste.

6.Julia Rivera – abogada del padre – 46 años

Julia es una abogada (especialista en derecho familiar) que tiene mucho éxito, tenaz y especialmente muy atenta a los detalles del caso que lleva. Tiene que tranquilizar a Herminio, que tiende a agobiarse o a ponerse nervioso e incluso hasta agresivo, y tiene que encaminarle constantemente para que no diga comentarios imprudentes. En resumen, es una mujer eficaz y calculadora, no dudará en jugar sucio para conseguir su meta, sacando a relucir constantemente tanto el lesbianismo como el alcoholismo de Isabel.

7. Claudia Silvana – psicóloga, amante de Isabel – 41 años

Conoció a Isabel hace poco más de dos años cuando ésta fue a su consulta. Ahora son amantes. Claudia es especialista en alcoholismo y drogadicción: se la respeta mucho en su círculo profesional, y económicamente hablando, no tiene ningún problema. Vive en una casa muy grande que heredó de su abuela materna y ha acondicionado una bonita habitación donde duerme Belén, las noches que se queda Isabel a dormir en casa de Claudia. Se lleva muy bien con Belén.

8. Dr Ramón Carillo – médico – 58 años

Especialista en alcoholismo, el doctor Carillo es el testigo más importante del equipo del padre, por las declaraciones que hará ante el tribunal acerca de la adicción de Isabel. Resulta irónico que fuera el Dr Carillo quien recomendara a Isabel asistir a una consulta con Claudia Silvana, colega a quien tenía en buena estima. Quiere ayudar a Isabel pero no está dispuesto a pasar por alto la enfermedad de su paciente. Ahora tendrá que declarar en contra de Isabel que los problemas de ésta no han desaparecido y que nada impide que ésta vuelva a darse al alcohol con los resultantes efectos dañinos para su hija Belén.

9. Sonia Barbero – ex-novia de herminio – 23 años

Amargada y antipática, Sonia disfrutará haciendo sufrir a su ex-amante Herminio. Conoció a Herminio cuando éste vivía con su mujer en la casa matrimonial y estuvo saliendo con él durante casi un año sin que Isabel se diera cuenta. Herminio no le había dicho nada a Sonia de su mujer ni de su recién nacida niña Belén. Nunca conoció a Isabel por lo que no le guarda ningún rencor: toda su amargura está dirigida a Herminio. Sin tener prueba alguna, afirmará que una vez Herminio le pegó durante una discusión y nombrará a tres mujeres con las que también ha tenido relación Herminio, una de ellas mientras salía con Sonia después de abandonar la casa de su mujer.

10. Padre/Madre De Herminio – 64 años

(Sólo declarará uno de los padres de Herminio, según decidan las abogadas.)
Los padres de Herminio (¡y de los 13 hermanos!) son encantadores. Pareja de clase obrera muy trabajadora y muy respetada en su barrio por haber sabido combinar siempre la lucha contra la pobreza en que nacieron con la vida familiar. Todos sus hijos han prosperado (son profesores, maestros, médicos o abogados) pero por estar tan unida la familia todos se han quedado a vivir en el barrio donde crecieron. Esta familia acogió con cariño a la novia (luego, esposa) de Herminio. Adoran a Belén. Generosos hasta lo último, no culpan a Isabel de abandonar a Herminio, pero sinceramente creen que Belén estaría mejor con ellos y con su padre en su casa del barrio de La Merced.

11. Marisa Garrido – amiga de Isabel – 35 años

Amigas desde la universidad, Marisa e Isabel trabajan en institutos del mismo barrio y se ven muy a menudo. Va a declarar a favor de Isabel como testigo de conducta. Pero la situación es mucho más complicada de lo que Isabel cree. Marisa estaba enamorada de Herminio antes de que éste conociera a Isabel pero nunca reveló su nombre porque Isabel trabajaba con él. Cuando Isabel le confesó su noviazgo con Herminio, Marisa se calló por no perder la amistad con Isabel. Sin embargo cuando Isabel estaba en el hospital a punto de dar a luz, Marisa y Herminio se emborracharon y se acostaron juntos. Herminio quería verla otra vez pero Marisa se negó. A partir de ese momento, Herminio no la dejó en paz y, cuando vio que no prosperaba esa relación, empezó a contarle a Marisa que se acostaba con otras mujeres. Finalmente, cuando Herminio se enteró de la relación de su mujer con Claudia, esperaba que Marisa se pusiera de parte de él. Todo lo contrario. Marisa no ha dejado en ningún momento de apoyar a Isabel. No obstante teme que ya pierda la amistad con ella cuando Isabel descubra todo en el tribunal. Odia a Herminio por destrozar con sus infidelidades la vida de tres mujeres y posiblemente la de una niña de cinco años.

12. Laura Casanova – novia actual de herminio – 18 años

Una tonta de una inmadurez notable, nadie entiende lo que Herminio ve en esta chica. Lleva nueve meses con Herminio. Laura es hija de unos padres que se hicieron ricos en los 80 con negocios un tanto sucios y es la típica nueva rica: le gustan las motos, la moda y los hombres respetables en peligro de sucumbir a sus encantos superficiales. En el fondo no sabe si lo suyo con Herminio tiene futuro pero de momento disfruta del espectáculo de esta batalla de custodia y sobre todo, espera salir fotografiada en los periódicos. Intentando ayudar a Herminio – y a pesar de odiar profundamente a las lesbianas – Laura fingió ser una cliente de Claudia para ver si ésta intentaba sobrepasarse con ella. Lo que quería era declarar en juicio que Claudia es una lesbiana promiscua y rapaz. Claudia la descubrió en seguida y rechazó sus atenciones por lo que ahora Laura quiere castigarla con todo tipo de comentario homofóbico.

Personajes suplementarios

13. Miguel Rubio – oficial del ayuntamiento – 45 años

Un hombre educado y liberal, Miguel tiene bastante experiencia en este tipo de casos. También ha tenido que aguantar al Juez Ochoa muchas veces y no tiene el mínimo de respeto hacia este machista. Intentará convencer al Juez de que tiene razón confiando en su capacidad intelectual frente a él. Presentará un informe sobre la situación económica y de vivienda de Herminio Flores y de Isabel Meléndez y la aceptabilidad de la casa como hogar para la niña.

14. Verónica González – enfermera (consulta familiar) – 41 años
15. Eloisa Vegas – vecina – 34 años

SOCIEDAD

SER PADRES

¿Lesbiana alcohólica o don Juan escandaloso?

Mateo Puig, CIUDAD DE MÉXICO

La localidad de La Merced de la Ciudad de México está toda revuelta por el espectacular caso de un divorcio. Lo que comenzó como un simple divorcio voluntario ya se ha convertido en un drama ejemplar: para el pujante colectivo homosexual de este país representa el derecho de una madre lesbiana en contra de un reinante machismo típicamente mexicano; y para los tradicionales representa el momento de decir basta a lo políticamente correcto y defender a la familia tradicional.

Sin embargo este asunto es más complicado aun. La familia tradicional en este caso está encabezada por un mujeriego en serie según lo que dicen todos. Este individuo – Herminio Flores (37 años) – sale actualmente con una niña de 18 años (ejemplar madrastra para la más niña aun, su hija Belén). La madre de ésta se llama Isabel Meléndez (36 años) y, por si esto fuera poco complicado, Isabel sale con una psicóloga lesbiana con el nombre de Claudia Silvana.

Mientras ninguno de los protagonistas quiere ser entrevistado otros forman fila para opinar sobre el caso. Por un lado Carlos Alva de la Organización de Gays, Lesbianas y Transsexuales de México afirma que la adopción de menores y la aceptación política y social serán los próximos objetivos conseguidos por dicho colectivo; la reafirmación del derecho de custodia de una madre lesbiana como Isabel Meléndez es el primer paso. En 1997 la primer diputada abiertamente homosexual tomó posesión de su curul en la Cámara de Diputados, señalando un significativo cambio social en este país. No obstante desde entonces los avances han sido lentos. Por otra parte José Crespo, del Comité Nacional Pro-Vida, se refiere a las 'amenazas del homosexualismo' y opina que las parejas homosexuales representan un 'ataque frontal a la institución de la familia y de la Iglesia'.

En realidad ya existen muchas parejas lesbianas con custodia de menores en este país, todas sin causar el mínimo de escándalo. En la inmensa mayoría de casos de divorcio la ley favorece a la madre. Lo que hace saltar este caso es el alcoholismo de la madre (según ella superada).

Hito social y político para la historia de México o simple culebrón familiar, en La Merced no se habla apenas de otra cosa.

DOCUMENTO 2

Octavio Paz, 24
06601 México D.F.
Teléf: 52 59 65 67

---

11 de abril de 2001.

Estimado Lic. Carmona

Le escribo para pedir ayuda en una cuestión de patria potestad de mi hija, Belén, de 5 años, nacida en México D.F. en 1996. Voy a divorciarme de mi marido Herminio Flores Hernández. Qusiera saber todo sobre la patria potestad de los hijos y en especial cómo arrebatársela al padre. ¿Tengo que pedir el divorcio voluntario o el necesario? Entiendo que el tipo de divorcio afecta la custodia de mi hija.

Me casé con Herminio Flores Hernández en 1994 y dos años más tarde tuvimos nuestra hija, Belén. Dejé de trabajar durante diez meses y después volví al instituto donde trabajaba de profesora (sólo por las tardes y tres días a la semana).

En 1998 descubrí que mi marido me estaba engañando con otra mujer. Él me prometió que no volvería a ocurrir pero no pude olvidar esa infidelidad y, como consecuencia del trauma psicológico empecé a beber de más. Eso no afectó a mi hija porque lo hacía cuando ella ya estaba dormida o cuando estaba con sus abuelos paternos los fines de semana. Ahora ya lo he superado pero tengo miedo de que mi marido intente separarme de mi hija.

Hace 10 meses mi marido dejó nuestra casa para instalarse con sus padres. Ve a Belén cada fin de semana, pero estoy segura que está intentando convencerla para que se quede con él. Mi marido tiene tendencias violentas aunque no nos ha maltratado físicamente a ninguna de las dos, pero sus ausencias, infidelidades y abandono resultan ser no obstante una violencia psicológica. Ahora estoy en una relación con mi psicóloga, Claudia Silvana. He leído que están promoviendo una ley en el parlamento del Estado que permitirá que las parejas de mujeres adopten menores. Me gustaría que mi pareja tuviera patria potestad de Belén junto conmigo.

¿Podría usted representarme en este caso?

Anticipándole las gracias

Le saluda atentamente

Isabel Meléndez Pérez

DOCUMENTO 3

Lic. Cristina Carmona
ABOGADA
Avda. de Madrid, 156
Teléf: 56 68 76 54
email: ccarmona@mundi.net.mx

20 de Abril de 2001

Estimada señora Meléndez:

En algunos Estados de la República, el adulterio se encuentra tipificado como delito, pero en el D.F solo como causal de divorcio, según el Código Penal. De hecho es muy difícil suspenderse el ejercicio de la patria potestad y en particular, la infidelidad no es causal de pérdida de patria potestad ni de custodia. El secuestro del menor sí sería causal de pérdida de custodia.

El Código Civil contempla diversas causales de divorcio, algunas de ellas son por ejemplo la sevicia, amenazas, injurias, esto es, los malos tratos de parte de su cónyuge y también contempla la violencia intrafamiliar (la cual no necesariamente implica la existencia de golpes, sino también puede tratarse de violencia psicológica y de eso tendremos que hablar). La legislación actual para que el engaño sea una causal del divorcio es difícil de probar ya que se requieren pruebas para que opere como tal. Por eso le recomiendo que se dedique a recabar pruebas de la infidelidad de su marido.

Si tiene pruebas de engaño puede recurrir a una acción de divorcio necesario por adulterio como accesoria de un juicio ordinario civil, o si no, de manera independiente en uno de controversias del orden familiar. Lo recomendable es lo primero citado, sin embargo porque, como ya he indicado, la causal por adulterio en nuestro sistema jurídico, es difícil de acreditar.

En cuanto a su nueva relación, habrá que estudiarlo: es verdad que existe un proyecto de ley que establecería la legalidad de una adopción de un menor por parte de una pareja lesbiana, pero como usted es la madre natural de Belén, en este caso no se aplicaría. Es más, puede que su marido utilice su relación lesbiana en contra suya, afirmando que dicha relación es nociva para su hija. Mucho dependería del juez que nos tocara.

¿Por qué no hace usted una cita con mi secretaria para verme lo antes posible y aclarar esto con más detalle?

Atentamente

Lic. Cristina Carmona

DOCUMENTO 4

Avenida del Pintor Solana, 49
06602 México D.F.
Teléf: 57 93 66 31

14 de Abril de 2001.

Muy Señores Míos:

Me dirijo a ustedes para pedir representación en un caso de divorcio y custodia de mi hija, Belén, de 5 años, nacida en México D.F. en 1996. Quiero
divorciarme de mi mujer Isabel Meléndez Pérez.

Me casé con Isabel en 1994 y dos años más tarde nació nuestra hija Belén.
Nuestra relación nunca fue buena y yo busqué alivio con otra mujer. Mi
mujer se enteró y se lo tomó muy mal, lo cual la llevó a tener problemas de
alcoholismo. A mi parecer, esto la hace incompetente como madre.
Además vive y mantiene relaciones sexuales con otra mujer. Quisiera
saber si éstas son razones para que me concedan a mí la custodia de
Belén.

Hace 10 meses que vivo con mis padres y veo a Belén cada fin de semana. Los dos queremos el divorcio pero Isabel insiste en que Belén se
quede con ella. ¿Tengo yo algún derecho en estas circunstancias?

Le agradecería que se pusieran en contacto conmigo para tramitar este
asunto.

Atentamente.

Herminio Flores Hernández

DOCUMENTO 5

Campos · Juárez y Martínez
=== BUFETE DE ABOGADOS ===

Santo Domingo, 12
06600 México D.F.
Teléf: 50 87 76 65
Email: CJM@mundi.mx

Estimado Sr Flores:

Según he entendido en su carta del 14 de Abril, usted quiere tramitar dos juicios distintos: primero, iniciar la demanda de divorcio, y segundo, promover ante el juzgado familiar un juicio de guarda y custodia de la menor.

Tanto el alcoholismo de su mujer como la infidelidad suya son causales para obtener el divorcio, en el Distrito Federal. Habría que buscar el mejor enfoque para su caso en particular.

En cuanto a la custodia de su hija, la ley siempre da la preferencia en la custodia a la madre. Sin embargo, a primera vista tiene usted buenas razones para seguir adelante con lo que pretende hacer, dado que en materia de patria potestad, los presupuestos más comunes son: la falta de proporcionar los alimentos, la violencia intrafamiliar, y el *ser alcohólico* o drogadicto. La patria potestad es un elemento difícil de arrebatar a uno de los padres, exceptuando los casos que marca la ley, como es el haber sido sentenciado por un delito. Quizá podamos afirmar que la influencia de la madre sea nociva para el desarrollo del menor (pero para eso necesitaré saber si está usted dispuesto a aprovecharse de la situación en que se encuentra su esposa (relación lesbiana, alcoholismo).

Si usted lo desea, estaré encantada de respresentarla.

Atentamente

Julia Rivera

DOCUMENTO 6

ESTER RAMOS – PSICÓLOGA INFANTIL – PASEO DE COLOMBIA, 14 – MÉXICO D.F

24 de mayo de 2001

INFORME PRELIMINAR SOBRE BELÉN FLORES

Entrevisté a la niña Belén Flores el pasado 23 de mayo de 2001. Vino acompañada de su madre y de los abuelos paternos. Todos ellos se quedaron en una sala contigua a la de la entrevista y Belén vino conmigo sin ningún temor.

Comencé por hacerle varios tests de personalidad, educación y de socialización y en seguida noté que Belén es inteligente, habladora, tranquila en general y que no presenta señal alguna de comportamiento anormal física ni mental. Es más, habla con toda naturalidad de su situación y está completamente consciente* de que sus padres tienen problemas de difícil solución. Informa que tanto sus dos padres como sus abuelos le han explicado esta situación y le han asegurado que ella no tiene ninguna culpa al respecto. Habría que destacar esta situación como extraordinaria y alabarla como un modelo de comportamiento para otros padres en situaciones similares. Al indagar más hice las siguientes observaciones.

Belén tiene una relación afectiva muy positiva con cinco personas: su madre, su padre, su abuelo paterno, su abuela paterna y con Claudia Silvana (compañera de su madre). Respecto a las dos primeras relaciones, Belén no culpa ni a su madre ni a su padre de su situación familiar aunque sabe (con poco detalle) los problemas del alcohol de la madre y de 'señoritas" con respecto al padre. Parece igualmente cómoda con ambos. Adora a sus abuelos. Se refiere a Claudia Silvana como la mejor amiga de su madre y menciona que éstas duermen en la misma cama sin mostrar sorpresa alguna al respecto. Menciona que Claudia le cuenta muchas historias bonitas y disfruta mucho cuando ésta le saca a jugar por algún parque o en la ciudad.

Al preguntarle directamente sobre los problemas de sus padres empieza a dar muestras de preocupación y ansiedad. No quiere perder a ninguna de las cinco personas mencionadas arriba y se pregunta por qué todos no pueden vivir en la misma casa. Curiosamente, la casa que elige para esta situación idílica es la de Claudia Silvana ('por ser la más grande').

Me gustaría tener otras oportunidades de entrevistar a Belén pero la conclusión de mi primera consulta es que la niña no demuestra ningún trastorno psíquico, sólo quiere que sus padres solucionen sus diferencias.

Ester Ramos

---

* En México, 'estar consciente' se usa en lugar del 'ser consciente'.

DOCUMENTO 7

OFICINA DEL SUBSECRETARIADO DEL D.F.
SECCIÓN DE BIENESTAR DEL MENOR, Nº 13.

Informe material: Belén Flores (caso n°13356)

1. <u>Vivienda y circunstancias económicas y familiares de Herminio Flores.</u>

- Residente en Avenida del Pintor Solana, 49, 06602 México D.F.

- Casa natal (propiedad de los padres, Don Enrique Flores y Doña Eloisa Santos)

- Residen solamente Sr H. Flores y los padres

- Vivienda de 5 recámaras, una de ellas adecuada y amueblada para uso exclusivo de la menor

- Vivienda segura y saneada en una zona tranquila del barrio de La Merced

- Situada cerca de escuelas y otros servicios necesarios

- A menos de un km de la casa conyugal de los señores Flores antes de la separación

- Vecinos no indican ninguna señal de violencia ni otro tipo de problemas

2. <u>Vivienda y circunstancias económicas y familiares de Isabel Meléndez.</u>

- Residente en Octavio Paz, 24, 06601 México D.F.

- Casa conyugal (propiedad de los dos padres, Herminio Flores e Isabel Meléndez)

- Residen solamente Isabel Meléndez y su hija Belén Flores

- Vivienda de 3 habitaciones, una adecuada y amueblada para uso exclusivo de la menor

- Vivienda segura y saneada en una zona tranquila del barrio de La Merced

- Situada cerca de escuelas y otros servicios necesarios

- A menos de un km de la casa de los abuelos, los señores Flores, donde reside actualmente Herminio Flores

- Vecinos afirman que Isabel Meléndez pasa bastante tiempo en la casa de Claudia Silvana en el barrio de Polanco junto con su hija Belén.

Miguel Rubio

DOCUMENTO 8

n° pac. 129 9883 865	nombre	Isabel Meléndez Pérez	
Nac. 01-08-1966	**gpo sang.** O-positivo	**Dirección** Octavio Paz, 24, 06601, México D.F.	
alergias	**historial** 05-07-69 pulmonía leve (antibiot-soluc) 15-11-71 bronquitis (antibiot-soluc) 23-01-73 apendicitis (sin nec de apendectomía) 11-06-77 esguince (vendaje sin complic) 09-10-77 bronquitis (sin nec de trat) 27-03-80 menstruación difícil (rec. codomol es) 13-04-85 bronquitis (antibiot-soluc) 20-07-89 erupción de piel (brazo izq.)(trat local-soluc)		
Medicamentos habituales anticonceptivos	16-09-90 virus (sin determinar) (antibiot-soluc) 04-02-94 chequeo general (sin problemas) 12-12-95 consulta plan. familiar (para anticonceptivos) 1996 (véase arch ginecológico historial embarazo) 10-10-96 depresión (sin rec) 17-10-96 depresión (rec. prozac) 24-10-96 depresión/alcohol (deja prozac / derivar a psicólogo) 29-09-96 infección venérea, trat antibiot. -soluc. 05-11-96 alcoholismo confirmado / sigue trat psic. 04-01-97 alcoholismo (mejora/rec seguir con psic) 1997 (véase arch/informes psic.) 01-10-97 informe avances signif bajo psic. (C.Silvana) 25-11-97 tensión alta (nervios) (rec. sedante ligero) 28-02-98 nerviosismo excesivo (rec calmantes)		

DOCUMENTO 9

n° pac. 109 4553 087	nombre	Herminio Flores Hernández

Nac. 10-06-1965	gpo sang. A	dirección Octavio Paz, 24, 06601, México D.F.

	historial
alergias -polen -gatos -perros -aves -caballos etc. asmático	31-06-65 alergia láctea (rec. leche en polvo) 07-07-65 cólico/vómitos (resuelto) 12-11-65 tos (recm.jarabe) 28-01-66 tos fuerte (pos. bronquitis) 22-09-66 paperas (res) 30-02-67 amigdalitis (leve, sin nec. trat) 04-05-70 pos. alergia (polen?) [derivar a especialista] 12-05-70 conf. alergia al polen / animales 10-10-73 asma leve
medicamentos habituales antihistamínicos varios	15-01-71 asma (rec. antihistimínico) 19-11-72 asma (rec. gotas ahps) 22-02-75 asma (ataque) rec. salbutamol 14-06-85 inflam. genital (gonorrea, rec. antibiot — soluc.) 20-10-86 herpes (trat antibiot — soluc.) 20-04-87 chequeo general (asma bajo control, nada más de part) 07-12-90 estres (chec. tensión - alta, rec. asp.23) 23-12-90 chequeo n/p — diag. clamidia (trat antibiot — soluc.) 01-04-92 erupción genital sin deter. (inf. venérea, trat antibiot. —soluc.) 24-03-94 chequeo general (antes de matrimonio): todo bien; anti VIH-negativo 12-05-95 estres (recomendar evaluación psic-rechazado por paciente) 19-05-95 estres (sin soluc) 30-06-95 herpes (trat antibiot — soluc.) 17-08-95 erupción genital sin determ. (infección venérea, trat antibiot. —soluc.) 20-10-95 gonorrea (trat antibiot. —soluc.) 25-02-96 petición test de VIH (negativo) 19-09-96 erupción genital sin determ. (infección venérea, trat antibiot. —soluc.) 20-13-97 erupción genital sin determ. (infección venérea, trat antibiot. —soluc.) 20-10-95 gonorrea (trat antibiot. —soluc.) 24-11-97 tensión alta (exam revela contusiones por brazos, pecho y espalda — pac no quiere explicarlas) 17-02-98 gonorrea (trat antibiot. —soluc.) 27-02-98 contusiones por brazos, pecho y espalda (dice que ocasionadas por su esposa — rec eval. psicológica, rechazada por paciente — sin soluc) 02-03-98 sospech. infec venérea (trat-antibiot —soluc.) 18-09-99 petición — test anti VIH (negativo)

DOCUMENTO 10

Código Civil para El Distrito Federal en Materia Común y para toda La Républica en Materia Federal – 1928 (abreviado)

Artículo 267. Son causales de divorcio:

I. El adulterio debidamente probado de uno de los cónyuges;

II. El hecho de que la mujer de a luz, durante el matrimonio, un hijo concebido antes de celebrarse este contrato, y que judicialmente sea declarado ilegítimo;

III. La propuesta del marido para prostituir a su mujer no solo cuando el mismo marido la haya hecho directamente, sino cuando se pruebe que ha recibido dinero o cualquier remuneración con el objeto expreso de permitir que otro tenga relaciones carnales con su mujer;

IV. La incitación a la violencia hecha por un cónyuge al otro para cometer algún delito, aunque no sea de incontinencia carnal;

V. Los actos inmorales ejecutados por el marido o por la mujer con el fin de corromper a los hijos, así como la tolerancia en su corrupción;

VI. Padecer sífilis, tuberculosis o cualquiera otra enfermedad, crónica o incurable que sea, además, contagiosa o hereditaria, y la impotencia incurable que sobrevenga despues de celebrado el matrimonio;

VII. Padecer enajenación mental incurable, previa declaración de interdicción que se haga respecto del cónyuge demente;

VIII. La separación de la casa conyugal por más de seis meses sin causa justificada;

IX. La separación del hogar conyugal originada por una causa que sea bastante para pedir el divorcio, si se prolonga por más de un año sin que el cónyuge que se separó entable la demanda de divorcio;

XI. La sevicia, las amenazas o las injurias graves de un cónyuge para el otro;

XII. La negativa injustificada de los cónyuges a cumplir con las obligaciones señaladas en el artículo 164, sin que sea necesario agotar previamente los procedimientos tendientes a su cumplimiento, así como el incumplimiento, sin justa causa, por alguno de los cónyuges, de la sentencia ejecutoriada en el caso del art. 168;

XIII. La acusación calumniosa hecha por un cónyuge contra el otro, por delito que merezca pena mayor de dos años de prisión;

XIV. Haber cometido uno de los cónyuges un delito que no sea político, pero que sea infamante, por el cual tenga que sufrir una pena de prisión mayor de dos años;

XV. Los hábitos de juego o de embriaguez o el uso indebido y persistente de drogas enervantes, cuando amenazan causar la ruina de la familia, o constituyen un continuo motivo de desavenencia conyugal;

XVI. Cometer un cónyuge contra la persona o los bienes del otro un acto que sería punible si se tratara de persona extraña, siempre que tal acto tenga señalada en la Ley una pena que pase de un año de prisión;

XVII. El mutuo consentimiento

XVIII. La separación de los cónyuges por más de 2 años, independientemente del motivo que haya originado la separación, la cual podrá ser invocada por cualesquiera de ellos.

Artículo 269. Cualquiera de los esposos puede pedir el divorcio por el adulterio de su cónyuge.

Artículo 278. El divorcio solo puede ser demandado por el cónyuge que no haya dado causa a él, y dentro de los seis meses siguientes al día en que hayan llegado a su noticia los hechos en que se funde la demanda.

Artículo 282. Al admitirse la demanda de divorcio, o antes si hubiere* urgencia, se dictaran provisionalmente y solo mientras dure el juicio, las disposiciones siguientes:

I. Derogada.
II. Proceder a la separación de los cónyuges de conformidad con el Código de Procedimientos Civiles;
III. Señalar y asegurar los alimentos que debe dar el deudor alimentario al cónyuge acreedor y a los hijos.
IV. Las que se estimen convenientes para que los cónyuges no se puedan causar perjuicios en sus respectivos bienes ni en los de la sociedad conyugal, en su caso;
V. Dictar, en su caso, las medidas precautorias que la Ley establece respecto a la mujer que quede encinta;
VI. Poner a los hijos al cuidado de la persona que de común acuerdo hubieren designado los cónyuges, pudiendo ser uno de estos. En defecto de ese acuerdo, el cónyuge que pida el divorcio propondrá la persona en cuyo poder deben quedar provisionalmente los hijos. El juez, previo al procedimiento que fije el Código respectivo resolverá lo conducente. Salvo peligro grave para el normal desarrollo de los hijos, los menores de siete años deberán quedar al cuidado de la madre.

Artículo 283. La sentencia de divorcio fijará la situación de los hijos, para lo cual el juez gozará de las más amplias facultades, para resolver todo lo relativo a los derechos y obligaciones inherentes a la patria potestad, su pérdida, suspensión o limitación, según el caso, y en especial a la custodia y al cuidado de los hijos, debiendo obtener los elementos de juicio necesarios para ello. El juez observará las normás del presente Código para los fines de llamar al ejercicio de la patria potestad a quien legalmente tenga derecho a ello, en su caso, o de designar tutor.

Artículo 284. Antes de que se prevea definitivamente sobre la patria potestad o tutela de los hijos, el juez podrá acordar, a petición de los abuelos, tíos o hermanos mayores, cualquier medida que se considere benéfica para los menores.

Artículo 287. Ejecutoriado el divorcio, se procederá desde luego a la división de los bienes comunes y se tomarán las precauciones necesarias para asegurar las obligaciones que queden pendientes entre los cónyuges o con relación a los hijos. Los consortes divorciados tendrán obligación de contribuir, en proporción a sus bienes e ingresos, a las necesidades de los hijos, a la subsistencia y a la educación de éstos hasta que lleguen a la mayor edad.

Artículo 288. En los casos de divorcio necesario, el juez tomando en cuenta las circunstancias del caso y entre ellas la capacidad para trabajar de los cónyuges, y su situación económica, sentenciará al culpable al pago de alimentos en favor del inocente.

* Un ejemplo del futuro del sujuntivo, hoy día utilizado casi exclusivamente en documentos jurídicos.

Tareas Escritas

1. Escribe un resumen del caso de la custodia de Belén para tu jefe que es el redactor de un diario del Distrito Federal (D.F.) Piensa en qué detalles le van a interesar para su artículo.
2. Imagina que tú eres el juez y tienes que decidir a quién conceder la custodia de Belén. Escribe tu discurso de resumen en preparación para tu sentencia final. No hace falta utilizar una terminología jurídica especializada, puesto que las personas que lo van a escuchar no son abogados sino miembros del público.
3. Redacción: elige uno de los temas:
    (a) No es que el papel del padre no sea importante, pero en cuestiones de custodia la madre es la que debe quedarse con los hijos. Discute.
    (b) La cualidades necesarias para ser un buen padre o una buena madre hoy día distan mucho de las que se consideraban necesarias hace un siglo. Discute.

BATALLA DE CUSTODIA
Glosario selectivo español-inglés

abandono del hogar *m*	*desertion*
abrumar	*overwhelm, to*
adminicular	*bring together, to*
agobiarse	*get worked up, to*
alivio *m*	*relief*
amargura *f*	*bitterness*
amigdalitis *f*	*tonsillitis*
andamiaje *m*	*scaffolding, support structure*
angustioso/a	*distressing*
asombro *m*	*shock*
bienes *mpl*	*goods*
carencia *f*	*feeling of lack, loss*
carnal *adj*	*physical, of the flesh*
causal *f*	*cause*
causante *m*	*cause*
celebrarse	*hold, take place, to*
checar (Mex)	*check, to*
chequeo *m*	*check-up*
coaccionar	*coerce, to*
Código Civil *m*	*civil law*
conceder	*concede, to*
conducente *adj*	*leading to*
confiar	*trust, to*
contemplar	*consider, provide for, to*
contusión *f*	*bruise*
convincente *adj*	*convincing*
corromper	*corrupt, to*
cursar	*study, to*
curul *f*	*seat (in parliament)*
dañino/a	*harmful*
darle a la bebida	*hit the bottle, to*
delito de índole familiar *m*	*domestic/family ofense*
demente *adj*	*insane*
derivar	*refer, to (med)*
derogado/a	*abolished*
desacuerdo *m*	*disagreement*
desarrollo *m*	*development*
desavenencia *f*	*disagreement*
desconsuelo *m*	*despair*
desdichado/a	*wretched, unhappy*
desenlace *m*	*ending*
desgraciado/a	*unhappy*
dictar una sentencia	*pass sentence, to*
domicilio conyugal *m*	*marital home*
ebriedad consuetudinaria *f*	*frequent drunkenness*
embriaguez *f*	*inebriation*
emplazamiento a juicio *m*	*summons to court*
en serie *adj*	*serial*
enajenación mental *f*	*mental derangement*
encaminar	*channel, point in the right direction, to*
encararse con	*stand/face up to, to*
encinta *adj*	*pregnant, expecting*
entablar	*enter into, strike up, start, to*
erupción *f*	*rash (skin)*
esguince *m*	*sprain*
exculpar	*absolve, relieve of blame, to*
fracaso matrimonial *m*	*marital breakdown*
hito *m*	*milestone*
imprudente *adj*	*imprudent, unwise*
indagar	*investigate, to*
injurias *fpl*	*slander*
juez de paz *m*	*justice of the peace*
juzgado familiar *m*	*family court*
lácteo/a	*dairy*
madrastra *f*	*step-mother*
malavenido/a	*ill-matched*
malos tratos *mpl*	*abuse*
médico de cabecera *m*	*G.P.*
meta *f*	*goal*
mujeriego en serie *m*	*serial womanizer*
nocivo/a	*damaging*
noviazgo *m*	*courtship*
optar por	*choose, opt for, to*
paperas *fpl*	*mumps*
pasar por alto	*overlook, disregard, to*
patria potestad *f*	*custody, guardianship*
penoso/a	*terrible, sad*
pensión alimenticia *f*	*maintenance*
pernicioso/a	*destructive*
plantearse	*consider, think about, to*
precautorio/a	*precautionary*
predicar	*preach, to*
privaciones *fpl*	*deprivations*
procedimiento *m*	*proceedings*
progenitor *mf*	*father or mother*
pujante *adj*	*booming*
pulmonía *f*	*pneumonia*
punible	*punishable*
rabia *f*	*anger*
radicar	*live, be settled in, to*
rotundamente	*categorically*
sacudido/a	*shaken*
secuestro *m*	*kidnap*

sedante *m*	*sedative, tranquilizer*	tos *f*	*cough*
sentimiento de		tramitar	*deal with, arrange, to*
carencia *m*	*feeling of lack, loss*	trámites *mpl*	*procedures*
sevicia *f*	*brutality*	trance *m*	*moment, patch*
sobrevenir	*strike, occur, to*	tribunal civil *m*	*civil court*
suspender	*suspend, to*	tutor *m*	*guardian*
sustracción de menor *f*	*abduction of a minor*	vástago *m*	*offspring*
tenaz	*tenacious*	vendaje *m*	*bandage*
testigo de conducta *m*	*character witness*	vía judicial *f*	*through the courts*
tipificado/a	*categorised, classed*	VIH	*HIV*

4

4.1 Lead Text

PUBLICIDAD EN TIEMPOS DE INTERNET

1 La gran red de redes, la *World Wide Web* o simplemente Internet, es una revolución por sí misma. Este nuevo medio ha cambiado las estructuras, formas y tiempos en la comunicación, además de involucrarse activamente en la manera de trabajar y en la capacidad de hacer negocios. Es decir, una auténtica revolución simultánea, dinámica y en paralelo gira alrededor del mundo entero en lo socio-cultural, comercial y técnico.

5
Veamos de qué se trata...

ORÍGENES DE LA PUBLICIDAD

10 Los orígenes de la publicidad se remontan a los tiempos de los antiguos egipcios que pregonaban la llegada de los barcos al puerto con sus cargamentos repletos de mercadería. Los babilonios que comerciaban allí contrataban a un "cantor" con fuerte voz y penetrante para que desde sus tiendas dieran a conocer sus productos a todo aquel que se acercaba. No fue hasta la Revolución Industrial que el gran cambio sobrevino y alteró todos los hábitos. Las familias gradualmente dejaron de autoabastecerse para adquirir productos fabriles en serie y a
15 un menor costo. Los mercados se inundaron con una altísima oferta debido a las nuevas máquinas y a su productividad y esto obligó a bajar los precios y a fomentar el consumo de los mismos. Mayor consumo, mayor producción, mayores ganancias, es decir apareció el comercio moderno. Como consecuencia, los granjeros emigraron a las ciudades para obtener empleo y así toda la industria se vio favorecida rápidamente. El consumidor ahora tenía dinero proveniente de su sueldo y se sintió independiente en lo económico, luego se espe-
20 cializó en una actividad, al tiempo que la demanda creció a niveles importantes.

En las postrimerías del 1850 sobrevino la competencia entre productores y propietarios con el nacimiento de las cooperativas y las primeras cadenas de venta a nivel masivo. Le hicieron frente a la situación intentando diferenciarse entre la creciente diversificación de productos. ¿Cómo? A través de un nombre para que el consumidor pudiera identificarlo en el almacén por sus ventajas. Fue una buena idea ... y así nació la marca. Los
25 medios de comunicación gráficos, tales como los periódicos y revistas, surgieron al crecer en gran escala el índice de alfabetización y la escolaridad. Y el fabricante obtuvo un espacio para dar a conocer su producto a un número mayor de personas, sin importar su lugar de residencia. La vía pública estaba cubierta con carteles y volantes y el diseño cuidado de artistas que trabajaban en ellos hizo que tomaran gran popularidad.

La publicidad, ya de cara a nuestro siglo, tuvo como protagonistas excluyentes hasta los años cuarenta a la radio
30 con todo su encanto y fuerza, al imponente cine con su magia y a los transportes públicos llevando su mensaje de aquí para allá. En las décadas siguientes la televisión, sin disminuir las posibilidades de sus precedentes, se convirtió en el indiscutible medio número 1 tanto por su rentabilidad como poderío.

DE LOS MEDIOS TRADICIONALES A INTERNET
35
Para competir con la televisión, los diarios, las revistas y la radio debieron exigir a los anunciantes, publicitarios y hombres de medios que busquen caminos alternativos e inventen maneras más originales para atraer al público. Pero hoy existe un nuevo medio que es Internet y que se está abriendo lugar poco a poco y se divisa ya como la revolución del futuro.
40   Hoy en día una agencia de publicidad profesional reconoce que para realizar una exitosa campaña publicitaria lo principal es analizar y conocer los códigos de cada medio para que cuando se realice una estrategia de comunicación se elija el canal más apropiado para dar a conocer un producto o servicio. Como Internet es un medio nuevo aún en desarrollo, las posibilidades parecen infinitas y están casi sin explotar. La red cibernética es una aventura para cualquier agencia publicitaria que acepte el reto.

45   La red ofrece la posiblidad de interactuar con el cliente, quien tiene hoy el poder en sus manos, puesto que desde su computadora puede comprar, alquilar, sugerir, utilizar, criticar, pedir o simplemente mirar. El cliente es quien exige y la red se prepara para atenderlo de la mejor manera. Las empresas están alertas y muchas de ellas poseen su sitio como parte de una estrategia de marketing y comunicación, ofreciendo, además, en línea sus servicios y productos. La publicidad se está adaptando a estas nuevas reglas de hacer negocios, pues van
50 juntos en el creciente avance continuo de la red. Podríamos decir que son razones más que suficientes para entender cómo funciona y por qué apunta a lo comercial.

INTERNET COMO REVOLUCIÓN SOCIO-CULTURAL

55 Internet ha revolucionado la forma en que nos comunicamos y lo seguirá haciendo en lo sucesivo gracias al desarrollo de tecnologías que superan lo que años atrás parecía imposible. La relación actual entre personas mediante la revolución técnica, produjo que sus hábitos y costumbres se hayan modificado de manera asombrosa, tanto en los ámbitos de trabajo y académicos como en la vida cotidiana. La concepción del mundo en la actualidad es un todo integrado, se tiene acceso al mercado bursátil, los diarios, las publicaciones, las revistas,
60 bibliotecas, canales de televisión, radios, bases de datos, investigaciones, en fin un amplio espectro de información aparece disponible para satisfacer el interés en particular de cada navegante. Acceder a los más diversos productos y servicios on-line que ofrecen los bancos ("home banking"), supermercados y empresas en general, por nombrar sólo algunos, produce en la vida diaria un fuerte impacto, otorga verdadera dimensión de lo que se vendrá en el futuro y hacia dónde se está orientando el mundo en lo comercial, en lo social y en lo
65 técnico. Las comunidades cybernéticas, grupos, foros de discusión y los chats fascinan por lo que son en sí mismos. La posibilidad de intercambiar experiencias, puntos de vista, contenidos, líneas de pensamiento entre personas de diferentes países, culturas y edades, enriquece la comunicación y el entendimiento de otras formas de vida que antes hubiera sido imposible siquiera pensarlas.

   El fenómeno socio-cultural se manifiesta así, en la capacidad de interactividad inmediata, en el acceso a múltiple información proveniente de cualquier lugar hacia una computadora, y como consecuencia vital en el acortamiento de las distancias y la optimización de los tiempos. La desestructuración en esta nueva forma de comunicación que evita formalidades tan propias del papel y otros medios como el fax por ejemplo, constituye una vía absolutamente diferente de lo que se acostumbraba, el e-mail es hoy protagonista absoluto a la hora de trabajar o de contestar la correspondencia. Nuevos códigos y formas se han gestado orientando la comunicación
75 a través de una PC. Sólo pensar en las enormes distancias recorridas por un simple mensaje electrónico y la inmediatez de recepción sumado a su costo hacen que se utilicen sin titubeo. Elegir es hoy para el navegante un abanico de posibilidades infinitas. Desde su casa puede acceder a la compra, uso, alquiler, subscripción de todos los productos o servicios inéditos que desee de manera rápida, simple, cómoda y al mismo precio del mercado. Interactuar con otros es para el navegante una forma de apertura mental, sin lugar a dudas, toda una
80 aventura. Pero esperemos que, de cara al nuevo siglo, comunicarse frente a frente siga siendo como hoy, absolutamente irreemplazable.

Dolores Campos Carlés & María Azul Cecinini
Especial para *LA NACIÓN LINE*
(*Adaptado*)

4.2 Questions on the Lead Text

Answer the questions IN ENGLISH unless otherwise indicated

1. Translate or explain in English the meaning of the following phrases:
    (a) 'protagonistas excluyentes' (line 29)
    (b) 'en lo sucesivo' (line 55)
    (c) 'sin titubeo' (line 76)
    (d) 'abanico de posibilidades' (line 77)
2. In which three areas has the Internet radically changed communication across the world?
3. What form did the first known advertising take?
4. How did the Industrial Revolution transform the world of advertising?
5. How did competition lead to the birth of the brand name?
6. What profound social change lead to the emergence of newspaper and magazine advertising?
7. In what location were many of the early adverts found?
8. Which four advertising media are identified with the twentieth century?
9. What is the Internet's main advantage over these earlier media according to the article?
10. Which areas of life have been affected by the Internet according to the article?
11. What is the attraction of chat rooms and other on-line networking mechanisms?

4.3 Focus on Function

Expressing possibility, probability, obligation and need
Simulations often involve discussion of hypothetical futures or outcomes, whether possible or probable. At the same time, such outcomes will necessitate a certain course of action and/or will need to be balanced against other, conflicting requirements.

4.3.1 Possibility and probability

In expressions of possibility and probability followed by *que* and a subordinate verb, the subordinate verb after *que* will be in the subjunctive mood (B&B 16.3). See the following examples:

Puede que tengas razón, aunque yo lo dudo.
You may be right, although I doubt it.

Es posible que nos pongan una multa esta vez.
It's possible they may impose a fine on us this time.

Es probable que retire su apoyo a la propuesta si no le hacemos alguna concesión.
It's probable that he'll withdraw support for the proposal if we don't make him some concession.

Lo más probable era que el coronel no fuese.
The most likely thing was that the colonel wouldn't go.

Quizá/s and *tal vez* may also take the subjunctive:

Quizá por eso no *haya querido* optar por nuestra sugerencia. (*but* see B&B 16.3.2)
Perhaps that's why he didn't want to take up our suggestion.

Tal vez no *dispongan* de fondos suficientes. (*but* see B&B 16.3.2)
Perhaps they haven't got sufficient funds.

Note that *probablemente* and *posiblemente* are often followed by the indicative, though the subjunctive may also be possible (for a discussion see B&B 16.3.2).

Probablemente *llegarán* a última hora.
They'll probably arrive at the last minute.

Note that *a lo mejor* ('perhaps') and *seguramente* (here in the sense of 'probably') both take the indicative.

A lo mejor Miguel no *quiere* desplazarse a Madrid dos veces por semana.
Perhaps Miguel doesn't want to travel to Madrid twice a week.

Seguramente lo *habrá hecho* para no incurrir en más gastos.
He'll probably have done it in order to avoid more expense.

Puede ser.
Could be.

4.3.2 Obligation and need

Tener que + *infinitive* is used to express obligations which come from external forces or needs. It can even have the weight of being *forced* to do something. (B&B 21.3)

***Tengo que* llegar antes de las 4.**
I have to arrive before 4.

***Siempre teníamos que* ir en avión porque estaba muy lejos de casa.**
We always had to go by plane because it was a long way from home.

***Tuve que* dárselo cuando amenazó con matar a mi hija.**
I had to give it to him when he threatened to kill my daughter.

***Tendrás que* concentrarte en unos pocos objetivos concretos.**
You will have to concentrate on a few specific objectives.

For obligations which are internal (stemming from a moral sense of 'duty'), use *deber* + *infinitive*. Deber often implies what course of action is 'best'. (B&B 21.3).

***Debo ir* al entierro.**
I must go to the funeral.

***Debiste* callarlo.**
You ought to have kept it quiet.

***Deberán buscar* otra solución.**

They will have to look for another solution.

But note that *deber de* + *infinitive* implies assumption, *not* obligation (see 6.3.1).

***Debe de* estar en Madrid.**
He must be in Madrid (I assume).

For impersonal statements about obligation, use *haber que* + *infinitive*. (B&B 21.4.2)

***Hay que seguir* luchando contra la pobreza.**
One has to/must carry on fighting poverty.

***Hubo que devolver* todo el dinero.**
All the money had to be returned.

***Habrá que finalizar* las negociaciones cuanto antes.**
The negotiations will have to be finished as soon as possible.

Needs, both personal and impersonal, can be expressed using *necesitar, hacer falta, ser necesario* and *ser imprescindible*. All these can be followed either by a noun or an infinitive:

***Necesito* ayuda con este contrato.**
I need help with this contract.

Usted *necesita repasar* el capítulo entero.
You need to revise the whole chapter.

***Hará falta* una semana para acabarlo.**
A week will be needed to finish it.

No *hace falta gritar*. Te oigo perfectamente.
There's no need to shout. I can hear you perfectly.

***Es necesario* un ordenador en esta profesión.**
A computer is necessary in this job.

***Es imprescindible llegar* a la hora en punto.**
It's essential to be exactly on time.

When there is a change of subject (e.g. 'I need you to do it for me'), the complement verb will be in the subjunctive. (B&B 16.5)

***Necesito que* me lo *vuelvas* a contar con más claridad.**
I need you to tell me again more clearly.

***Hace falta que sepan* todos la razón de mi dimisión.**
It's necessary for everyone to know the reason for my resignation.

***Será necesario que aparezca* Elena ante el tribunal.**
It will be necessary for Elena to appear in court.

***Es imprescindible que recuperemos* el tiempo perdido.**
It's essential that we make up the lost time.

Further examples of expressions of obligation or need:

Precisamos una plantilla de lo más excepcional.
We need a workforce of exceptional quality.

Se precisa una inversión de millones.
An investment of millions is required.

Me toca hacerlo todo como siempre.
I'm having to do everything as usual.

Exercises

4.1. *Translate the following sentences into Spanish*:

1. You have to fill in all the blanks.
2. It's necessary that we all work together this time.
3. That time I had to leave it in the car park.
4. We will have to wait until the last moment.
5. I must call my mother soon.
6. You always had to take the opposite view.
7. I ought to have told her much sooner.
8. The whole town has to be fumigated.
9. They need help if they are going to finish it on time.
10. It's essential for the workforce to be aware of the problem.

(For further exercises see P&dC 17.5–17.6)

4.2. *Change the verb in brackets as appropriate in the following sentences*:

1. No quería comprometerse, pero puede que Rafael lo (*tener*) _____ hecho para mañana.
2. Nos parecía muy posible que la documentación no (*llegar*) _____ antes de la fecha límite.
3. Probablemente los barrenderos no me (*dejar*) _____ dormir esta noche con el ruido que hacen.
4. A lo mejor no (*querer*) _____ molestarte cuando dejó el paquete en la mesa.
5. No estoy seguro, pero creo que los delegados de Bosnia (*llegar*) _____ mañana a primera hora.

(For further exercises see P&dC 13.1 A & B)

SIMULACIÓN 4
LA HISTORIA SENSACIONAL
DE ALEXI FERRANDI

Notes on *LA HISTORIA SENSACIONAL DE ALEXI FERRANDI*

Once again, as in *Batalla de custodia*, the dimension of personal relationships and, on occasion, animosities, existing between the various characters may materially affect the outcome. Read through the characters again, once you know who you are to become, in order to find out who your allies and enemies are! You allowed to get personal in simulations. Indeed, you are actively encouraged to do so!

CONTENIDO

Situación

Los medios de comunicación (columnas de la prensa popular, la televisión etc.), así como los círculos más modernos de la cultura literaria argentina esperan con ansiedad el lanzamiento de la nueva biografía del conocidísimo Alexi Ferrandi, hijo de Julio Ferrandi, el famoso actor y rey del 'Jet Set' argentino.* El libro está escrito por la periodista Victoria Castellani, la última gran revelación de la literatura contemporánea porteña. Salió del mundo de la prensa amarilla y debutó hace un año con una deliciosa novela de suspenso (eso sí, con una buena dosis de erotismo sensacionalista). A pesar del origen popular (periodismo, literatura sensacionalista) de Castellani, esta última obra – entre suspenso y esperpento – conserva rasgos europeos (la familia de Castellani es de origen italiano), como, por ejemplo, sus pretensiones literarias: crítica social, tendencia a la parodia de otras literaturas etc. Castellani ha sorprendido por su talento literario pero aún conserva también sus dotes para escandalizar a la gente, sobre todo a la burguesía y a la clase política. En este caso las revelaciones de Alexi Ferrandi sobre ciertos aspectos de la represión militar de aquel entonces bien podrían repercutir en algunas figuras destacadas de la sociedad argentina.

Amanda Viñas, agente literaria de Castellani, tiene en su mesa las respuestas preliminares de dos editoriales bonaerenses muy diferentes que se disputarán la publicación del libro. Como la autora no tiene precedentes en el género de la biografía, no existen datos fiables que evidencien la primacía de un específico tipo de editorial sobre otra en este caso. La decisión se tendrá que tomar según los méritos de cada propuesta. Ambas empresas deben entrevistar a los clientes (Castellani y su agente literaria Amanda Viñas) antes de elaborar sus propuestas definitivas.

EdiSur es una de las editoriales más establecidas de Buenos Aires, con una amplia lista de autores respetados (y respetables). Se considera una editorial literaria y se caracteriza por cierto esnobismo intelectual. Sólo se ha interesado por esta biografía de Castellani después de rechazar su primer libro, para luego descubrir con desilusión y cierta alarma su relevancia literaria y su tremendo éxito de ventas.

Publicaciones 3000 es una editorial relativamente nueva que está causando un revuelo en el sector con su ya típica tendencia sensacionalista, un popularismo casi escandaloso y una manipulación muy efectiva de los medios de comunicación durante las campañas publicitarias que acompañan el lanzamiento de sus libros. El perfil de esta compañía se compagina muy bien con el estilo periodístico y poco ortodoxo de Victoria Castellani.

La autora y su agente tienen que decidir entre la propuesta de **Publicaciones 3000** y la de **EdiSur** mediante una presentación-concurso en la cual las dos editoriales expondrán sus propuestas delante del equipo rival.

Etapas de la simulación

1. La autora y su agente se reúnen para hablar de las propuestas de las dos editoriales. Mientras tanto, cada equipo editorial se reúne para hablar de su estrategia y finalizar cuáles de entre las tácticas sugeridas van a desplegar seriamente.
2. Se reúnen todos para seleccionar la editorial triunfadora. Cada editorial presentará su estrategia y Castellani y su agente tendrán la oportunidad de hacerles

---

* El término coloquial 'Jet Set' es femenino en España pero masculino en Argentina y Chile.

cualquier pregunta o de pedirles cualquier aclaración sobre la misma. A Castellani se le ha ocurrido la idea de juntar a los dos equipos para ver cómo reacciona cada grupo ante la presentación de su rival.

3. Después de cada presentación, se abrirá un debate general. Se concluirá cuando Castellani y Viñas hagan pública su decisión.

Personajes

1. Amanda Viñas – agente literaria – 49 años

Segura de sí misma y muy profesional, Viñas tiene 20 años de experiencia como agente literaria en varias editoriales y ahora preside su propia agencia, Literati. Es feminista y ha luchado duramente para alcanzar su posición. Sin embargo su instinto profesional es más bien conservador. Es muy consciente del buen nombre de su empresa pero tiene reservas respecto a Publicaciones 3000 por ser una editorial algo polémica aunque –eso sí– entusiasta. Teme que se hunda para siempre su buena reputación si acaba asociada con esta empresa tan popular como populista. En cambio con EdiSur ha trabajado anteriormente sin ningún problema. EdiSur es para ella la flor y nata de las editoriales sudamericanas. Su relación con Victoria Castellani es muy compleja: Amanda conoció a la joven periodista cuando ésta aún no era famosa y las dos fueron socias de un grupo feminista a finales de los 70. Luego Victoria decidió que le gustaban demasiado los hombres para ser una ferviente feminista y descubrió un don especial para manipular a sus amantes por muy machistas que éstos fueran. Su amiga Amanda, más radical en sus convicciones políticas, nunca la perdonó del todo. Al tener que trabajar juntas acordaron que 'lo pasado, pasado está', pero es evidente, no obstante, que existen tensiones entre ambas. A Carmen Ríos no la soporta por razones similares.

2. Victoria Castellani – escritora – 45 años

Disfruta bastante de su nuevo papel de novelista. Divertida, aunque algo superficial, Victoria conoce muy bien el mundo de los periodistas y también de los ricos y famosos del Jet Set argentino. Sin embargo, desconoce bastante el mundo (bastante más intelectual y algo más hipócrita) de la cultura literaria. Le encanta escandalizar a la gente y aprovecha la menor ocasión para ofender. Su estilo agresivo, vulgar y encantador a la vez es lo contrario de lo políticamente correcto. A primera vista, le encanta el estilo de Publicaciones 3000. Pero después de tanto éxito en el mundo de los paparazzi y del escándalo, codicia lograr el éxito dentro de la crítica literaria, algo que iría más a tono con EdiSur. Mantiene en secreto algo que pasó durante una estancia hace años en Chile y tendrá que decidir si revelarlo o no. De todas formas está casi segura de que saldrá a luz tarde o temprano. Respeta la opinión profesional de Amanda Viñas, pero no sería la primera vez que acabara rechazando sus consejos: desde que se conocieron hace años en un grupo feminista, ha ido distanciándose de Amanda, ya que Victoria nunca ha sido capaz de atenerse a los principios del movimiento feminista. Prefiere sacar provecho de todo, incluyendo los hombres.

3. Graciela Méndez – directora de EdiSur – 56 años

Cincuentona atractiva y con tendencias liberales (al estilo hippy de los 60 – que para muchos ya empieza a ser un poco ridículo). Le entusiasmó la primera novela de Castellani simplemente porque la encontró socialmente transgresora y radical. Ante la incredulidad de sus compañeros, está dispuesta a comprometer la respetada posición de la editorial para conseguir publicar esta biografía. Al publicarla, Graciela no quisiera hacer demasiado hincapié en los escándalos sexuales y los demás vicios sensacionalistas. Este tipo de información encaja mejor en el *Ola* y en otras revistas populares. Al fin y al cabo, su editorial se dedica a la literatura. Pero por otra parte en lo que se refiere a las revelaciones políticas y/o militares, no va a querer cortar nada. Los escándalos políticos apasionan a sus lectores, entre los que se incluyen los más intelectuales del país.

4. Carmen Ríos – editora de Publicaciones 3000 – 36 años

Carmen, que está siempre llena de ideas y de energía, es la que mueve el comité editorial de Publicaciones 3000, aunque la filosofía del grupo es tomar todas las decisiones colectivamente. Es una mujer hipócrita y sin escrúpulos: antes radical, feminista, políticamente correctísima, ahora se ha convertido en el máximo representante de lo más populista. Su visión del mundo de los ricos y famosos, del sensacionalismo, de los escándalos sexuales, drogas etc. ha triunfado en una sociedad cada vez más dispuesta a consumir 'basura', la palabra que ella misma utiliza en privado para describir lo que produce su editorial. De joven conocía a Amanda Viñas y ahora las dos mujeres no pueden verse. Pero si prospera la relación entre Publicaciones 3000 y Victoria Castellani, tendrán que hacer las paces.

5. Candela González – editora principal de EdiSur – 54 años

Editora excelente – la más emprendedora de EdiSur. Tiene una historia a la vez notable y típica de la gente de su generación que vivió la dictadura militar. Al encontrarse entre los 'sospechosos', así denominados por el régimen militar, fue detenida durante meses sin ser sometida a juicio. Cuando salió de la cárcel descubrió que el motivo no había sido su participación en acciones socialistas sino el hecho de que su hijo acabara siendo una víctima más entre los llamados 'desaparecidos'. Se hizo periodista y después fue editora de la sección de biografía/obras de divulgación en EdiSur. Su motivación fue seguir luchando para que saliera a luz la verdadera historia de las atrocidades del régimen militar. Evidentemente aborrece al establecimiento militar y cuando leyó por primera vez el manuscrito sobre Alexi Ferrandi, se dio cuenta de las malas consecuencias que tendría para algunos militares si las revelaciones del joven Ferrandi se publican. Para ella, publicar dichas revelaciones y garantizar la imputación de los militares se ha convertido en una obsesión.

6. Constanza Palacios – co-editora Publicaciones 3000 – 26 años

Hija de familia rica y muy conocida en Buenos Aires, trabaja en una editorial pero no tiene el menor interés por la literatura. Lo que quiere es ganar mucho dinero para alimentar su gran pasión: las drogas. Constanza va a intentar demostrar su valor participando intensivamente en la labor creativa de esta campaña en proyecto. Pero tiene un problema: si se llevaran a conocer sus hábitos drogadictivos perdería el trabajo. Su padre es el conocido General Palacios, ya retirado del ejército pero todavía con bastante influencia, y más aun sobre su hija. Enterado de los posibles escándalos incluídos en el libro de Castellani, presiona a su hija para que suprima las referencias al estamento militar de la biografía a publicarse. Constanza no duda de que su padre sea capaz de denunciarla si no hace lo que él quiere. No puede contar su dilema a nadie. Simplemente tendrá que convencer a los demás de la necesidad de suprimir esos datos peligrosos sin decir nunca su verdadero motivo.

7. Alfredo Melián – director de finanzas en EdiSur – 45 años

Hijo de familia adinerada pero venida a menos, Melián mantiene el sueño (hoy día más bien pura fantasía) de recuperar para su país la cultura elitista de una época pasada. Es un esnob. Por si fuera poco, él también escribe – desde luego con un estilo que dista mucho del de esta arribista de Castellani – y se cree todo un experto en cómo promocionar a un escritor. Alfredo tuvo mucho que ver con la decisión de rechazar la primera novela de Castellani y quedó en ridículo cuando ésta fue un éxito fulminante de ventas y aclamado por la crítica. Ahora, muy a pesar suyo, tendrá que atenerse a las perspectivas económicas del libro y a callar su rechazo personal. Le resultará más fácil atacar la estrategia de Publicaciones 3000 que defender la suya. Y además, le encanta criticar y hasta insultar a los demás.

8. Luciana Bustamante – encargada de prensa en Publicaciones 3000 – 33 años

Mujer brillante y cínica, comparte con su jefa Carmen una valoración populista del mercado de libros. Después de trabajar cinco años en la prensa amarilla europea (en Italia y España), Luciana tiene buenos contactos con los reporteros y fotógrafos más agresivos del mundo. Está segura de poder conseguir fotos de las más escandalosas para lanzar este libro de una manera impactante. Paradójicamente, Luciana es también amante de la literatura y reconoce en el manuscrito de Castellani méritos literarios que trascienden la norma en Publicaciones 3000. Esto le plantea un dilema: ¿vender esta biografía con el habitual sensacionalismo o promocionar su valor literario?

9. Dolores Miranda – secretaria de prensa de EdiSur – 37 años

Lleva muchos años en EdiSur y ha cultivado una serie de contactos muy buenos con los medios de comunicación. Dolores tiene una hermana que lleva el suplemento de literatura en *La Nación*, contacto que frecuentemente le es de suma utilidad. Dicho sea de paso, también está enterada de que Publicaciones 3000 ha solicitado del periódico *El Sol* en Chile artículos referentes a un asesinato en Santiago hace muchos años, y que algunos relacionaron con Victoria Castellani. Sospecha que Publicaciones 3000 utilizará aquella vieja noticia para darle más publicidad a la escritora.

10. Boris Rivera – encargado de publicidad en Publicaciones 3000 – 22 años

Boris es el excéntrico de la empresa. Cuando no está trabajando dedica todo el tiempo a navegar por Internet buscando el material que más le gusta: cuentos de terror, y cualquier género que combine sexo y violencia. Ni que decir tiene que adora a Alexi Ferrandi. Trabajar sobre su biografía quizás significaría conocerlo. Desde que se enteró que estaban escribiendo sobre Ferrandi, Boris ha pasado horas investigando sobre él, por lo que cree saber bastante sobre esta persona y cómo promocionar mejor su biografía. A pesar de sus pocos años, Boris también tiene contactos muy buenos en la prensa. Normalmente actúa con gran discreción – pero a veces sacar los trapos sucios que un cliente quiere ocultar, puede ser la mejor forma de promocionarlo. Él opina que la sensacional revelación de un juicio criminal de hace 5 años puede ser el mejor lanzamiento publicitario para la escandalosa Victoria Castellani. Tiene el recorte de un periódico de Santiago guardado y se lo ha copiado a todos por si resulta útil a la hora de montar una campaña publicitaria diseñada para maximizar la difusión de una imagen un tanto escandalosa de Castellani.

11. Adriana Conde – publicista en prácticas en EdiSur – 20 años

Estudiante de Ciencias de la Información en la Universidad de Buenos Aires, va a pasar unos seis meses en EdiSur. Está haciendo todo lo posible para que la empresa la contrate más adelante. Tiene que levantar el acta de todas las reuniones del equipo coordinador del proyecto de Castellani. Se siente un poco frustrada en esta empresa. Nunca aceptan sus propuestas. Tiene mucho interés en echar un vistazo a los proyectos de Publicaciones 3000, quizá con vistas a pedir trabajo allí. Su amiga Luciana trabaja en Publicaciones 3000. ¿Podría conseguir algunas ideas a través de ella? Y si viera algo interesante entre la información que posea su amiga hasta podría 'tomar prestada' alguna idea...

12. Alejandro Rueda – encargado de producción en Publicaciones 3000 – 40 años

Alejandro maneja el área de producción en la editorial. A partir de la llegada del manuscrito, él estará encargado de supervisar todas las operaciones hasta el momento en que el libro aparezca en las estanterías. Para Publicaciones 3000 el 'envase' de sus productos es muy importante. Alejandro – siguiendo la vena sensacionalista de la editorial – siempre intenta buscar portadas e ilustraciones llamativas: en este caso quisiera convencer a sus compañeros que compren los derechos de unas fotos de Ferrandi con la bailarina Ingrid Rameral en la cama para la portada del libro.

Personajes suplementarios

13. Rosa Montesinos – secretaria en EdiSur – 44 años
14. Mariella Zabatini – secretaria de Publicaciones 3000 – 24 años
15. Daniel Carrasco – ayudante personal de Amanda Viñas – 25 años

TÍTULO PROVISIONAL DE LA BIOGRAFÍA:

ALEXI FERRANDI: UNA VIDA SIN TACHONES

Alexi Ferrandi es hijo único del actor Julio Ferrandi, la máxima estrella del cine argentino en la década de los 50, 60 y 70. Desde su nacimiento en 1963 ha sido objeto de un interés popular sin precedentes en la sociedad argentina de los últimos 30 años. Pero su boda con la hija del Presidente Suárez fue el acontecimiento de la década de los 90 en Argentina, hecho que le puso otra vez en las portadas de todas las revistas del mundo a sus casi 40 años.

Esta biografía empieza con la infancia de Ferrandi (hijo), fruto del segundo matrimonio de Julio con la actriz Beatriz Romero. Su infancia se vio marcada por la trágica muerte de su madre, atropellada por un auto cuando el niño tenía tan sólo 7 años. Narra sus primeros años felices con Beatriz y con su querida abuela materna (también llamada Beatriz, 'tata' para Alexi). Después de la muerte de Beatriz, la tata ocupó el lugar de la madre para Alexi, durante las largas ausencias de Julio, que rodaba películas por todas las Américas y hasta en Europa. Las cámaras nunca estaban lejos y Alexi pronto se acostumbró a ser el centro de atención de la prensa y de la televisión. Con 12 años Alexi hizo de hijo rebelde en una película protagonizada por su padre. Esta ficción se convirtió en realidad durante la adolescencia de Alexi, que nunca aceptó la boda de su padre con la modelo Cristina Monfort. El joven se alejó de Julio y hasta su matrimonio con Elena Scarcese cuando tenía 24 años, padre e hijo se vieron poco.

Los múltiples enlaces románticos ocupan un lugar importante en esta obra: Ferrandi, más si cabe que su padre, tiene fama de mujeriego, lo que, sin embargo, no deja de atraer a cierto tipo de mujeres. Entre ellas destacan su segunda mujer, la abogada Cecilia Morón y su larga relación con Ingrid Rameral la estrella de tango más conocida de los 80. Poco después de la ruptura con Cecilia Morón, Alexi conoció en una recepción de la Casa Rosada a Carmela Suárez, segunda hija del Presidente. Volvieron a verse en dos ocasiones más, antes de coincidir tres días en el yate de Julio en 1995. Al mes de ese encuentro se anunció su noviazgo. Entre los testimonios que aquí figuran la autora no intentará esquivar la cuestión de la persistente relación con Ingrid Rameral y las consecuencias que esto tuvo para el matrimonio con Carmela. Tampoco se ocultarán los problemas que Ferrandi ha tenido con la droga. Médicos y analistas intentarán contestar en una serie de entrevistas a estas preguntas sin solución.

La vida de Alexi Ferrandi es única en este país. Mientras su padre siempre ha preferido mezclarse con otros actores y gente del mundo del espectáculo, Alexi pronto se metió en círculos políticos y militares. Aunque Alexi se había zafado del servicio militar, hizo amistades poderosas entre militares y políticos, que seguramente le habrían ayudado en una carrera política si no lo hubiera impedido el escándalo de su drogadicción. Quizá sea la amarga desilusión de una carrera política frustrada lo que conduce a Alexi a revelar en sus entrevistas con la autora hechos, relaciones y negocios que representan una seria amenaza a sectores de la sociedad actual argentina. Su asociación por los lectores con la boda con Carmela sólo reforzó estos vínculos y ahora no le sería difícil a Alexi destrozar a ciertas figuras importantes de nuestra sociedad.

Fenómeno social de una época, la complicada y dramática vida de Alexi Ferrandi ofrece una lectura fascinante para los lectores.

DOCUMENTO 2

Bienvenido a la Página Victoria Castellani

ENLACES:

- _La gran novela Buenos y malos aries_
- _Página de Gentuza_
- _¡Enviar un mensaje a Victoria!_
- _Otros enlaces de interés_

Biografía:

Victoria Castellani nace en Buenos Aires en 1955 en el seno de una familia pobre. En 1962 la familia se traslada a Santiago de Chile donde su padre se hace rico en negocios de medicamentos. Victoria pasa la mayor parte de su etapa educativa en Chile. Deja la universidad de Santiago sin terminar sus estudios en 1976 y se instala en México para dedicarse al periodismo. En 1998 vuelve a Argentina y se incorpora a la revista "_Gentuza_" rápidamente convirtiéndose en su escritora estrella.

Después del tremendo éxito de su primer libro, la novela _Buenos y malos aires_, se decide a escribir la historia de una vida real, la del conocido hijo del aclamado actor Julio Ferrandi. Dicho libro se publicará en 2003.

DOCUMENTO 3

Amanda Viñas
Agente Literaria
LITERATI
Paseo de la República, 137, 14ºP.
Buenos Aires
tel 4998-9987
fax 4998-9975
amandaviñas@literati.ar

12 de Abril de 2001

De mi mayor consideración:

Tengo el agrado de dirigirme a usted, como Editora Jefe, apresurándome a ofrecerles la biografía de Alexi Ferrandi, actualmente en preparación por mi cliente, la autora Victoria Castellani. Como sin duda ustedes sabrán, la última novela de Castellani ha pasado ya de los 400.000 ejemplares vendidos, y aventaja por mucho los títulos más vendidos de 1999. Si cabe, la promesa de la biografía de un personaje de la fama de Alexi Ferrandi es mayor aun.

Dadas estas circunstancias excepcionales – ya que se trata de un *bestseller* asegurado – me parece oportuno señalarles que de las ofertas preliminares de interés que recibimos, hemos descartado todas menos las de Edisur y Publicaciones 3000. A fin de elegir entre las dos editoriales, quisiera proponer una reunión con cada equipo de consejo editorial para analizar en detalle las propuestas.

Para ahorrar tiempo les adelanto las condiciones de entrada a concurso:

- Anticipo de 180.000 pesos a cuenta de ventas.
- Publicación en tapas duras, seguida de edición de bolsillo.
- Derechos limitados para la versión en lengua española, excluyendo traducción.
- Plan de marketing.

Espero atentamente tanto su propuesta detallada como la oportunidad de comentarlo con ustedes.

Sin otro particular, un saludo

Amanda Viñas

DOCUMENTO 4

REUNIÓN CON VICTORIA CASTELLANI Y AMANDA VIÑAS
ORDEN DEL DÍA

1. Presentar el equipo (Graciela)
2. Explicar estrategia de marketing (Dolores/Adriana)
3. Razones para elegir EdiSur para este proyecto (Alfredo)
4. Historial de publicaciones recientes (Candela)

Equipo
Graciela Méndez, Directora
Candela González, Editora Principal
Alfredo Melián, Director de Finanzas
Dolores Miranda, Secretaria de Prensa
Adriana Conde, Publicista en Prácticas

Estrategia de marketing y publicidad
Previa publicación:

- de efecto inmediato: columna mensual para Castellani en el suplemento literario de *La Nación* (sección de reseñas en novela femenina)
- siete meses antes de publicación: revelación de algunos datos de mayor interés y sensibilidad política a la prensa liberal coincidiendo con las elecciones municipales
- cuatro meses a/p: manuscrito completo enviado a prensa (facilitar lectura previa, preguntas, entrevistas etc.)
- dos meses a/p: organización preliminar de entrevistas TV y radio
- dos meses a/p: publicación de episodios de la biografía en *La Nación*.
- un mes a/p: limitada campaña de pre-publicidad (Prensa etc.)
- dos semanas a/p: entrevistas TV y radio (continúan hasta dos semanas después del lanzamiento)

lanzamiento:
- exposición del libro en los escaparates de librerías (a nivel nacional/simultáneo)
- lanzamiento oficial en el Hotel Palace, Buenos Aires (lugar tradicional para lanzamientos literarios en Argentina)
- presencia del Premio Nobel de Literatura Lorenzo Carbonera
- entrevista en TV con Gonzalo Paolo en *Gentes del Momento*

post-lanzamiento:

– dos semanas después del lanzamiento: firma de ejemplares del libro en librerías de Buenos Aires
– campaña de publicidad (para un libro en Argentina la más grande de la historia)

Información EdiSur

• fundada en 1897
• casa central en Buenos Aires (sedes secundarias en Lima, México DF y Barcelona)
• publicó obras de literatura española de las grandes figuras del siglo XX durante el exilio de éstas (a causa de la censura en la España Franquista)
• editorial de renombre internacional (entre sus escritores están Vargas Llosa, Puig, Dorffman, Benedetti)
• Personal con mucha experiencia en publicaciones literarias: es la casa editorial con más premios de toda la industria editorial en Latinoamerica.

Historial reciente

• Biografía oficial del Ex-Presidente Leopoldo Carnero (200.000 ejemplares vendidos), a cargo del catedrático Juan de Madrid de la Universidad de Buenos Aires, pp.230, 30 ilustraciones.
• Derechos de dicha biografía vendidos a dos periódicos nacionales para publicación por entregas.

DOCUMENTO 5

PUBLICACIONES 3000

REUNIÓN CON VICTORIA CASTELLANI Y AMANDA VIÑAS

ORDEN DEL DÍA

1. Presentar el equipo (Carmen)
2. Explicar estrategia de marketing (Boris/Alejandro)
3. Razones para elegir Publicaciones 3000 para este proyecto (Constanza)
4. Historia de publicaciones recientes (Luciana)

Equipo

Carmen Ríos, Editora
Constanza Palacios, Co-Editora
Luciana Bustamante, Encargada de Prensa
Boris Rivera, Encargado de Publicidad
Alejandro Rueda, Producción

Estrategia de marketing y publicidad
Antes de publicación:

- seis meses antes de publicación: ponerse en contacto con prensa popular/femenina
- cinco meses a/p: manuscrito completo enviado a prensa (facilitar lectura previa, preguntas, entrevistas etc)
- dos meses a/p: organización preliminar de entrevistas TV y radio
- un mes a/p: limitada campaña de pre-publicidad (Transportes Porteños etc.)
- tres semanas a/p: revelaciones de detalles de la vida pasada de Castellani (relación ambigua con su agente Amanda, implicación en un asesinato en Santiago)
- dos semanas a/p: entrevistas TV y radio (continúan hasta dos semanas después del lanzamiento)

lanzamiento:

- fiesta oficial de lanzamiento en La Palma Studios, Buenos Aires (con equipo de TV)
- entrevista TV (pre-grabada) la misma noche del lanzamiento oficial, acompañada de transmisión en directo de imágenes de la fiesta
- presencia de un miembro (sorpresa) de la familia Ferrandi en el lanzamiento

post-lanzamiento:

- dos semanas después del lanzamiento: firma de ejemplares del libro en los Almacenes Manzoni y otros)
- período indefinido: campaña de publicidad

Información publicaciones 3000

- fundada en 1997
- casa central en Buenos Aires (colaboraciones con Floridaprensa en Miami)
- publica la revista semanal *Hey!*, desde hace un año con mucho éxito entre el público
- Personal muy joven, entusiasta y muy puestos al día
- Hemos iniciado negociaciones con una cadena de televisión de Montevideo

Historial reciente

- Revista *Hey!* – gran éxito de la temporada (tirada de 300.000 en toda Argentina y Cono Sur)

DOCUMENTO 6

NÚMERO 148776   50 PESOS

EL SOL

SANTIAGO DE CHILE   24 DE FEBRERO DE 1976

MUERTE EN LAS VIAS
Luis Olvera

El cadáver de un joven criminal se encontró hace ya poco más de año (el 18 de febrero de 1975) cerca de las vías de tren en las proximidades de la Estación Central en la Ave. B. O'Higgins en Santiago. Ramón Cebo, desempleado de 24 años, residente de la localidad de Charuno, había fallecido de un tiro y los forenses estimaban que llevaba más de 12 horas allí. La policía, que tenían a Cebo fichado desde hace meses, atribuían su muerte a un ajuste de cuentas. Así declaró el Inspector Ismael Delgado, aportando pruebas de tráfico de productos ilegales, y señalando así la actividad criminal del joven. El caso se cerró.

Habría que preguntar por qué, a los 12 meses, se vuelve a abrir este caso, y además tan sólo por el testimonio de un hombre que afirma que la muerte tiene más bien un motivo político. Se rumorea que hasta el mismo Jefe del Estado ha exigido ver los documentos. Parece ser que el joven Cebo era miembro de un grupo comunista cuyo líder es el ex-guardaespaldas de Salvador Allende. Se sospecha que dicho grupo preparaba un ataque contra el gobierno, pero el ataque no prosperó ya que ningún otro miembro del grupo fue hallado muerto. El Inspector Delgado, recientemente jubilado por razones de salud, ha declarado a este diario que mientras hacían sus indagaciones, un joven estudiante de la universidad se presentó en la comisaría, afirmando que habían matado a Cebo por motivos políticos y que deberían interrogar a otra estudiante, Victoria Castellani. Todo parece indicar que esta joven trabajaba como periodista para una revista política de estudiantes y que había estado vigilando a Cebo durante semanas. Ahora se ha descubierto que el muerto llevaba encima un papel con el nombre de Castellani que le citaba en el andén 8 de la Estación ese mismo día 18 de febrero de 1975.

Ahí no acaba el misterio. Es curioso que la publicación de estos datos a los 12 meses coincida con que la joven Castellani acaba de abandonar este país para irse a vivir a México, dejando sin terminar sus estudios en la Universidad Técnica del Estado. Como no existe ningún tratado de extradición entre Chile y México, la policía ni siquiera podrá obligarle a Castellani a volver para ser interrogada. Ante estas circunstancias el juez ha decidido suspender las investigaciones.

Tareas Escritas

1. Lee la versión completa del informe Publicidad en tiempos de Internet en el Apéndice I y prepara una lista de todos los términos que tienen que ver con la informática.
2. Imagina que trabajas en una empresa madrileña que quiere lanzar sus nuevos productos en Argentina. Tu jefe te encarga un informe sobre el uso de internet en el campo de la publicidad en dicho país. Podrás hacerlo escribiendo un breve resumen del documento 'Publicidad en tiempos de Internet' del Apéndice I.
3. Redacción: elige uno de los temas:
   (a) Trabajas en una agencia de publicidad. Escribe una propuesta para el lanzamiento de un producto (cualquiera) de tu propia invención.
   (b) La publicidad es la religión de nuestra sociedad. Comenta.

LA HISTORIA SENSACIONAL DE ALEXI FERRANDI
Glosario selectivo español-inglés

a cargo de	in charge of
a cuenta de ventas	in respect of sales
a pesar suyo	in spite of oneself, against one's instincts
aclaración f	explanation
acontecimiento m	event, happening
acortamiento m	shortening
adinerado/a	wealthy
ajuste de cuentas m	settling of accounts (also 'getting even')
alcance m	reach, scope
alfabetización f	literacy
almacén m	warehouse
ámbito m	area, field
ansiedad f	expectation
anticipo m	advance
apresurarse a	rush, to
aprovechar	make the most of, to
arribista adj	arriviste
atenerse	stick to, to
atropellar	knock down, to
auto m	car
autoabastecerse	be self-sufficient, to
avance m	advance
aventajar	have an advantage over, to
bonaerenses mpl	from Buenos Aires
calificar	characterize, to
cargamento m	load
casa central m	main office
codiciar	envy, to
comerciar	trade, to
compaginarse	complement each other, to
comprometerse a	agree to, to
computadora f	computer
con vistas a	with a view to
conllevar	entail, to
controvertido/a	controversial
costo m	cost
cotidiano/a	daily
cumplirse	come true, be fulfilled, to
de divulgación	non-fiction
de entrada	from the start
denominado/a	named
desarrollo m	development
descartar	rule out, to
desilusión f	disappointment
disfrutarse	enjoy, to
disponible adj	available
distanciarse	distance oneself, to
don m	talent, gift
edición de bolsillo f	paperback
editorial f	publishing house
empedernido/a	inveterate, hardened
emprendedor/a	enterprising
en las postrimerías de	at the end of
encabezar	head, lead, to
encanto m	delight
encargado/a	responsible
enlaces mpl	relations
enterarse de	find out, to
envase m	container
escabullirse de	slip away, to
escandalizar	candalise, shock, to
escandaloso/a	shocking
escaparate m	shop window
escolaridad f	education level
esperpento m	grotesque drama
esquivar	avoid, to
está dispuesto/a a	willing to
evidenciar	show evidence of, to
éxito m	success
exitoso/a	succesful
explotar	expoit, to
fabricante m	producer
fabril adj	industrial
fiable adj	reliable
firmar	sign, to
flor y nata f	crème de la crème
fomentar	promote, to
forense adj	forensic
foro m	chat room or forum
fulminante adj	staggering
ganancias fpl	profits
gestarse	gestate, develop, to
granjero m	farmer
guardaespaldas m	bodyguard
hábitos tóxicos mpl	drug habit
hacer hincapié en	stress, to
hacerse	become, to
hallar	find, to
hundirse	sink, to
imputación f	imputation, charge
incredulidad f	scepticism
indagaciones fpl	investigations
involucración f	involvement

involucrarse	get involved in, to	rasgos *mpl*	characteristics, features
irremplazable *adj*	irreplaceable	rechazar	to reject
juicio *m*	trial	recorte *m*	cutting (from newspaper)
lanzamiento *m*	launch		
levantar el acta	take minutes, to	red *f*	network
liderar	lead, to	remontarse	go back, to
llamativo/a	bright, striking	renombre *m*	renown
manejar	handle, manage, to	rentabilidad *f*	profitability
marca *f*	brand, brand name	repleto/a	full
más allá	beyond	reseña *f*	description, review
mediante	by means of	revuelo *m*	commotion
medios de comunicación *fpl*	media	rodar	film, to
mensual *adj*	monthly	rumorearse	be rumoured, to
mercadería *f*	merchandise	salir a luz	come to light, to
mercado bursátil *m*	stock market	serie, asesino en	serial killer
mujeriego *m*	womaniser	sobrevenir	happen, occur
navegante *m*	surfer (of internet)	sumado a	on top of
noviazgo *m*	courtship	suma importancia, de	of the utmost importance
otorgar	bestow, to		
perfil *m*	profile	suprimir	supress, remove, to
poderío *m*	power	tachones *mpl*	crossings out, corrections
portada *f*	cover (of book)		
porteño/a	from Buenos Aires	tapas duras *fpl*	hardback
pregonar	make public, to	tirada *f*	print run
prensa amarilla *f*	sensational press	transgresor/a	transgressive
presidir	preside over, head, to	trapos sucios *mpl*	dirty linen (something to hide)
presionar	pressurize, to	tratado *m*	treaty
previo/a	previous, prior	último grito *m*	latest thing
primacía *f*	primacy	venido/a a menos	deteriorated
promover	promote, to	vía pública *f*	public highway
prosperar	be successful, to	vías de tren *fpl*	train lines, tracks
proveniente *adj*	coming from	vínculos *mpl*	links
publicidad *f*	advertising	volante *m* (LA)	leaflet

5

5.1 Lead Text

EL ASESINATO DE LOECHES

El Tribunal Supremo anuló la pena de muerte al asesino de Loeches

Voto de mayoría consideró como atenuante la 'debilidad mental leve' de Pedro Arranz Iturralde de 40 años, que en 2000 violó y asesinó a la menor Patricia Alonso Fuentes.

La Tercera Sala del Tribunal Supremo, por cuatro votos contra uno, rebajó a presidio perpetuo la pena de muerte dictada por el Tribunal de Apelaciones de Monteamargo en contra de Pedro
5 Arranz Iturralde, autor de la violación y homicidio de la menor de 10 años Patricia Alonso Fuentes en 2000, en la localidad de Loeches, Región de Monteamargo.

El voto de mayoría fue dictado por los jueces
10 José Ángel White, Humberto Hidalgo y el abogado, Emilio Tarancón. Entre tanto, el voto de minoría –que estuvo por mantener la pena capital– fue sostenido por el magistrado Carlos Montalvo.

Así, la mencionada sala del Tribunal Supremo
15 anuló la sentencia del Tribunal de Apelaciones monteamargueño y dictó sentencia de reemplazo. Los jueces que redujeron la pena tuvieron en consideración un atenuante en favor del condenado de 40 años, por presentar éste una 'debilidad
20 mental leve' y 'una clara incapacidad de discernimiento moral'.

El asesinato ocurrió cerca de las 14.30 horas del 24 de mayo de 2000, cuando la menor regresaba de su colegio en Loeches hacia su casa, donde fue
25 interceptada por Arranz Iturralde que la llevó a un descampado, donde la violó y después la estranguló.

De acuerdo con la legislación vigente, Arranz podrá salir en libertad condicional en 15 años más.
30

¿LEY O REFERÉNDUM?
El Presidente de la República, Alonso Frutos-Pitt, reiteró ayer en Manchas, Región de Monteamargo, su disposición a llevar a cabo un

referéndum para decidir sobre la derogación o
35 mantenimiento de la pena de muerte, tras reunirse con Alicia Pérez y Cristóbal Camino, padres de Lourdes Camino Pérez, de seis años, violada y asesinada el 21 de julio último por Esteban Pacheco Villar, de 37 años.
40 El Primer Mandatario manifestó que los padres estaban muy de acuerdo con su propuesta de llevar a cabo un referéndum sobre estos temas siempre y cuando lo aprobara el parlamento.

A su vez, el Ministro de Justicia, Alberto
45 Rodero Benjumea, reiteró que próximamente será enviado al Parlamento el proyecto de ley que elimina la pena de muerte y garantiza el presidio perpetuo definitivo.

Respecto de la propuesta de llamar a un refer-
50 éndum, Rodero aclaró que previo a la realización de la consulta se debe proponer una reforma constitucional.

55 RECHAZO
La concejal de Tres Cruces, Miriam Ponce de Lora, quien lidera la Asociación de Víctimas de Violencia (AVVIA) que entrega asesoría jurídica a las familias, lamentó la decisión del Tribunal
60 Supremo de revocar la pena de muerte para Arranz Iturralde. 'Otra vez', añadió, 'el Tribunal ha querido favorecer al criminal con una decisión que deja nuevamente agraviadas a las víctimas de la violencia y sus familias.'
65

Beltrán Corvera

5.2 Questions on the Lead Text

Answer the questions IN ENGLISH unless otherwise indicated

1. Translate or explain *in English* the meaning of the following words or phrases:
   (a) 'dictó sentencia de reemplazo' (line 16)
   (b) 'un atenuante' (line 18)
   (c) 'la legislación vigente' (line 28)
   (a) 'reiteró ... su disposición a llevar a cabo' (lines 33–34)
   (e) 'rechazo' (line 55)
2. Paraphrase the following words or phrases in Spanish:
   (a) 'derogación' (line 34)
   (b) 'propuesta' (line 41)
   (c) 'proyecto de ley' (line 46)
   (d) 'asesoría jurídica' (line 58)
3. What two reasons did the Supreme Court give for reducing the sentence handed down to Pedro Arranz Iturralde?
4. The article mentions two things that need to happen before a referendum on capital punishment goes ahead. What are they?
5. How did the AVVIA react to the Supreme Court decision?
6. Write a short piece *in Spanish* for the local newspaper, *El Sol*, summarizing the main points of the article on the Loeches murder. Your editor has insisted that your piece must not exceed 150 words. In order to avoid copyright problems, you must ensure that you do not merely repeat any of the phrases used in the original article.

5.3 Focus on Function

5.3.1 Expressing doubt & certainty

In the last chapter, we discussed ways of expressing possibility, probability, obligation and need. As you participate in debate and discussion, you will also frequently find it necessary to talk about matters to which varying degrees of doubt or certainty attach. From a grammatical point of view, this raises the question of whether or not to use the subjunctive.

> Expressions of doubt such as *dudar que* require the subjunctive, while the negated form *no dudar que* may prefer the indicative, depending on the degree of certainty involved.

> **Dudo que sea así.**
> I doubt that that's the case.

but see the following negated forms:

> **No dudo que lo que tienen planificado *represente* un paso adelante**
> I don't doubt that what they've got planned may represent a step forwards. *(but I'm still somewhat unsure)*

> **No dudo que lo que tienen planificado *representa* un paso adelante**
> I don't doubt that what they've got planned represents a step forwards. *(I accept that it does)*

Está claro que esto *pone en tela de juicio* **la viabilidad comercial del negocio.**
It's obvious that this calls the commercial viability of the business into
question.

Cabe preguntarse si **disponen de los medios necesarios o no.**
It's open to question whether or not they've got the necessary means at
their disposal.

Ese argumento no me *convence***, pues poco tiene que ver con los derechos
del niño.**
That argument doesn't convince me, since it's got little to do with the rights
of the child.

Indudablemente **ha aportado muchos beneficios a esta región.**
It has undoubtedly brought many benefits to this region.

Exercise
5.1. *Change the infinitives in brackets in the following passage as appropriate*:

Dicen que se come muy bien por estas malditas tierras, pero yo dudo que (*ser*)
_____ verdad. Por lo menos dudo que los que se empeñan en convencernos de lo bueno que es el pescado frito o de lo rico que es el salchichón de no sé
dónde no sé cuántos (*atreverse*) _____ alguna vez a comer en los cuatro
sitios donde yo he cenado hasta la fecha. No obstante sus mil y una historias de
los encantos de la región, está claro, diría yo, que esa gente o no la (*conocer*)
_____ o, lo que es más probable, (*inventar*) _____ todos sus
cuentecillos a fin de vender sus libros. Cuando yo fui hará un mes o así a cenar a
un tal *Mesón Aniseto*, que venía recomendado por los llamados 'expertos', le pedí
el estofado de liebre al dueño. Pero cuando me lo trajeron a la mesa, pues olía tan
rematadamente mal que dudaba que (*ser*) _____ lo que había pedido. Por
lo menos no podía creer que fuese el gato del refrán, aunque sí estaba dispuesto
a creer que allí pudiera haber gato encerrado, y así, como tenía un hambre que me
moría, me lo comí. Al día siguiente, tuve que ir al médico que me diagnosticó una
intoxicación alimenticia y me dijo que dudaba que (*poder*) _____ volver a
Madrid hasta el sábado o el domingo como más temprano.

5.3.2 Expressing surprise, derision, indignation
Any lively debate will include a variety of such expressions (mock or otherwise).
When you want to give vent to your feelings, try incorporating some of the fol-
lowing phrases in your discussions in Spanish.

¡Pero bueno!, ¿cómo quiere usted que reaccionemos entonces?
Well how do you *expect* us to react, then?

¡No me digas! (very common indeed in Spain for genuine or feigned surprise.)
You don't say!

¡Vaya! (very common in Spain: often used ironically)
Well fancy that!

¡Anda!
Oh come *on*!

¡Hombre! *(very common indeed in Spain: depending on inflection can carry various meanings)*
Well!; Really! Maybe...; Of course; For goodness sake!, etc.

¡A mí me lo vas a decir!
You're telling me!

Parece mentira que a ustedes no les interese.
It's seems incredible that you're not interested.

¡No pongas cara de bueno conmigo!
Don't play the innocent with me!

Habérmelo dicho antes, ¿no?
You could have told me that before, couldn't you?

¿Será posible **que no hayan entrevistado a los vecinos?** *(see 4.3.1 for possibility and the subjunctive)*
Can it be possible that they haven't interviewed the neighbours?

No me sorprende que respondas así.
It doesn't surprise me that that's your answer.

5.3.3 Interrupting

Interrupting – politely or otherwise – is much more common in the Spanish-speaking world than in anglo-saxon countries. One of these phrases (listed with the most formal expressions first) should serve:

perdone que le interrumpa *(polite imperative)*
sorry to interrupt you

perdona que te interrumpa *(familiar imperative)*
sorry to interrupt you

perdona un momento
just a moment

¡Un momento!
one moment!

Bueno... sí, pero...
Well yes, but...

¡Pero...!
But...

¡Ya, ya, pero...!
Yes, yes, but...

SIMULACIÓN 5
PENA DE MUERTE

Notes On *PENA DE MUERTE*

Once again, a brief reminder is in order as to the nature of the arguments which are permissible in the special environment of the simulation. The whole question of the death penalty arouses strong passions around the world, but participants should remember that their arguments here should be based only on the documentation provided, and, of course, on the role they are allocated.

Contenido

- Situación y etapas de la simulación
- Personajes y datos biográficos selectivos
- Documento 1: Folleto contra la pena de muerte y la tortura
- Documento 2: Universidad de Zaraterra: Dossier – Casos Jurídicos Ejemplarizantes I
- Documento 3: Universidad de Zaraterra: Dossier – Casos Jurídicos Ejemplarizantes II
- Documento 4: Estadísticas en estados norteamericanos con y sin pena de muerte
- Documento 5: Artículo de prensa sobre el caso de un sentenciado a muerte por error
- Documento 6: Documento con las propuestas de un policía para reducir la violencia
- Tareas escritas

Situación

La República de Zaraterra es proclamada el 8 de Octubre de 1996 como resultado de la caída de la dictadura del General Nemesio Calvache. La formación de un nuevo gobierno, al igual que la de una nueva constitución, está a cargo del ejecutivo que ocupó la presidencia del gobierno justo antes de la entrada de la dictadura, siete años antes. Se han establecido muchos llamados 'comités constitucionales', con el propósito de elaborar las bases legales del nuevo estado. Uno de estos comités tiene la misión de elaborar el perfil de un sistema jurídico.

Uno de los temas más polémicos en la nueva República será la pena de muerte. Vigente en la anterior dictadura, muchos la asocian con una represión política inadecuada en la nueva etapa democrática. Por lo tanto, el Comité Jurídico decide crear un subcomité con el propósito especial de debatir la inclusión o no de la pena capital dentro de las futuras leyes del Estado.

El presidente del gobierno provisional, Alfredo Cortés, preferiría acabar con la pena de muerte de inmediato, pero, dado la fragilidad de la joven democracia, se ve obligado a incluir en el comité a personas contrarias a la supresión de dicho recurso sentencial. Además, los partidarios de mantener la pena de muerte cuentan con el apoyo de algunas voces importantes entre ellas sectores de la policía, políticos y destacados periodistas, así como de partidarios algo sorprendentes como la Asociación de Mujeres Maltratadas.

El comité tiene la difícil tarea de decidir si mantener esta pena en concreto en un contexto de criminalidad sin precedentes en una sociedad que vive asesinatos a diario y tasas de violencia en aumento vertiginoso.

Etapas de la simulación

1. Las personas a favor de mantener la pena de muerte se reúnen para apuntar todos los argumentos que favorezcan su postura. Al mismo tiempo, los que quieren abolir la pena capital se reúnen aparte para elaborar su estrategia y prepararse para el debate plenario que pondrá fin a la simulación.
2. Los dos grupos entran en la sala de recepciones del Hotel Bolívar para llevar a cabo el debate final. Cada grupo tendrá unos minutos para esbozar su postura antes de entrar en la discusión en grupo. Verónica Gutiérrez, la especialista que preside este debate final debe asegurarse de que todos los participantes intervengan en la discusión.
3. Al terminar el debate, se pasará a una votación libre que decidirá si aceptar o rechazar el proyecto de abolición de la pena de muerte en el nuevo marco constitucional.

Personajes

1. Tita Santos – pacifista – 29 años
Lidera la asociación ADEZA, una organización defensora de los derechos humanos que durante la dictadura de Calvache luchó desde la clandestinidad

para mejorar la penosa situación de los presos políticos. Al finalizar la dictadura fue nombrada inspectora de prisiones por el Ministro de Justicia en funciones. Así tuvo conocimiento de la preocupante condición física y mental de los presos. No dudó en renunciar a su nuevo puesto al enterarse de que el gobierno provisional no iba a suprimir de inmediato la pena de muerte. A partir de ese momento volvió a ADEZA dispuesta a reanudar la lucha política. En esta lucha consiguió que el Ministro en funciones congelara los procedimientos contra los criminales en espera de la sentencia de muerte. Este triunfo es muy alentador para la joven Santos que ya se prepara para luchar por la eliminación de la pena de muerte y de la tortura dentro de las cárceles, bajo el lema: 'Muerte sin Pena'.

2. Germinal Donatián – militar – 59 años
Formaba parte del gobierno de la dictadura en el Ministerio de Seguridad Civil. Tras la huida del General Calvache, estuvo escondido hasta que fue declarada la amnistía general para todos los implicados en el antiguo régimen. Por las peculiares circunstancias de esta transición 'pactada', seguirá en su puesto de militar y estará a cargo de la Seguridad Nacional durante el período de la transición. No esperaba figurar en este comité constitucional pero intentará aprovechar el tiempo que le queda en su cargo para dejar constancia de su paso por el régimen intentando defender una postura política claramente autoritaria, lo que supondría la reafirmación de la pena de muerte. Es un soltero arrogante, militar que ni respeta ni entiende a las mujeres, por lo que tendrá dificultad en aceptar los argumentos de una mujer fuerte en carácter como es, por ejemplo, Tita Santos.

3. Osvaldo Guita – ex-recluso – 58 años
Estuvo catorce años en la cárcel entre los años sesenta y setenta por atraco a mano armada a un banco de la capital zaraterrense, en el que resultó herido de muerte un guardia de seguridad. Se le conmutó la pena por buena conducta y actualmente vive totalmente reinsertado en la sociedad. Es asistente social y trabaja con disminuidos físicos. Está en contra de la pena de muerte por razones evidentes: si hubiera existido dicha penalización a principios de los sesenta él habría sido ejecutado. En la cárcel entabló amistad con un preso que no tuvo la misma suerte: fue ejecutado tras haber cometido un crimen pasional (disparó a su mujer y al amante de ésta en un hotel). Su mala fortuna hizo que el juicio tuviera lugar en los primeros meses de la dictadura, por lo que el veredicto le llevó a la silla eléctrica. Osvaldo –que se educó y se tituló dentro del sistema penitenciario– se considera ejemplo de la capacidad reformista de regímenes carcelarios más humanos.

4. Margarita Paleá – vicepresidenta de mujeres maltratadas – 39 años
Fue asaltada brutalmente por su compañero a los 23 años. Sufrió quemaduras y dos atentados contra su vida. Apenas cumplidos tres años de prisión fue puesto en libertad su ex-novio y sólo le condenaron a cadena perpetua cuando mató a otra mujer. A Margarita le traumatizó tanto este acto violento que desde entonces ha dedicado su vida a la protección de mujeres vulnerables. Sabe que las estadísticas demuestran que en muchos casos los presos vuelven a cometer delitos una vez puestos en libertad, y opina que la pena de muerte es la única solución definitiva para hombres violentos que persisten en agredir a mujeres. Es objeto de odio para muchas feministas del país, que la consideran una traidora de la

causa feminista: argumentan que las mujeres deben oponerse a todo tipo de violencia (bien sea criminal o institucional) y afirman que la pena de muerte también se ha cobrado la vida de muchas mujeres.

5. Tomás Riesgo – inspector de policía – 41 años

El Inspector Riesgo ha prosperado en el cuerpo policial zaraterrense tras la dictadura por ser de los pocos agentes intachables en su conducta. No está a favor de la pena de muerte porque cree que eso no ayuda ni a reducir, ni a acabar con la violencia. Opina que deberían tomarse otras medidas. El Ministro de Justicia en funciones ha preferido a este oficial de policía – en vez de su rival, el Inspector Eliodoro Panzón, jefe de la Asociación de Policías de la Ciudad de Zaraterra – para elaborar un informe general sobre la criminalidad en Zaraterra. La pena de muerte brilla por su ausencia en dicho informe. El Inspector Riesgo siente un desprecio especial hacia su adversario Panzón en este comité, por considerar que su actitud está desfasada y desacreditada por su compromiso con el régimen dictatorial.

6. Eliodoro Panzón – inspector de policía – 47 años

Es también inspector de Policía y jefe de la Asociación de Policías de la ciudad. Piensa que la pena de muerte es fundamental en la lucha contra la criminalidad. Respalda totalmente el castigo máximo contra los criminales y no deja de recordar a los demás que también existen presos condenados a cadena perpetua que preferirían que el estado les ejecutase. En particular, opina que el problema de la droga y la violencia generada entre bandas rivales sólo se atajaría con medidas muy fuertes. Afirma que los mafiosos de la droga hasta son capaces de llevar a cabo sus negocios sucios desde sus celdas de prisión, y que sólo con la ejecución se quedan fuera de juego. Está muy indignado porque las autoridades han preferido elegir a Tomás Riesgo para elaborar el nuevo informe policial. Su rivalidad con el Inspector más joven es evidente.

7. Verónica Gutiérrez – abogada – 32 años

Abogada de oficio y empleada del Ministerio de Justicia antes de la dictadura. Actualmente tiene su propio bufete, pero piensa volver a ejercer su profesión de abogada de oficio. Dedica su tiempo a defender casos de presos políticos condenados por la dictadura y de gente con pocos recursos económicos. Forma parte de un comité del recién elegido gobierno, encargado de negociar una amnistía general para los presos políticos. Para ella, la pena de muerte es un atentado contra la humanidad. Opina que la brutalidad de este procedimiento debería influir de una vez por todas en la opinión pública para que todo el mundo apoye la abolición del mismo.

8. Bienvenido Obregón – director de la prisión – 49 años

Le gusta parecer razonable y siempre justifica la pena de muerte como una salida rápida y hasta piadosa para el condenado, pero en el fondo se siente cómodo con el sistema actual y no quiere que cambie nada. Es conservador en todos los sentidos de la palabra. Su estribillo será 'siempre ha sido así'. Se opone a la reinserción social de los criminales porque ésta conlleva medidas carcelarias internas que no van acorde con su estilo: verse obligado a facilitar dentro de las prisiones sistemas educativos y sociales progresistas le provoca dolores de cabeza.

9. Manuel Sereno – sacerdote de prisión – 63 años

Lleva treinta años ejerciendo su vocación en la cárcel de la ciudad de Zaraterra, y durante este período ha visto cinco administraciones (tres de ellas dictaduras) y numerosos cambios de política carcelaria. A lo largo de esos treinta años ha presenciado muchas ejecuciones y su postura en contra de la pena capital ha ido afianzándose. Cree que el derecho a dar y quitar la vida sólo está en manos de Dios. Según él, cuando el hombre presume de usurpar a Dios ese derecho, se equivoca en demasiadas ocasiones. El alto número de ejecuciones erróneas le ha colocado firmemente del lado de los que se oponen a la pena de muerte. Durante muchos años se ha sentido incapaz de expresar su postura. Ahora, con el optimismo de la nueva democracia está resuelto a que escuchen su opinión.

10. Imelda Recio – política de derechas – 58 años

Para ella la pena de muerte es la mejor solución para acabar con la criminalidad, además de ser símbolo de esa 'moralidad comunitaria' que pretende defender el actual gobierno en funciones. Cree que el gobierno no debe ablandarse ante el electorado y que no debería dejarse convencer para abolir la pena de muerte. Confía al fin y al cabo en que el electorado, tan abrumado por la ola de violencia que está asediando a la sociedad, apoyará al partido que adopte medidas más duras contra los agresores. La cuestión de la pena de muerte se considera un asunto constitucional – por lo que la política adoptada no podrá cambiarse sin recurrir a un referéndum constitucional. Efectivamente, aunque su partido saliera triunfador en futuras elecciones, no sería fácil cambiar la decisión. Esto significa que la lucha actual por mantenerla en vigencia es fundamental. Tienen que ganar el debate ahora.

11. Diana Orozco – política de izquierdas – 52 años

Es líder y fundadora del partido GLIDU (Grupo de Liberales y Demócratas Unidos). Ha pasado más de la mitad de la década de los 90 bajo arresto domiciliario por sus tendencias socialistas, postura que ahora le ha lanzado a una posición de influencia al terminar la dictadura. Está en contra de la pena de muerte porque es moralmente repugnante y atenta contra los derechos humanos. Además, opina que es muy negativo para la imagen internacional de su país y que deberían encontrar otras alternativas. Su sueño es que la dictadura no vuelva nunca y que se redacte una constitución moderna y progresista. Cree que las leyes de enjuiciamiento civil y penal deberían ser enmendadas de forma que las condenas de cadena perpetua no admitiesen posibilidad alguna de libertad condicional. Lleva años pidiendo que se deje de jugar con la 'máquina de la muerte'.

12. Manuela Barberis – escritora y periodista – 33 años

Actualmente trabaja en el periódico *El Patrón*, publicación de derechas que ha logrado sobrevivir varios regímenes. Aunque Manuela no ve un futuro apoyando a la Dictadura, sí tiende a favorecer a los elementos más reaccionarios de la derecha actual. Ha publicado muchos artículos sobre la pena de muerte. Está a favor de la pena de muerte como último recurso contra los crímenes violentos.

Personajes suplementarios

13. **Rocky García – ex-carcelero – 66 años**
14. **Benito Jiménez 'El Tenazas' – ex-recluso condenado a muerte, luego indulta do – 29 años**
15. **Aurora Delgado – periodista – 33 años**

DOCUMENTO I

Asociación de Derechos Humanos de Zaraterra
Plaza de las Armas, 14
1102 Ciudad de Zaraterra
Tel: 1–223223
Fax: 1–223200
E-mail: t.santos@ADEZA.org.za

¡MUERTE SIN PENA!

Todos tenemos derecho de morir cuando lo decida la naturaleza y no el estado. La vida no la otorga el gobierno y tampoco debe ser truncada por él.

¿Cómo podemos seguir condenando las guerras que acaban con tantas vidas si continuamos apoyando la pena de muerte dentro de nuestro país?

¿Y cómo podremos convencer a la próxima generación de que no se debe matar si nosotros mismos seguimos condenando a muerte a la gente?

En ADEZA creemos que la pena de muerte no tiene cabida en la nueva sociedad que intentamos crear en Zaraterra, al igual que no tiene cabida la tortura.

Con el respaldo de Amnistía Internacional nos hemos venido oponiendo desde hace años a ciertos métodos del régimen dictatorial de este país. Ahora tenemos la gran oportunidad de erradicar esos métodos para siempre, y hay que aferrarse a una postura plenamente moderna y democrática, una postura que respete los derechos humanos y que se asegure de incluirlos dentro de la constitución.

Si usted es de la misma opinión puede apoyarnos de varias maneras:

- escribiendo una simple carta que explique su punto de vista a nuestra dirección

- asisitiendo a una de las manifestaciones que se organizarán durante los próximos meses

- realizando un donativo de acuerdo a sus posibilidades para apoyar esta asociación

Si desea militar en nuestra asoclación, llámenos por teléfono y le facilitaremos mayor información.

DOCUMENTO 2

UNIVERSIDAD DE ZARATERRA

DOSSIER CONSTITUCIONAL 112.B
CASOS JURÍDICOS I

Este caso ejemplifica la pena de cadena perpetua (casi nunca realizada en su totalidad) para un criminal muy peligroso. Esto es debido a la ausencia de la pena capital como último recurso de la ley, durante la época anterior a la dictadura.

CASO 1

Gilberto Almanegra, nativo de la ciudad de Guanacari, fue recluido en la Penitenciaría Nacional de Alta Seguridad en 1982 por los asesinatos de Dolores Gavilón y su hija María. Su caso es uno de los más bárbaros de la historia criminal de este país.

En 1964, Almanegra, de 30 años, soltero, mecánico, entra en una casa de la zona residencial de la tranquila ciudad de Guanacari. Se dirige directamente al salón donde espera encontrar a Dolores Gavilón, (25 años), objeto de su obsesión desde hace varios meses. Al no verla allí se dispone a dejar la casa, pero antes de salir, escucha la puerta del garaje y la voz del señor de la casa, Pedro Liza. Se acerca al garaje, dispuesto a acabar de una vez con su 'rival', el marido de Dolores. Pedro Liza está inclinado sobre el capó de su coche. Almanegra coge lo primero que ve, una llave inglesa, y golpea repetidas veces en la cabeza al señor Liza. No contento con dejarlo ensangrentado e inconsciente en el suelo del garaje, le propina una puñalada mortal utilizando un destornillador. Descubierto el cadáver por su propia mujer a la vuelta de una visita a su ginecólogo (está embarazada de 4 meses), se inicia una larga investigación policial que acaba, 10 meses más tarde, con la detención de Almanegra. No existiendo la pena de muerte en los años democráticos de los 60, ingresa en prisión, supuestamente condenado a cadena perpetua. Sale tras cumplir tan sólo 15 años en la cárcel, por buena conducta.

Al año de estar en libertad, vuelve al escenario del crimen y se encuentra con la mujer de su obsesión, que tiene ya 41 años, y con una hija de 15, María. La noche del 23 de abril de 1981 le sorprende a Dolores una vez más en su propia casa. Dolores lo rechaza, asustada, y él fuerza la puerta para entrar. María oye los gritos de su madre y baja la escalera justo en al momento que él está forcejeando con la madre. Almanegra coge un cenicero de mármol y empieza a golpear a Dolores en la cabeza hasta matarla. Luego se vuelve hacia la hija, que intenta escapar por la cocina, y la alcanza en la puerta. Cogiendo el primer cuchillo que encuentra, mata a María, dejándole destrozado todo el cuerpo. Va directamente a la comisaría para entregarse, completamente consciente de lo que ha hecho. Almanegra cumple actualmente su segunda cadena perpetua en la misma cárcel de la que salió años antes al acortarse su primera cadena 'perpetua' a solamente 15 años. Si hubiera existido la pena de muerte para Almanegra, se habrían salvado Dolores y María del mismo destino que sufrieron su marido y padre respectivamente.

Preparación:
Dr. Enrique Justino-Sáez

Catedrático en Derecho Criminal

Facultad de Derecho
Universidad de Zaraterra

Enero de 1997

DOCUMENTO 3

UNIVERSIDAD DE ZARATERRA

DOSSIER CONSTITUCIONAL 112.B
CASOS JURÍDICOS II

Este caso data de la época de la dictadura, por lo que que acaba en la condena a muerte de la criminal.

CASO 2

Felicia Osiris, soltera de 28 años. Detenida en mayo de 1991 por los asesinatos de nueve disminuidos en el Hospital General de Zaraterra. Su caso es uno de los que más huella dejaron entre los habitantes de la ciudad por su crueldad premeditada contra personas indefensas.

Felicia trabajaba en la sección de Rehabilitación y Cuidados de Disminuidos en el Hospital General de Zaraterra. Su expediente era uno de los más brillantes. Llevaba trabajando para el hospital un año y medio antes de su detención. Hasta la llegada de Felicia, el hospital nunca había tenido un índice de muertes tan elevado en esta sección. Con las primeras dos muertes nadie sospechó en lo más mínimo que la causa de las mismas pudiera ser el asesinato friamente calculado. Felicia era una de las enfermeras encargadas de administrar sedantes a los enfermos que padecían mayores dolencias físicas en sus primeros días del post-operatorio o bien en sus últimos días si se trataba de enfermedades terminales. Elegía su víctima entre los pacientes en estado crítico, para que nadie pudiera sospechar de su muerte. Una vez elegida la víctima iba aumentando las dosis de sedantes que debía inyectar al paciente, hasta matarlo. De esta forma el enfermo caía en un sueño profundo para ir muriendo lentamente, de manera que parecía que había fallecido de forma natural.

Al morir el sexto paciente que Felicia tenía a su cargo, Amalia Boayer (compañera de trabajo de Felicia) empezó a sospechar, pensando que no era normal que la mayoría de los fallecidos en esa sección hubier- an estado a cargo de Felicia. Obsesionada con este pensamiento, Amalia se dirigió a la Jefa de Enfermeros, pero nadie creyó su historia. Amalia siguió insistiendo a su superiora, que seguía sin tomarla en serio pero que ya empezaba a sospechar tras las afirmaciones de Amalia. Mientras tanto, Felicia tuvo tiempo para ejercer su oscura vocación de verduga con dos pacientes más. Ya eran ocho las personas a su cargo que habían fallecido.

Fue entonces cuando la Jefa de Enfermeros decidió vigilar a Felicia, con la ayuda de Amalia y Osvaldo Tizón (uno de los doctores que trabajaban en esta sección). Tras la muerte del noveno paciente, y con objeto de obtener pruebas del asesinato, el Dr. Tizón ordenó que se hiciera una autopsia al muerto. Todo se hizo con cautela para que la principal sospechosa de todas estas muertes, Felicia Osiris, no se diera cuenta de que sus compañeros de trabajo la estaban vigilando. La autopsia del cadáver reveló una alta dosis de tranquilizantes y falta de suero en la sangre. Las sospechas de Amalia Boayer resultaron justi- ficadas por lo que la Jefa de Enfermeros, una vez obtenidas las pruebas suficientes para acusar a Felicia, decidió denunciarla de inmediato.

Felicia fue llevada a juicio. Al preguntarle el juez por qué había matado a todas estas personas, la acusada, dando muestras de cinismo desgarrador, contestó que lo había hecho 'porque estas personas sólo son dese- chos humanos que no pueden aportar nada favorable a la sociedad'. Felicia Osiris fue acusada de asesinato multiple en primer grado, por lo que el juez, de acuerdo con el resto del tribunal, la condenó a la pena cap- ital. Murió el 18 de julio de 1993, la décima mujer ejecutada en este país. Si el juicio se hubiera celebrado tres años más tarde, Felicia se habría librado de la pena de muerte.

Preparación:
Dr. Enrique Justino-Sáez
Catedrático en Derecho Criminal
Facultad de Derecho
Universidad de Zaraterra
Enero de 1997

DOCUMENTO 4

Departmento de Investigaciones Sociológicas
Ministerio de Asuntos Sociales
Plaza del General Pontechí
Ciudad de Zaraterra 1101

Incidencias de delitos violentos en nueve estados americanos (sin precisar*) tres estados con pena de muerte, tres con dicha condena pero sin ejecutar y tres donde no existe la pena de muerte. Este modelo evidentemente demuestra una clara distinción entre las tres categorías diferentes.

* El Ministerio no cree oportuno revelar los nombres de los estados de los EEUU. Simplemente ofrece las cifras como muestra para este comité.

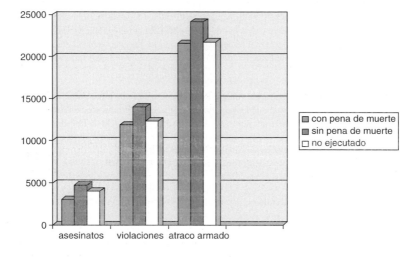

Diciembre de 1996.

DOCUMENTO 5

❖ EL PUEBLO ❖

14 FEBRERO DE 1997

YA TARDE PARA RUBIO

Jesús Rubio Valeriano no pudo estar presente en el Tribunal Supremo que volvió a considerar su caso el pasado mes de enero, dado que Jesús Rubio Valeriano fue ejecutado dos semanas antes, coincidiendo con el año nuevo.

Hace 4 años empezó el proceso de Rubio con una ola de publicidad inaudita en la historia criminal de la dictadura. La prensa y la televisión tuvieron la oportunidad de presenciar el espectáculo de su proceso, así como la de intentar influir en el veredicto. La administración del régimen no hizo nada para aliviar el alto nivel de indignación pública, ni para asegurar la validez del fallo judicial. Es ahora, terminada la dictadura, que se empieza a cuestionar la (pena de) muerte de Rubio. Los hechos –muy conocidos pero muy mal interpretados en general– apuntan a un fracaso total en el sistema criminal y jurídico.

Dos niños habían sido asesinados: la necesidad psicológica del pueblo era la de culpar a alguién y no sólo la de esclarecer los hechos. A pesar de las dudas del juez y de las muchas inconsistencias del caso en contra de Rubio, le hallaron culpable a falta de un sospechoso más convincente.

La defensa –basada casi exclusivamente en los testimonios de parientes del acusado– no se esforzó por contestar a los argumentos (algunos muy flojos) de la acusación. El abogado defensor del juicio del enero pasado, en cambio, sí presentó con claridad las debilidades del caso de la acusación de modo que convenció (facilmente) al juez del error del fallo original.

Esta decisión llega –por supuesto– tarde para Jesús Rubio Valeriano, que murió por inyección letal hace tan sólo dos semanas. Será el único caso de pena de muerte en el período de nuestra transición, porque esa pena se ha suspendido, a la espera de una decisión constitucional que está siendo debatida en la actualidad.

Ana Barradero consiguió la exclusiva de entrevistar a la viuda de Rubio, María-Ángeles Solís, encerrada desde hace más de un año en su casa de Paradillos. Empezó por preguntarle por qué había concedido una entrevista en este preciso momento:

MS– He tenido que hacerlo porque no me quedaba más remedio. Cuando condenaron a mi marido la atención de los periódicos y los de la tele era contínua. Pero desde que cayó la dictadura a la gente sólo le interesa la política, y no el caso de Jesús. Todo lo que se ha descubierto del proceso ha salido, por desgracia, al mismo tiempo que las historias silenciadas durante la dictadura.

AB– Así que usted ha decidido hablar ahora para que el público se entere de la verdadera historia del caso ...

MS– Sí, yo ... después de todas las decepciones de los últimos años, no soporto la idea de que la opinión pública siga culpando a mi marido de esos horrorosos asesinatos. Más que nada, quiero que sepan que yo y mi familia decíamos la verdad, no para salvar a Jesús, sino porque era la verdad ...

AB– Desde luego que la información que está saliendo ahora confirma todo lo que usted y su familia declararon durante el juicio ...

MS– En ningún momento mentimos porque la verdad era tan evidente para nosotros que en ningún momento pensé que llegaran a condenarle. Por eso fue como un rayo cuando, ... cuando salió ... como salió.

AB– ¿Se siente amargada del sistema jurídico de este país?

MS– A mí lo que más me deprime, me da tristeza, es que estas cosas puedan pasar en una democracia. Todo eso se espera de un gobierno militar, pero la ejecución ... eso fue en plena época de la transición. Desde luego para mí y para los míos, veo un futuro negro. En cuanto a Zaraterra, pues, todo depende del nuevo gobierno. Me gustaría pensar que su primera decisión fuera abolir la pena de muerte que tanta desgracia ha causado en nuestra familia ...

DOCUMENTO 6

Policía Nacional De Zaraterra

VELANDO POR EL PUEBLO

1. Lucha antidroga
Se estima que un 60% de los delitos cometidos en Zaraterra tienen alguna relación con el mundo de la droga, sea un vínculo directo con traficantes o asociados, o bien drogadictos motivados por la necesidad de financiar su adicción.

Se propone una mayor inversión y reanudados esfuerzos en la búsqueda de información sobre las actividades de personas implicadas en este tipo de delito, que sirvan para detectar con anterioridad dichas actividades. Asimismo se recomienda el refuerzo de investigaciones en cooperación con nuestros países vecinos en fronteras y aduanas y también una mayor colaboración con las fuerzas policiales de dichos países.

2. Reducir la posesión de armas
Se ha visto un aumento alarmante en el número de armas en circulación dentro de nuestra sociedad. Siendo imposible calcular el número exacto, dada la escasez de estadísticas procedentes del anterior régimen político, sólo se puede comparar las cifras de armas incautadas por la policía actual con las del anterior cuerpo de orden público. Éstas muestran un crecimiento de un 28%. Y no incluyen, evidentemente, las armas ilegales no descubiertas por las autoridades.

Se propone restringir la obtención de licencias de armas para la utilización en clubs de tiro y de caza. En el caso de los clubs de tiro, las armas no podrán salir del recinto donde se practica la actividad deportiva mencionada. Y en relación con la caza, sólo se permitirán los rifles de calibre adecuado para dicho uso, bajo unas normas más estrictas que las actuales. Por consiguiente, se prevé la prohibición absoluta de pistolas fuera de los usos autorizados dentro del cuerpo policial.

3. Aumento de las patrullas policiales
En las últimas décadas se ha producido un desvío de recursos (económicos y de personal) hacia el área de la administración de actividades policiales y anticriminales, con disminución resultante de fondos para patrullas policiales.

Se propone la reduccción del personal administrativo (véase también apartado 4) y el consiguiente traslado de recursos a la sección de coches patrullas y otras.

4. Reforma del sistema jurídico
La difícil combinación de las leyes implantadas antes de la dictadura con las del período militar ha dejado el sistema jurídico en un estado caótico. Basta con citar el ejemplo de la confidencialidad absoluta de los militares, que les permite, hasta después de jubilados, no contestar a interrogatorios, atribuyendo su silencio a supuestos secretos de estado o militares.

Se propone una renovación completa de dicho sistema, aprovechando este momento en el que se está elaborando una nueva constitución para integrar todas las leyes en un marco coherente. Asimismo, se podría conseguir un sistema más eficaz que diera como resultado un aumento de condenas.

Tomás Riesgo
Inspector General   Zaraterra, diciembre de 1996

Tareas Escritas

1. Escribe una lista de las observaciones más importantes que se han hecho durante el debate sobre la pena de muerte.
2. Imagina que hace tiempo que te escribes con un preso que lleva siete años en el corredor de la muerte. Tienes la oportunidad de visitarlo antes de su ejecución. Escribe el diálogo de éste, tu primer y último encuentro con él.
3. Redacción: elige uno de los temas:
   (a) No se puede justificar la pena de muerte en ningún caso. Discute.
   (b) Diez medidas rápidas para atajar el aumento de criminalidad.

PENA DE MUERTE
Glosario selectivo español-inglés

Español	Inglés
abrumado/a	overwhelmed
actitud f	attitude
aferrarse a	cling on to, to
agraviado/a	injured, offended
agredir	assault, to
alentador/ora	a relief
aliviar	relieve, alleviate, to
amargado/a	bitter
anular	quash, overturn, to
aparentar	give an appearance, to
apoyo m	support
asediar	beseige, to
asesoría jurídica f	legal counsel, advice
asustado/a	frightened
atajar	keep under control, to
atenta contra los der echos humanos-	infringes human rights
atentado m	attack
atraco a mano armada m	armed robbery
averiguar los hechos	establish the facts, to
bondadoso/a	kind-hearted
bufete m	law practice
cabida, no tiene	has no place
cadena perpetua f	life sentence
capó m	bonnet
carcelario/a	prison adj
cargo de, a	responsible for
cautela f	caution
cinismo m	cynicism
club de tiro m	gun club
concejal/ala mf	councillor
condena f	sentence
conllevar	entail, to
conmutar	commute, to
controvertido/a	controversial
culpar	blame, to
darse cuenta	realize, to
decepción f	disappointment
delito m	offence, crime
denunciar	report (to the police), to
deprimir	depress, to
derogación f	abolition, repeal
desacreditado/a	discredited
descampado m	open ground
desfasado/a	old-fashioned, out of step
desgarrador/a	heartrending
deshechos mpl	waste
desprecio m	scorn
destacado/a	prominent
destornillador m	screwdriver
dicho/a	aforementioned, said
digno/a de	worthy of
disminuidos físicos mpl	physically handicapped people
disuasor, elemento m	deterrent
dolencia f	ailment
ejemplarizante adj	exemplary
electorado m	electorate
enjuiciamiento civil y penal m-	civil and criminal indictment
enterarse	find out, to
escasez f	scarcity
esconderse	hide, to
estribillo m	refrain
expediente m	record, file
fallecido/a	deceased
fallo m	judgement, ruling
falta de, a	in the absence of
flojo/a	weak
folleto m	leaflet, flyer
forcejear con	struggle with, to
fracaso m	failure
funciones, en	acting
hallaron culpable, le	they found him guilty
herido/a	wounded
huella f	impression (lit footprint)
huida f	flight (i.e. running away)
implantar (una ley)	introduce (a law)
inaudito/a	unprecedented
incautar	confiscate, to
índice de muertes m	death toll
intachable	irreproachable
jurídico/a	legal
lema m	motto, slogan
libertad condicional f	parole
liderar	lead, head, to
llave inglesa f	spanner
llevar a juicio	take to court, to
lucha f	struggle
manifestación f	demonstration
manifestar	declare, to
marco m	framework
mentir	lie, to
oportuno/a	appropriate
otorgar	award, grant, to
pactar	agree on, to
partidarios mpl	supporters
patrulla f	patrol
peculiares circunstancias	particular or unusual circumstances

pena de muerte *f*	*death penalty*	reinsertado/a	*rehabilitated*
pena *f*	*penalty*	respaldo *m*	*support, backing*
postura *f*	*attitude, stance, position*	sedante *m*	*sedative*
		soporto, no	*I can't stand*
presidio perpetuo *m*	*life sentence*	suero *m*	*blood serum*
preso *m*	*prisoner*	suprimir	*abolish, to*
Primer Mandatorio *m*	*Head of State*	tasa de violencia *f*	*level of violence*
proceso *m*	*proceedings*	Tribunal de Apelaciones *m*	*Appeals Court*
proyecto de ley *m*	*draft bill*	truncado/a	*truncated, shortened*
puñalada *f*	*stab wound*	verdugo/a	*executioner*
reanudar	*resume, to*	vertiginoso	*dramatic*
rebajar	*reduce, to*	vigilancia, poner en	*put under surveillance, to*
recinto *m*	*site*		
recurso *m*	*resource*	vínculo *m*	*link*
refuerzo *m*	*reinforcement*	violar	*rape, to*

6

6.1 Lead Text

LOS POBRES TRANSPARENTES

Rosa Montero, *El País Semanal* **(adaptado)**

1 Con qué inmensa pericia manejamos los humanos la memoria, o mejor sería decir la desmemoria, para arrojar más allá de los confines de nuestro entendimiento todas aquellas realidades que
5 resultan incómodas. Pongamos el caso de los pobres, pero de nuestros pobres, de los miserables del Primer Mundo, de aquellos desesperados que da la casualidad que son nuestros vecinos y que justamente por eso, por proximidad, resultan
10 amenazadores e inquietantes.

Quiero decir que nos es más fácil recordar las horribles hambrunas de Sudán (por cierto que se trata de un caso gravísimo y que estamos obligados hacer algo) que la situación no tan
15 extrema, pero desde luego mísera y tristísima, de esa multitud de marginados que son el negro envés de nuestra rica vida. En la Unión Europea hay cincuenta y siete millones de personas por debajo del umbral de la pobreza; Eso quiere decir que no
20 tienen trabajo, seguramente tampoco casa, probablemente ni documentación. No son, no están, no existen. Es la legión de los excluidos.

Cuentan tan poco estas personas o sombras de personas que un mero defecto de
25 forma, una tontada burocrática, provocó que el pasado mes de julio se bloqueara la distribución de los 140.000 millones de pesetas que la UE dedica para la ayuda social. Y no sucedió gran cosa. Claro que los marginados no organizan manifestaciones,
30 como hacen (y hacen bien) los propietarios agrícolas.

Cuentan tan poco los vagabundos, que el Departamento de Salud de Estados Unidos acaba de retirar los 1.000 millones de pesetas (vaya
35 birria) que tenía presupuestados como ayuda para los jóvenes sin casa: ahora van a emplear ese dinero para resolver el problema informático del año 2000. Claro que es más que probable que los

jóvenes sin casa no se conviertan nunca en
40 ciudadanos con capacidad para votar.

Cuentan tan poco los pobres, en fin, que yo misma tengo en mi poder, desde hace medio año, una carta conmovedora y formidable que
45 escribió una lectora. Cuenta el caso de un desempleado que se llama Julián y que estaba (¿está?) todas las mañanas en la madrileña parada de metro de Rubén Darío. Yo pensé en escribir algo sobre el tema; pero, sin darme cuenta, fueron
50 pasando los meses unos tras otros. O sea, se me fue olvidando. Se ve que estos asuntos, estos pequeños dramas cotidianos, estas desagradables vecindades con lo doloroso y con lo injusto, tienden a borrarse de nuestro entendimiento y a desaparecer sin ruido
55 de la memoria. Es como si los marginados que nos rodean fueran transparentes.

La historia de Julián, en fin, es de lo más común. Tiene cincuenta y seis años y lleva trabajando desde los dieciseis. Ha sido camarero,
60 descargador de barcos, peón de la construcción. Cuando la última constructora para la que trabajaba quebró, Julián descubrió que la empresa no había cotizado nunca por él en la Seguridad Social. De manera que no tiene paro, y tampoco
65 casa, aunque ahora está acogido por un familiar. Ha buscado empleo, pero no encuentra nada. Con cincuenta y seis años carece de futuro laboral; pero le faltan casi diez para poder jubilarse y cobrar algún tipo de pensión. Por eso está (¿estaba?) todas
70 las mañanas junto al metro. Aunque no sabe extender la mano ni pedir dinero. Todavía le da (¿le daba?) demasiado vergüenza.

Ya digo que es una historia vulgar. Este fatal trayecto de la integración a la desintegración,
75 de la normalidad social a la miseria, lo ha hecho y lo hace mucha gente. No hay más que mirar alrededor: en tu casa, en tu calle, en tu ciudad. Pero por desgracia no miramos.

6.2 Questions on the Lead Text

Answer the questions IN ENGLISH unless otherwise indicated

1. Translate or explain in English the meaning of the following words or phrases:
   (a) 'pericia' (line1)
   (b) 'inquietantes' (line 10)
   (c) 'por debajo del umbral de' (lines 18–19)
   (d) 'una tontada burocrática' (line 25)
   (e) 'quebró' (line 62)
   (f) 'una historia vulgar' (line 73)
2. Paraphrase the following words or phrases in Spanish:
   (a) 'no sucedió gran cosa' (line 28)
   (b) 'de lo más común' (lines 57–58)
   (c) 'de manera que no tiene paro' (line 64)
   (d) 'carece de futuro laboral' (line 67)
3. Which specific group of people does the author describe as 'transparentes' and why?
4. To which specific project have US funds for homeless juveniles been re-assigned and why are the authorities unconcerned about this?
5. In what way were Julian's former employers responsible for his difficulties?
6. What are the two reasons why Julian's age represents a problem?
7. Make a list of all words and phrases in the article related to the idea of poverty .
8. Explain the reasons for the use of the subjunctive in the following phrases and, in each case, write two sentences containing subjunctives used for the same reason:
   (a) 'provocó ... que se bloqueara la distribución' (lines 25–26)
   (b) 'es más que probable que los jóvenes ... no se conviertan' (lines 38–39)
   (c) 'como si los marginados ... fueran transparentes' (lines 55–56)

6.3 Focus on Function

6.3.1 Expressing supposition and assumption
Most arguments involve a certain set of suppositions or assumptions, whether defensible or not.

> An easy way to express supposition is with *suponer que* or *imaginarse que* and the indicative:
>
> **De todas formas, *supongo que* lo *hará* pronto.**
> In any event, I suppose he'll do it soon.
>
> **Me *imagino que están* muy ocupados con la fiesta.**
> I expect they're very busy with the party.
>
> If your supposition relates to the present, you can use *deber or deber de* and the infinitive. (B&B 21.3.2)

Deben (de) estar **muy ocupados con la fiesta.** *(same meaning as previous example)*
I expect they're very busy with the party.

La empresa *debe (de) estar haciendo* **un esfuerzo tremendo para remediarlo.**
The company must be making a huge effort to rectify it.

Suppositions can be expressed using the future tense just as in English. (B&B 14.6.5)

Estarán **abajo ya.**
They will be downstairs by now / They must be downstairs by now.

La película *habrá terminado* **hace una hora.**
The film will have finished an hour ago.

In order to convey the idea that you take something as read, you might use one of the following expressions:

Huelga decir que los trabajadores tienen sus derechos también.
It goes without saying that the workers also have their rights.

Ni que decir tiene que estamos a tu disposición.
It goes without saying that we are entirely at your service.

Por supuesto, ellos ya estarían al tanto.
Of course, they would have been aware of it.

Desde luego que les habrá costado carísimo el terreno.
Of course the land must have cost them a fortune.

Tengo por entendido que llegan dentro de quince días.
I understand they are arriving in a fortnight.

6.3.2 Forms of address
In Spain the situation as regards forms of address is changing all the time. The tendency is for the familiar form (*Tú, vosotros/as*) to be used increasingly in areas where the formal *usted* would previously have been preferred. For example, among young Spaniards especially, even in a business or professional environment, *tú* is increasingly heard. This is not, however, the case in Latin America.

Remember to use appropriate forms of address according to the context (who you are addressing and where). In formal contexts you can just use the surname:
Tengo el gusto de presentar al Señor Rangel, el dramaturgo.
It is my great pleasure to introduce Mr Rangel, the playwright.

If you are going to use the first name, then don is required before it:

Les presento al escritor don Ignacio Rangel.
May I introduce you to Ignacio Rangel.

The context of debate in business, professional life or other formal situations will normally require the use of the polite form *usted*. In Spain the familiar form *tú* is increasingly finding its way into previously formal areas of life, especially among the younger generation. In Latin America, especially Argentina *vos* replaces *tú* in speech but *usted* is still preferred in public life. The plural form *vosotros/as* is only used in Spain, Latin America preferring *ustedes*.

Some less common forms of address:

Su Ilustrísima *(used when addressing a Bishop – see¿*Hacia un espíritu comunitario?)
Your Worship
Sor *(used before a nun's first name –see* El albergue del Sagrado Corazón)
Sister
Hermano/a *(addressing monks or nuns – see* El albergue del Sagrado Corazón)
Brother or Sister

Exercise

6.1. *Looking closely at the context, decide whether to use the* usted/ustedes *or* tú/vosotros/as *forms in the following sentences and then conjugate accordingly.*

1. *(Dejarse)* ⎯⎯⎯⎯⎯ de tonterías, ¿*(querer)* ⎯⎯⎯⎯⎯ ? Me *(estar)* ⎯⎯⎯⎯⎯ poniendo de los nervios.
2. Hijo, como *(seguir)* ⎯⎯⎯⎯⎯ así, *(irse)* ⎯⎯⎯⎯⎯ a llevar una torta.
3. Quisiera hacer una declaración. ¿*(ponerse)* ⎯⎯⎯⎯⎯ con el comisario?
4. *(Estar)* ⎯⎯⎯⎯⎯ todas en casa cuando se desmayó la abuela Paquita.
5. *(Ser)* ⎯⎯⎯⎯⎯ muy mayor para *(comportarse)* ⎯⎯⎯⎯⎯ así. *(Moderar)* ⎯⎯⎯⎯⎯ el tono si quiere seguir en este debate.

(For further exercises see P&dC 9.3)

SIMULACIÓN 6
EL ALBERGUE DEL SAGRADO CORAZÓN

Notes On *EL ALBERGUE DEL SAGRADO CORAZÓN*

You will notice in this simulation that not all the characters are deter-minedly for or against the proposal. Some are quite open to persuasion and therefore, depending on the character you are asked to 'play', you may wish to concentrate your attempts at persuasion on these individuals as well as countering the arguments of those who are more intransigent.

Contenido

Situación

La alarmante situación de pobreza en las calles de Pozo de San Martín (Comunidad de Madrid), ha provocado una nueva preocupación por un fenómeno que se creía haber erradicado para siempre. Hay cada vez más personas sin hogar, pidiendo en las esquinas, excluidas de la sociedad. Al mismo tiempo, los ciudadanos no dan tantas ayudas y las antiguas limosnas ya apenas existen. Y lo que es peor, la gente teme que cualquier dinero que puedan donar a los mendigos, lo gasten en vicios (alcohol y drogas).

Doña Carmen Villamar, Directora de Servicios Sociales de la Comunidad de Madrid, ha reunido a un grupo de personas de la vida pública para investigar las posibles soluciones al problema creciente de la pobreza y de la gente sin hogar. Ha encargado a su departamento elaborar un informe sobre los estratos sociales más desafortunados para distribuirlo entre los miembros de este comité.

Entre las soluciones propuestas, está la de transformar un convento en un albergue, es decir poner en marcha la idea de la monja Sor Concepción de convertir el solar del antiguo convento en un hostal para la gente sin hogar, utilizando todos los medios existentes – donativos, rifas, mercadillos etc. – para financiar el proyecto. Este cobijo eclesiástico se llamaría El albergue del Sagrado Corazón.

Otros creen que lo mejor sería separar definitivamente el trabajo social del sector religioso. Este sector opina que el Gobierno es el único responsable de la eliminación de la pobreza y por tanto la provisión de un refugio municipal debe correr a cargo exclusivo del sector público. En el caso de una financiación con fondos públicos se crearía El Refugio Municipal de San Martín.

¿Cobijo eclesiástico (Albergue del Sagrado Corazón) o refugio municipal? Los miembros del comité se encargarán de encontrar una solución para este problema según los papeles que se presentan a continuación.

Etapas de la simulación

1. Los dos grupos se reúnen por separado para aclarar sus ideas sobre el problema en cuestión de los niveles de pobreza de Pozo de San Martín.

2. Todos van a la sala de juntas del Ayuntamiento para llegar a un acuerdo sobre el futuro albergue después de discutirlo a fondo. Carmen Villamar preside el debate.

Personajes

1. Sor Inés – Madre Superiora – 64 años

Astuta y de firmes convicciones, ha dedicado toda su vida a la religión y a la orden a la que pertenece. Conoce muy bien la política de la Iglesia y la estrategia a seguir para conseguir sus fines. En principio está a favor del plan inicial de crear un albergue para pobres, y dispuesta a ceder la parte deshabitada del convento para su ubicación. Reconoce la necesidad de reforzar el papel social para su orden y sabe que contará con la ayuda de Doña Milagros siempre que ésta siga sintiéndose con poder de ejercer influencia.

2. Carmen Villamar – Directora de Servicios Sociales – 52 años

Simpática y equitativa, Carmen fue elevada a su cargo por la ex-Alcaldesa Elena Ramos (de izquierdas). El actual Alcalde (de derechas) no ha encontrado sustituto todavía y ella sigue en su cargo aunque existen tensiones obvias entre ambos. Ha reunido a todos los miembros del comité para investigar las posibles soluciones al creciente problema de la pobreza y la gente sin hogar. Ha encargado a su departamento un informe sobre los estratos sociales más desfavorecidos para distribuirlo entre los miembros del comité. Su instinto le dice que la mejor solución está en la creación de un albergue con ayuda del sector público, pero en principio está abierta a cualquier propuesta y desea que todos tengan la oportunidad de expresar su opinión. Preside la reunión e intenta mantener orden.

3. Sor Concepción – monja – 42 años

Es la típica monja con su gran corazón que sólo piensa en ayudar a los demás. Ha concebido la idea del albergue pero desconoce las implicaciones económicas y burocráticas que pueda tener. Anteriormente fue actriz y realizó un culebrón televisivo llamado *El hábito hace la monja*. Abandonó su profesión misteriosamente para vivir en el anonimato. De ese modo pudo alejarse de la agresividad de los medios de comunicación que nada tenían que ver con su profunda – y hasta entonces reprimida – vocación religiosa. Teme ser descubierta y guarda un desmesurado desprecio hacia la televisión. Pero todavía tiene un contacto en el mundo de la televisión que la mantiene al corriente de todo. Le condiciona bastante la estrecha amistad que tiene con Doña Milagros y preferiría no enfrentarse a ella.

4. Don José Gallardo – médico – 36 años

Joven, idealista y un poco tajante en sus opiniones, es el médico de la consulta de uno de los barrios más problemáticos de la ciudad. Ha visto de cerca los problemas que provoca la pobreza, sobre todo en lo relacionado a la droga y el alcohol. Le interesa mucho el proyecto del albergue como posible centro de sus investigaciones sobre la addicción en el futuro. Cree firmemente en el sistema de ayudas sociales como base de cualquier sociedad sana. Se opone a que la Iglesia tenga un papel importante en este terreno por ser una institución de ideas sociales y morales totalmente desfasadas, ideas que podrían obstaculizar el buen funcionamiento del proyecto. Por lo tanto considera que el albergue debe pertenecer a los servicios sociales sin colaboración alguna del convento.

5. Alex Amores – presentador de televisión – 29 años

Guapo y tierno en su trato con la gente, pero en el fondo ambicioso y cruel. Además de presentar el programa *A Carne Viva* (programa que no escatima en servir imágenes cruentas) se ha convertido en la voz de los desafortunados y de la gente de la calle. Encabeza la campaña 'Corazones sin cobijo'. Acude a cualquier lugar donde haya noticias. Lo que realmente quiere es la exclusiva de un documental sensacionalista, basado en la cruda y sórdida realidad de los que habitan este tipo de albergue. Está dispuesto a lo que sea para conseguirlo. Incluso estaría dispuesto a servirse de chantaje. Por medio de contactos ha descubierto que hace años Sor Concepción trabajó como actriz en un culebrón televisivo llamado *El hábito hace la monja*. Sería jugar sucio, sólo lo revelará si realmente no hay otro remedio.

6. Doña Milagros De Montepío – señora adinerada- 72 años

Señora espléndida pero insoportable. Viuda del empresario Don Emiliano de Montepío, propietario de los famosos Almacenes Montepío. Es la mayor donadora de fondos privados al convento y por consiguiente la que más influencia tiene. Está dispuesta a apoyar el proyecto siempre y cuando sea de carácter religioso, pero retiraría sus donativos si no se hiciera por medio de la Iglesia.

7. Ana Galeza – socióloga – 50 años

La típica académica obsesionada que a veces no vive del todo en este mundo. Es una de las más destacadas sociólogas de su generación, ha realizado un estudio que propone una serie de medidas para la eliminación de la pobreza a nivel mundial. Opina que una creciente mejoría en el nivel de vida de los pobres sería la base de una sociedad justa e igualitaria. Por lo tanto, afirma que la solución para la gente sin hogar no está en la creación de albergues ni en la participación de la Iglesia sino en la reincorporación social y laboral de los pobres. Propone un programa de reformas sociales que faciliten la incorporación de estos ciudadanos al mercado laboral y que les ofrezca la oportunidad de conseguir una vivienda en condiciones. Crear un refugio municipal financiado por la Comunidad Autónoma sería el modo más eficaz de reinsertar a este sector marginado. Su propuesta ha sido elaborada en el ensayo 'Cien años de miseria'.

8. Don Justo Obregón – político, alcalde – 58 años

Típico hombre de derechas, moralista y tradicionalista. Político del partido AC (Alianza Conservadora) y Alcalde de Pozo de San Martín desde hace 5 años. Durante su mandato se ha interesado principalmente por recuperar las tradiciones populares de la ciudad, eregir un monumento al patrón de la ciudad e intentar apartar a los 'indeseables' del casco urbano. No pierde oportunidad para echarle en cara a la ex-alcaldesa su reciente derrota electoral (la segunda en los últimos 5 años). Está a favor del nuevo albergue con dos condiciones: primera, que se ubique en las afueras (afortunadamente el convento se encuentra en el Monte de la Piedad a 5 km del centro de la ciudad); segunda, que se financie exclusivamente con los fondos del convento y otros donativos privados, sin acudir a subvenciones públicas.

9. Elena Ramos – política, ex-alcaldesa – 54 años

En tiempos pasados fue una persona idealista, ahora está amargada. Política del partido IO (Izquierda Obrera), y ex-alcaldesa desde hace 5 años. Había conseguido hacer importantes mejoras en el terreno de lo social y ahora se siente frustrada, viendo desde la oposición el retroceso social de la nueva administración que hace no mucho volvió a ganar en las municipales. Cree que la mejor forma de llevar a cabo el proyecto del refugio sería mediante una financiación pública. Pero piensa que la administración no puede permitirse el lujo de despreciar la ayuda humanitaria que pueda emanar del sector eclesiástico, teniendo en cuenta la escasez de fondos en el Ayuntamiento y en la Comunidad Autónoma. Independientemente de toda ideología, estaría dispuesta a aceptar el apoyo económico de la Iglesia.

10. Don Paco – el cura – 47 años

Muy amable y abierto, tiene mucha experiencia en el trabajo con gente marginada. Lleva años intentando solucionar el problema de la vivienda de los más necesitados y ha llegado a la conclusión de que la pobreza ha aumentado hasta tal extremo que las limosnas conseguidas por la Iglesia ya no son suficientes. Para él es esencial que la Iglesia recupere su función social. La creación de un albergue en el convento del Sagrado Corazón representaría la consolidación de su posición para el resto de su vida profesional.

11. Ramona Penares – drogadicta – 22 años

Huérfana desde que era una niña, Ramona ha pasado la vida entera de refugio en refugio. Está en el comité para representar el punto de vista de las víctimas de la fallida política social que ha venido realizando el gobierno. Su mala experiencia al cuidado de unas monjas en un albergue infantil de una parroquia de Castilla-La Mancha le ha marcado. No puede soportar a la Iglesia y no pierde oportunidad de recordarles a todos sus experiencias negativas en dicha institución. Preferiría vivir en los portales de las tiendas que volver a soportar la crueldad enmascarada de la Iglesia.

12. Isabel Sevá – joven – 19 años

Hija de papá, pero rebelde sin causa, se escapó de su casa por problemas con la familia y buscó amparo en el convento. Vive allí desde hace tres años con las monjas. Ahora estudia primero de Enfermería. Está muy agradecida por el trato recibido de las hermanas. Aspira a formar parte del equipo médico del nuevo albergue porque se siente muy identificada con la gente que sufre y conoce de cerca la dura vida de los marginados. Le da igual que el albergue sea eclesiástico o municipal con tal de colaborar.

Personajes suplementarios

13. **Pastora Rico** – ayudante de Carmen Villamar – 27 años
14. **María De Revenga** – periodista local – 28 años
15. **Fernanda Borrul** – concejala en Pozo de San Martín – 43 años

DOCUMENTO I

Cátedra de Sociología
Universidad Autónoma de Madrid
Carretera de CantoBlanco
28777 Madrid
Tlf. 91 789 7890
Fax. 91 789 7891

'Cien años de miseria' : Propuestas para la erradicación de la pobreza al final del milenio

Desalentada con estas dificultades, separóse Benina de su amigo, por la prisa que tenía de reunir algunas perras con que completar lo que para las obligaciones de aquel día necesitaba, y no pudiendo esperar ya cosa alguna del crédito, se puso a pedir en la esquina de la calle de San Millán, junto a la puerta del café de los Naranjeros, importunando a los transeúntes con el relato de sus desdichas: que acababa de salir del hospital, que su marido se había caído de un andamio, que no había comido en tres semanas, y otras cosas que partían los corazones.

Algo iba pescando la infeliz, y hubiera cogido algo más, si no se pareciese por allí un maldito guindilla que la conminó con llevarla a los sótanos de la prevención de la Latina, sino se largaba con viento fresco.

Un sábado por la tarde se colmaron sus desdichas con un inesperado y triste incidente. Salió a pedir en San Justo: Almudena hacía lo mismo en la calle del Sacramento. Estrenóse ella con diez céntimos, inaudito golpe de suerte, que consideró de buen augurio. ¡Pero cuán grande era su error, al fiarse de estas golosinas que nos arroja el destino adverso para atraernos y herirnos más cómodamente! Al poco rato del feliz estreno, se apareció un individuo de la ronda secreta que, empujándola con mal modo, le dijo: "Ea, buena mujer, eche usted a andar para adelante...Y vivo, vivo...
- ¿Qué dice?...
- Que se calle y ande...
- ¿Pero adónde me lleva?
- Cállese usted, que le tiene más cuenta...¡Hala! a San Bernardino.
- ¿Pero qué mal hago yo...señor?
- ¡Está usted pidiendo!...¿No le dije a usted ayer que el señor Gobernador no quiere que se pida en esta calle?
- Pues manténgase el señor Gobernador, que yo de hambre no he de morirme, por Cristo...¡Vaya con el hombre!...
- ¡Calle usted, so borracha!...¡Andando digo!
- ¡Que no me empuje!...Yo no soy criminala...Yo tengo familia, conozco quién me abone...Ea, que no voy a donde usted quiere llevarme..."

Las escenas de miseria que describen estos textos bien podrían reflejar nuestra actualidad y su alarmante visión de pobreza. De hecho fueron escritas hace cien años por Benito Pérez Galdós, siendo Madrid su ciudad adoptiva si no la de su nacimiento. Seguramente le decepcionaría ver lo constante que se ha mantenido la cruda y física necesidad de mucha gente en nuestra sociedad.

Nuestro propósito es nada más y nada menos que la erradicación de ese tipo de necesidad, mediante un cambio radical en la estructuración social. A continuación, presentamos las bases de nuestra propuesta.

Marco general:

1. Redistribución de riquezas por medio del sistema de impuestos.
2. Rehabilitación completa de propiedades deshabitadas pertenecientes al Estado, a las Autonomías e incluso a la Iglesia para uso público de naturaleza social (refugios, centros sociales, centros de la Mujer y de la Juventud, guarderías e incluso centros escolares).
3. Nuevo programa de formación para los que se encuentran en paro por más de 1 año.
4. Ley que obligue a los constructores a ceder un mínimo de un 10 por ciento de sus edificaciones para la creación de viviendas de protección oficial. Esto facilitaría la reintegración de gentes sin hogar en nuestra sociedad y reanimaría la industria constructora.

Véanse documentos detallados (actualmente en preparación).

DOCUMENTO 2

EL DIARIO DE LA MAÑANA

ED. COMUNIDAD DE MADRID.   SOCIEDAD   LUNES 18 JULIO 2000

Pobreza y criminalidad

SANTIAGO MORILES, CORRESPONSAL SOCIAL

Según los investigadores del CISCM (Centro de Investigaciones Sociológicas de la Comunidad de Madrid) las estadísticas del reciente informe social de la Comunidad demuestran una vez más el vínculo directo entre la pobreza y la criminalidad. Las conclusiones dejaron consternados a los que siguen desmintiendo dicha relación y prefiriendo afirmar que los delicuentes lo son 'por naturaleza' y no por exclusión social. Interpretando las cifras, la Dra. Amparo Morales, co-autora del informe, destaca que mientras la tasa de bienestar económico (IBE) se refleja casi enteramente en la de las personas sin hogar (SRF), el índice de robos (IR) tiende a subir independientemente (o incluso a pesar) de mejoras en el IBE o en el SRF. Lo explica la Dra. Morales así: "El crecimiento generalizado de la economía de la comunidad entre 1979 y 1987 parece beneficiar a la casi totalidad de la población, coincidiendo así con la reducción en el índice del SRF. En cambio, el destacado crecimiento de la década de los 90 ha favorecido desproporcionadamente a los niveles socio-económicos más altos. De este modo crece rápidamente el nivel medio nacional de ingresos y cada vez menos personas lo alcanzan. Éste es el motivo por el que aumentan tanto el IBE como el SRF, y también explica que el índice de robos vuelva a subir a partir del 1987 y hasta el presente." Los años 1991, 1995 y 2000 están marcados igualmente por el aumento del IBE, del SRF y de IR. Ante estos datos empieza a existir hasta un consenso entre fuerzas políticas opuestas sobre la relación pobreza-criminalidad. Doña Carmen Villamar, Directora de Servicios Sociales de la Comunidad de Madrid, acoge las conclusiones del informe con satisfacción: "Hace años que buscábamos estadísticas concretas como las incluidas en este riguroso informe. Ahora nos corresponde actuar con la seguridad de que el bienestar social tiene una vinculación firme con ese soñado descenso en el IC (índice de criminalidad)."

IBE

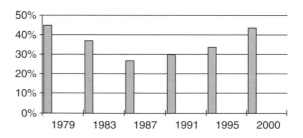

IBE Índice de Bienestar Económico
(porcentaje de la población que no alcanza el nivel de ingresos de la media nacional)

SRF

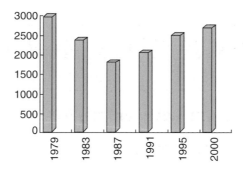

SRF Personas Sin Residencia Fija

IR

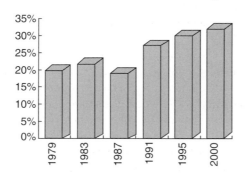

IR Indice de Robos
(víctimas de robos – porcentaje de la población)

DOCUMENTO 3

Resultados de una encuesta reciente

Donativos y pobreza en la opinión pública

1. Cree usted que el nivel de pobreza en Pozo de San Martín

[67%] **a: va en aumento**
[19%] **b: ha descendido**
[14%] **c: sigue igual**

2. Piensa vd. que, actualmente, el número de gente sin hogar

[55%] **a: va en aumento**
[9%] **b: ha descendido**
[36%] **c: sigue igual**

3. Es vd. partidario de dar donativos?

[58%] **sí**   [42%] **no**

**En caso afirmativo, suele dar donativos
de forma directa (en mano) [38%]
mediante ingresos a asociaciones caritativas [62%]**

En caso negativo, podría explicar las causas por las que no es partidario de los donativos?
Las cuatro razones más frecuentes:
1. Es responsabilidad del Gobierno 18%
2. Porque hay asociaciones que se dedican a ello 13%
3. porque muchos lo gastarían en vicios 29%
4. Porque sus recursos económicos no se lo permiten 11%

4. Cree vd. que la puesta en marcha de un albergue para pobres mitigaría el problema?

[37%] **sí**
[51%] **no**
[12%] **no** *sabe/no* **contesta**

DOCUMENTO 4

Fax de: Madre Generala de la orden del Sagrado Corazón
A: Sor Inés, Madre Superiora del Convento de Pozo de San Martín
Fecha: 15 de marzo de 2000
Asunto: Necesidad de un papel importante para el convento

Querida Inés:

Ya sabes que a mí me gusta estar al día con los avances tecnológicos. Por eso te envío esta carta con una de esas máquinas de fax que me han instalado hoy mismo.

Y hablando de estar al día, quería comentarte algo referente a nuestra querida orden del Sagrado Corazón. Veo que nos encontramos en un mundo que desconoce las funciones de una orden como la nuestra, de su papel en la sociedad. Antiguamente nos ocupábamos de la vida de la gente normal, de los pobres y del bienestar del pueblo. Ahora parece que vivimos –¿cómo dicen?– en la marginación. Tenemos que recuperar el importante papel que ocupábamos en la sociedad sea como sea. Tenemos que demostrar nuestra capacidad de adaptación a la vida moderna.

Sin embargo, a mí no se me ocurre nada. Como siempre, no tengo más remedio que pedir a mis fieles colaboradores que piensen por mí. A ver si entre tú y la magnífica Sor Concepción podéis idear algún plan que nos rescate de esta preocupante y aburrida falta de protagonismo en la sociedad de hoy.

Perdóname, como siempre, por las faltas de estilo y ortografía, que yo no tengo tanta educación como tú, aunque Dios haya querido ponerme al frente de esta sagrada orden.

Si me haces el favor, enséñales esta carta a Sor Concepción y al Padre Paco. Así me ahorras tener que escribir otros dos faxes.

Que Dios te bendiga,

Sor Tremenda, Madre Generala.

DOCUMENTO 5

Ministerio de Economía y Hacienda

c/ Amador de los Ríos, 3. 28001 Madrid

MEMORÁNDUM

De: Don Leopoldo Ferrán Jiménez, Primer Secretario del Departamento de Economía y Hacienda.

A: Directores financieros de Juntas Municipales del Partido (Alianza Conservadora)

Fecha: 9 enero 2000

Asunto: Presupuesto del 2000–2001

Con referencia al memorándum anterior (5–2–2000), se reitera que el presupuesto para Juntas Municipales queda terminantemente restringido a la cifra propuesta de cara a las últimas elecciones municipales. Dado el compromiso adquirido de bajar los impuestos municipales por medio de una reducción de costes, no sería políticamente aconsejable recurrir a recortes en los servicios sociales. Sin embargo, se descarta a priori cualquier nueva demanda de presupuesto adicional, y por lo tanto se recomienda a los directores financieros que dejen clara esta situación a todos los Jefes de Departamento que puedan pedir financiación para nuevos proyectos.

SIN COBIJO

Un mensaje de Alex Amores (Presentador de *A Carne Viva*):

Queridos amigos:

Nos encontramos ante un desastre para la humanidad. Pero no me refiero a Somalia ni a Bosnia, sino a Madrid. Una nueva oleada de miseria ataca algunos pueblos periféricos de nuestra Comunidad. Ancianos, mujeres y niños se ven obligados a vivir día tras día ante la dura batalla de la sobrevivencia. Gente humilde cuya máxima ambición es la de poderse llevar un trozo de pan a la boca y tener un techo bajo el que cobijarse. ¿Y quién tiene la culpa? Ni más ni menos que nuestro propio egoísmo y nuestra indiferencia.

Todos los amigos de TV8 vamos a aunar esfuerzos para cambiar la actitud de indiferencia.

Llama al teléfono de TV8
900-678531
y te daremos más información
Puedes aportar tu donativo a la cuenta 01-456238-B
de cualquier oficina del Banco Universal

DOCUMENTO 7

Televisión Canal 8
Crta. Valencia s/n
E-28112 Madrid
Tlf. (34) 91-877 6655
Fax. (34) 91-877 6666
e-mail: dir.coor@tv8.es

25 febrero 2000

Querido Juan

A propósito del futuro programa sobre la marginación social: después de nuestra conversación por teléfono la semana pasada, he investigado un poco más la posibilidad de hacer nosotros mismos este programa. Y lo que no acaba de convencerme es lo de buscar un presentador experimentado en documentales, teniendo dentro de la organización a un tío tan apto como es Alex Amores. Este, aparte de su fama en el área de entretenimiento, se ha interesado mucho por la situación de los marginados sociales. En su programa *A Carne Viva*, ha mencionado más de una vez la situación de esta gentuza (drogadictos, miserables, etc.). Con la campaña 'Corazones sin cobijo' (que por cierto, nos está saliendo muy rentable), me parece estúpido que lo haga otro. Ya sé que no es el tipo de programación que suele ocuparnos, pero ¿no sería una exclusiva maravillosa? Incluso podríamos utilizar el lema de la campaña y llamar el programa de televisión *Corazones sin Cobijo*. Así podríamos maximizar la publicidad para la campaña sin tener que levantar un dedo. Alex es un tío con conciencia pero también tiene ambición. Seguro que puede desenterrar alguna historia escabrosa de putas drogadictas con SIDA o algo por el estilo, que tiene que haber muchos en esos mundos. O mejor todavía, un asesinato...¡Imagínate la de posibilidades!

Bueno, no te entrentengo más. Contéstame cuanto antes. No le he comentado nada de esto a Alex, pero seguro que está dispuesto a hacer lo que sea.

Un saludo de

Javier Narváez del Naranjo

Tareas Escritas

1. Imagina que eres el ayudante de Doña Carmen Villamar. Tu jefe te ha encargado un informe de la reunión que se ha celebrado en Pozo de San Martín. Escribe el informe basado en la información documental y en las opiniones expuestas por los miembros del comité. Debes escribir el informe en un registro formal.
2. Ponte en el lugar de una de las chicas jóvenes en la simulación. Eligiendo el personaje de Isabel Sevá o el de Ramona Penares, escribe su historia personal utilizando la primera persona del verbo. Piensa cuál sería el registro más apropiado para este tipo de historia.
3. Redacción: elige uno de los temas:
   (a) La pobreza es imprescindible en una sociedad capitalista. Comenta.
   (b) El papel de la Iglesia hoy en día.
   (c) La pobreza no es justificación para una vida criminal.

EL ALBERGUE DEL SAGRADO CORAZÓN
Glosario selectivo español-inglés

abonar	pay, to
acoger	take in, to
aconsejable *adj*	advisable
albergue *m*	hostel, refuge, shelter
alcanzar	reach, to
alejarse	get away from, distance oneself from, to
almacén *m*	warehouse
amenazador/ora	threatening
amparo *m*	refuge, shelter
andamio *m*	scaffolding
arrojar	throw, to
asunto *m*	matter
augurio *m*	omen
bendecir	bless, to
birria, vaya	what a mess
borrarse	fade, to
casco urbano *m*	urban area
cátedra *f*	university chair, professorship
chantaje	blackmail, to
cobijo *m*	shelter
colmaron sus desdichas, se	her misfortunes were completed
concebir	conceive, to
conminar a 1 *infin*	order someone to do, to
conmovedor/ora	moving
consternado/a	dismayed
cotidiano/a	everyday
cotizado, no había	had not paid contributions
culebrón televisivo *m*	television soap opera
decepcionar	disappoint, to
denunciar	report to the police, to
derrota *f*	defeat
desalentar	discourage, to
descartarse a priori	rule out in advance, to
desdicha *f*	misfortune
desfasado/a	old-fashioned, out of step
desmentir	deny, to
desmesurado odio *m*	intense hatred
destacado/a	prominent
día, estar al	keep up-to-date, to
dispuesto/a a todo	ready for anything
documental *m*	documentary
doloroso/a	painful, distressing
eficaz *adj*	effective
enfrentarse a	confront, to
envés *m*	underside
escabroso/a	shocking
escatima en no	doesn't stint on
estrecha amistad *f*	close friendship
estrenóse ella con diez céntimos	she started off with ten céntimos
fallida política social *f*	failed social policy
fiel *adj*	loyal
filtrar	leak, to
gentuza *f*	riffraff
golosina *f*	titbit
guardería *f*	nursery school, crêche
guindilla *f*	policeman (archaic slang)
hambruna *f*	famine
hogar *m*	home
huérfano/a *mf*	orphan
igualitario/a	egalitarian
importunar	bother, disturb, to
inaudito golpe de suerte *m*	unprecedented stroke of luck
indeseables *mpl*	undesirables
investigador/ora *mf*	researcher
largarse con viento fresco (*coll.*)	get lost, beat it, to
limosna *f*	alms
llevar a cabo	carry out, to
maldito guindilla *m* (*ant coll.*)	damned copper
mandato *m*	term of office
marginación social *f*	social marginalization
marginados *mpl*	down and outs
mediante	through, by means of
mercadillo *m*	street market
mísero/a	wretched
monja *f*	nun
municipales, las	the local elections
oleada *f*	wave
papel *m*	role
paro *m*	unemployment benefit
partidario de, ser	be in favour of, to
partir	break, split, to
peón	labourer
perra *f*	coin
presupuesto *m*	budget

prevención de la Latina *f*	the Latina police station
propósito de, a	as far as...is concerned
propuesta *f*	proposal
puesta en marcha *f*	startup
puta *f* (*coll.*)	whore
rato, al poco	shortly afterwards
reavivar	rekindle
rebelde sin causa *m*	rebel without a cause
recortes *mpl*	cuts
recurrir a	resort to, to
reinsertar	rehabilitate, to
reprimido/a	repressed
rescatar	rescue, to
restringido/a	restricted
retroceso *m*	backward movement
rifa *f*	raffle
rodear	surround, to
ronda *f*	patrol
SIDA *m*	AIDS
so borracha!, ¡Calle, (*intensifica el insulto*)	Shut up, you damned wino!
solar *m*	site
sótano *m*	basement, cellar
supervivencia *f*	survival
tajante *adj*	categorical
tasa *f*	level
tío *m* (*coll.*)	guy
transeúntes *mfpl*	passers-by
ubicación *f*	location
ubicarse	be located, to
vecindad *f*	neighbourhood
vinculación *f*	linkage
vivienda *f*	housing

7

7.1 Lead Text

TURBULENCIAS EN EL SECTOR AÉREO
Los sindicatos de Aeropuertos amenazan ahora con la convocatoria de una huelga y los pilotos rompen la negociación con Iberia y anuncian otro paro en julio

La situación en los aeropuertos se puede complicar todavía más. Los 8.000 trabajadores de Aeropuertos Españoles (AENA) lanzaron ayer un ultimátum a la dirección de la empresa para que mejore su oferta en
5 la negociación del convenio colectivo. Si antes de una semana no se encuentra una solución, convocarán una huelga que paralizará los aeropuertos. Por otro lado, los pilotos abandonaron ayer la reunión con Iberia al considerar que no se ha recogido
10 ninguna de sus peticiones, mientras que la empresa dice que les concede 'todo lo que pedían'.

Los sindicatos UGT, CCOO, USO y FSAI, mayoritarios en AENA, se levantaron ayer de la mesa de negociación que mantenían desde
15 octubre con AENA porque, segun ellos, la compañía no mejoraba su oferta. 'La propuesta de AENA ni siquiera garantiza el mantenimiento del poder adquisitivo de los salarios de los trabajadores, lo que choca con una empresa que logró
20 30.000 millones de beneficios', dicen los sindicatos. En concreto, los sindicatos piden una subida del 4,6% (2% por el IPC y el resto por las nuevas retribuciones ligadas a productividad y competencia) y AENA ofrece hasta el 4%, según
25 los sindicatos.

'De no darse una respuesta satisfactoria a nuestras propuestas', afirmaron los sindicatos, 'declinamos cualquier responsabilidad sobre las consecuencias que pueda tener una huelga en estas
30 fechas para el sector turístico y para los usuarios'. Los sindicatos recordaron a AENA la tensa situación que existe actualmente en el sector aeroportuario, provocada por la huelga de los pilotos de Iberia y de los transportistas de Mallorca, e
35 hicieron un llamamiento a la 'responsabilidad' de los negociadores.

Por su parte, AENA manifestó su confianza en llegar a un acuerdo en breve y aseguró que 'no hay razones para la alarma'. También anunció una
40 nueva reunión para el viernes próximo y recordó que se ha presentado una oferta 'que está claramente orientada a mejorar las condiciones profesionales y laborales de toda la plantilla'.

45 **Ruptura en Iberia**

Por otro lado, en el conflicto entre Iberia y sus pilotos, las negociaciones volvieron a romperse ayer. La reunión, que se celebró en la Cámara de
50 Comercio de Madrid, apenas duró media hora. Jaime Lacasa, jefe de la sección sindical de SEPLA, valoró la última oferta de la compañía como 'una maniobra dilatoria y de no querer avanzar en la negociación', por lo que los pilotos
55 mantienen 'indefectiblemente' la próxima huelga, prevista para el 10 de julio. Este colectivo reclama que la compañía elimine la clave 104 (descuentos en nómina aplicados desde 1995), que supone una reducción del 12%. La propuesta de Iberia supone
60 la firma de un convenio a dos años con una subida salarial igual al IPC y la posibilidad de seguir volando hasta los 65 años para los que así lo decidieran voluntariamente, así como aumentos ligados a la productividad.

65 Entre estas medidas, se contempla la supresión de refuerzos en los vuelos de más de 10 horas e incremento de horas de vuelo de largo recorrido respetando el límite trimestral de 225 horas. También se reducirían un 50% los días de recu-
70 peración dependiendo de la antigüedad.

Texto adaptado de *El País*, 5 de julio de 2001

7.2 Questions on the Lead Text

Answer the questions IN ENGLISH unless otherwise indicated

1. Translate or explain *in English* the meaning of the following phrases:
   (a) 'retribuciones ligadas a productividad y competencia' (lines 23–24)
   (b) 'De no darse una respuesta satisfactoria' (line 26)
   (c) 'en breve' (line 38)
   (d) 'volvieron a romperse' (line 48)
   (e) 'dependiendo de la antigüedad' (line 70)
2. Paraphrase the following words or phrases in Spanish:
   (a) 'una maniobra dilatoria' (line 53)
   (b) 'huelga' (line 55)
   (c) 'convenio' (line 60)
3. Which two aspects of AENA's refusal to increase its offer do the airport trade unions find particularly unacceptable?
4. The proposal made by Iberia to its pilots involves two main changes to pay and conditions (other than the productivity changes proposed). What are they?
5. Included in the package of productivity changes also proposed by Iberia, three specific changes are mentioned in the article. What are they?
6. What is the *specific* reason for the use of the subjunctive 'decidieran' in line 63? Write three Spanish sentences containing subjunctives used for the same reason. You may use any tense of the subjunctive, as appropriate.
7. As a union representative for Iberia pilots, you have been charged by your colleagues to write a letter to your counterparts in other Spanish airlines asking for their support during the forthcoming strike. You are particularly concerned that Iberia may seek to use other companies to operate some of its flights and are anxious to persuade your colleagues in other airlines not to participate in such potentially strike-breaking measures. Equally, you would like to persuade them that any improvement in *your* pay and conditions is likely, in the end, to be reflected in beneficial changes to their own industrial agreements.

7.3 Focus On Function

7.3.1 Expressing conditions
Most negotiations will require you to express conditions of various kinds. Some of these expressions, though not all, will require the use of the subjunctive.

> Use *si* with the present indicative (main clause) and present indicative or future (subordinate clause) for conditions which may or may not be fulfilled. (B&B 25.2). Note that the present subjunctive is *never* used after *si*.

> *Si se mejora* **nuestra situación** *se mejora* **la situación para todo el mundo.**
> If our situation improves everyone's situation improves.

> *Si encuentro* **la lógica te lo** *explicaré.*
> If I find the logic in this I'll explain it to you.

¿Aceptará **el puesto si se lo** *ofrecen***?**
Will you accept the post if they offer it to you?

'If only' phrases expressing remote possibilities require the imperfect subjunctive in the main clause and a conditional tense in the subordinate clause. (B&B 25.3)

Si tuviéramos **dinero, no** *haría* **falta correr este riesgo.**
If we had money we wouldn't need to take this risk.

Podría **ayudarte si me** *dijeras* **toda la verdad.**
I could help you if you told me the whole truth.

The same construction is used where the condition expressed is not even a remote possibility, where in fact it has already failed.

Si *hubiera sabido* **la razón del cambio,** *hubiera podido* **evitarlo**
If I had known the reason for the change I would have been able to avoid it.

Another way of expressing an unfulfilled condition is by using *de* with *haber* + past participle (the perfect infinitive) rather than a *si* clause. (B&B 25.8.3)

De haber sabido **la razón del cambio** *hubiera podido* **evitarlo.**
If I had known the reason for the change I would have been able to avoid it.

You can use *como* instead of *si* in informal speech for threats or warnings. (B&B 25.8.2)

Como vuelvas **a llegar tarde te despiden.**
If you get here late again they'll fire you.

Other conditional phrases which require a subjunctive. (B&B 16.12)

Puedes entrar *a condición de que no hagas* **mucho ruido.**
You can go in as long as you don't make too much noise.

Este proyecto se llevará a cabo *siempre y cuando* **el Gobierno nos proporcione los fondos necesarios.**
This project will go ahead provided that the Government gives us the necessary funding.

Puedo seguir utlizando el ordenador *siempre que no cambie* **nada.**
I can go on using the computer provided I don't change anything.

Podrán ustedes hablar del crimen *con tal (de) que no nombren* **a la víctima.**
You can talk about the crime as long as you do not name the victim.

En caso de que nos demande **tendremos pruebas contra él.**
In case he takes us to court we will have evidence against him.

Te dejaré todo *a menos que hagas* **cualquier barbaridad mientras viva.**
I'll leave you everything unless you do something stupid while I'm alive.

A no ser que ganaras **la lotería te resultaría imposible.**
Unless you were to win the lottery you would find it impossible.

Supongamos que te conteste. **¿Qué vas a hacer luego?**
Let's just suppose he does reply. What will you do then?

Suponiendo que esté **dispuesta a hacerlo, ¿tendrás el valor?**
Supposing she is willing to do it, will you have the courage?

Exercise

7.1. *Link the phrases below with a conditional expression from the box below, conjugating the verbs as necessary. (Use each expression only once.)*

> *siempre que | a condición de que | como | a no ser que | si | de + infinitive | a menos que | suponer | en caso de que*

Example: ella preguntar – yo contestar y ya está.
     Si ella me pregunta yo contesto y ya está.

1. (*empeorarse*) el tiempo – nosotros (*ir*) a la playa
2. vosotros (*poder*) mirar – no (*tocar*) nada
3. (*volver*) tú a mirarme de esa manera tan sensual – yo no (*responder*)
4. no (*ir*) con el cuento a nadie más – te lo (*decir*) todo a ti.
5. (*conocer*) a Antonio una semana antes – le (*invitar*) a tu fiesta del lunes pasado.
6. tú (*perder*) cinco kilos – no te (*servir*) nada toda esta ropa elegante
7. yo (*tener*) amigos suficientes – (*hacer*) una gran fiesta
8. nosotros que (*aprobar-tú*) la oposición. – ¿(*Aceptar-tú*) la plaza allí?
9. no (*tener*) éxito en esta entrevista – Pedro (*buscar*) en otra ciudad.

(For further exercises see P&dC 11.9–11.1, 13.19–13.22)

SIMULACIÓN 7
LA CONTRATACIÓN DE LA VACA GALLEGA

Notes On *LA CONTRATACIÓN DE LA VACA GALLEGA*

The documentation for this simulation contains a good deal of commercial and legal terminology, but don't be put off by this. Rest assured that the debates associated with the changes proposed can be conducted quite successfully using perfectly ordinary language.

You may find the DAFO diagram (document 4) useful for ordering your ideas on the pros and cons of any given proposal. You may therefore want to apply it to other simulations too. It's up to you.

Contenido

- Situación y etapas de la simulación
- Personajes y datos biográficos selectivos
- Documento 1: Memorándum de Ana Puelles
- Documento 2: La Vaca Gallega – publicidad
- Documento 3: Memorándum de José Luis Montero, Presidente de Líneas Capitales
- Documento 4: Analisis DAFO
- Documento 5: Borrador de contrato entre Líneas Capitales y La Vaca Gallega
- Documento 6: Artículo de prensa: 'La vaca suelta'
- Documento 7: Artículo de prensa: '¿Se acabaron las vacas gordas?
- Tareas escritas

Situación

Líneas Capitales S. A. es una línea aérea basada en Madrid. Nació en los sesenta cuando Juan Antonio Ortíz Caballero, fundador y primer Presidente de la compañía, vislumbró por primera vez la oportunidad comercial que ofrecía por aquel entonces la invasión de España por miles de turistas extranjeros en busca de sol y playa. Desde entonces, Líneas Capitales se ha mostrado capaz de explotar al máximo las posibilidades de este sector, tanto a nivel europeo como intercontinental. Compañía que se lanzó al mercado con dos aparatos arrendados a una línea aérea francesa de Burdeos, cuenta en la actualidad con cuarenta y cuatro aeronaves en servicio, que incluyen siete 747 y nueve 767. Y si esto no bastara para acabar con cualquier duda que pudiera haber en la Bolsa de Madrid en cuanto al futuro de la compañía, hace sólo tres meses que Líneas Capitales tiene pedidos cuatro 777 a Boeing en Seattle. Cuenta con una red de rutas que va desde los EE.UU. y varios países latinoamericanos hasta la India, Singapur y Sudáfrica. También participa como accionista mayoritaria en una cadena de hoteles de gran categoría en España, Argentina y los Estados Unidos. Es decir que las expectativas para la compañía, para sus accionistas y, por supuesto, para sus afortunados y leales empleados parecen del todo positivas.

Lo parecen. En la sede social de la compañía, sin embargo, el horizonte no está tan claro. Allí los altos cargos comprenden que las apariencias son muy importantes en el mundo de los negocios, no sólo desde el punto de vista de la publicidad, sino también porque suelen tener un impacto importante en la cotización de las acciones. De hecho, hace poco que el Presidente de la compañía, José Luis Montero, ha declarado en una entrevista con Carmen Campos en la 2 de TVE que las perspectivas para la compañía siguen siendo muy favorables, a pesar de las actuales turbulencias en el sector. Sin embargo, los mismos directores reconocen a la vez que esa fachada optimista también puede ocultar verdades algo incómodas. Y no son los únicos en reconocerlo. Entre los periodistas más espabilados ha empezado a correr la voz de que no hay empresa, por muy sólida que parezca, que pueda presumir de inmunidad ante la creciente inestabilidad del sector. De ahí quizá que las afirmaciones de Montero no hayan podido acallar los rumores que corren por Madrid.

A las nueve de la mañana del pasado lunes, el Consejo de Administración de Líneas Capitales recibió un breve informe confidencial elaborado por Laura Valle Garrido, la nueva Directora de Finanzas, sobre las expectativas comerciales para la compañía a corto y medio plazo. Según su análisis, la situación tiene muy poco de positivo. Desde principios del ejercicio en curso, los gastos de la compañía han aumentado en un diez por ciento, y, lo que es peor, siguen subiendo. Esto se debe más que nada al reciente incremento del precio del combustible. Pero hay otros factores negativos que también inciden en el empeoramiento de la situación comercial de la compañía. Sus competidores empiezan a dar muestras de adelantarles en la cuota del mercado europeo. Por otra parte, las diversas alianzas formadas por operadoras de otros países representan otra amenaza a nivel intercontinental que habrá que tener en cuenta a la hora de establecer una nueva estrategia comercial para la compañía. El informe de la Srta. Valle Garrido también identifica como problema de difícil solución un crecimiento, que ella juzga poco justificable, del número de empleados de la compañía durante los últimos dos años y medio. A esta triste letanía podríamos añadir la serie de huelgas, por ejemplo la de maleteros, que sigue afectando a Barajas y otros aeropuertos españoles. Sin embargo, habría que subrayar que los empleados de Líneas Capitales no han participado en estas huelgas, si bien esto tampoco significa que algunos no sientan una cierta solidaridad con los huelguistas.

El Consejo de Administración de Líneas Capitales tendrá que hacer frente a esta serie de problemas. Una posible solución a corto plazo ha sido la propuesta por la Directora de Operaciones, Ana Puelles. Esta propuesta supondría el cierre, o quizá la venta de su propia Sección de Catering con sus 193 empleados. La Sección resulta cada vez menos eficiente y más costosa. En caso de seguir adelante con la propuesta, Líneas Capitales podría contratar a una compañía externa, específicamente 'La Vaca Gallega'. Esta compañía, que tiene su sede social en Santiago de Compostela con sucursales en Madrid y otras ciudades españolas, prestaría todos los servicios relacionados con el suministro de comidas, bebidas y otros productos a su flota y otras instalaciones y dependencias. El cambio de proveedor supondría un ahorro importante para Líneas Capitales. También existe la posibilidad de conseguir fondos de fomento empresarial que las Autonomías proporcionan para promover y respaldar la cooperación comercial entre distintas Comunidades Autónomas. Por consiguiente, la venta de la Sección de Catering supondría unos ingresos importantes que podrían ser utilizados para proteger a Líneas Capitales de los malos tiempos que se avecinan y que amenazan a la compañía en la actualidad.

Los miembros del Consejo de Administración tendrán que reunirse en los próximos días para discutir a fondo la propuesta de Ana Puelles. Después de evaluar todos los posibles riesgos y beneficios que pueda conllevar tal estrategia, tendrán que tomar una decisión sobre las siguientes cuestiones:

1. ¿Es rentable la propuesta? (es decir, ¿resulta económicamente justificable?)
2. ¿Funcionará a nivel práctico la propuesta?
3. ¿Hasta qué punto se puede fiar de este tipo de contratación externa? (Aquí habrá que tener en cuenta la estabilidad y fiabilidad como proveedor de la compañía contratada.)

El Consejo de Administración, junto con los representantes sindicales de la compañía, tendrá que aceptar o no la propuesta de Ana Puelles, y si la acepta, decidir cómo implementarla a fin de minimizar los posibles efectos negativos dentro de Líneas Capitales.

Etapas de la simulación

1. Los que se oponen a la propuesta se reúnen primero con María José Arranz para llevar a cabo un análisis y decidir qué argumentos en contra son prioritarios. Los que están a favor de la propuesta deberán reunirse con Ana Puelles para preparar sus argumentos a favor.
2. Los dos bandos se reúnen para llevar a cabo el debate final. Cada bando tendrá unos minutos para presentar sus argumentos iniciales antes de comenzar el debate propiamente dicho. El Presidente de Líneas Capitales, José Luis Montero, que preside este debate, insistirá en que todos los participantes intervengan en la discusión.
3. Al terminar el debate, se pasará a una votación libre, cuyo resultado decidirá si aceptar o rechazar la propuesta de Ana Puelles.

Personajes

1. José Luis Montero – presidente de Líneas Capitales

Casado, 59 años. Inteligente, ecuánime y aristócrata, José Luis Montero es un hombre de buen corazón que siempre mide sus acciones. Es decir que es cauteloso por naturaleza, y prefiere escuchar antes de hablar. Pero una vez tomada la decisión, es de los más decididos a la hora de implementar la estrategia de la compañía que dirige. Lleva tiempo con Líneas Capitales, unos siete años ya, y si decide marcharse el año que viene (aún no ha querido hablar con sus compañeros sobre esta posibilidad), quiere dejar la compañía en buenas manos por encima de todo y, por supuesto, en muy buenas condiciones. Para él, los empleados de Líneas Capitales, 'mi gente', suele decir, son la clave del éxito de cualquier compañía, y por eso siempre se ha interesado mucho por las buenas relaciones industriales. Pero también es realista, y sabe muy bien que a veces hay que tomar decisiones difíciles. Antes de entrar en debate, José Luis envía a todos una copia del memorándum de Ana Puelles.

2. María José Arranz Saavedra – directora de relaciones industriales

María José tiene 52 años, y lleva 30 años con Líneas Capitales, habiendo desempeñado varios papeles dentro de la compañía durante su larga carrera. Es muy consciente de que su obligación es proteger las buenas relaciones industriales que tanto valora. Sabe que en su gran mayoría, los empleados de Líneas Capitales siguen siendo más o menos leales, y que suelen identificarse de forma muy positiva con el éxito de la compañía. Pero también reconoce que es natural que la creciente agitación laboral en otras compañías del sector también encuentre sus simpatizantes entre los trabajadores de Líneas Capitales. Y, a pesar de las aparentemente buenas relaciones, sabe que entre los representantes sindicales, hay quienes no dudarían en aprovechar cualquier ocasión para declarar la guerra a la dirección de Líneas Capitales. La semana pasada, por ejemplo, el periódico madrileño *Voz Popular* señaló la existencia clandestina de fuertes lazos políticos entre un grupo de empleados de Líneas Capitales y los ingenieros nombrados por sus periodistas como presuntos autores de los graves daños ocasionados hace dos meses a los trenes de aterrizaje de cuatro 747 de la portadora de bandera. María José está, pues, muy en contra de la propuesta de Ana Puelles y opina que si fuera aprobada, sería contraproducente en estos momentos, ya que podría provocar una reacción muy negativa entre los empleados de la compañía.

3. Ana Puelles Molina – directora de operaciones de Líneas Capitales

Casada con un banquero madrileño, Ana tiene 42 años. Es autora de la propuesta sobre la posible contratación de La Vaca Gallega. Sólo lleva dos meses como Directora de Operaciones, y ya se nota que Ana no es una persona que se encuentre cómoda sin hacer cambios. Ana fue políticamente radical en su juventud, pero ahora dedica su gran capacidad intelectual a otro tipo de radicalismo más bien capitalista. No es que no sienta compasión por los demás, pero reconoce que esto es la selva y que hay que respetar su ley. Su función profesional es la de asegurarse del buen funcionamiento de todas las operaciones relacionadas con la actividad principal de la compañía.

4. Alonso Ruiz Bernal – director de ingeniería de Líneas Capitales

Alonso tiene 41 años. Es muy consciente de las importantes (por no decir desastrosas) pérdidas sufridas durante el último año por la línea aérea nacional como consecuencia de un largo conflicto laboral con sus ingenieros de tierra. Aquella situación resultó bastante fea al recurrir éstos al sabotaje industrial y, en más de una ocasión, a la violencia. Alonso se opone a la idea de una contratación externa, sobre todo porque ésta implicaría casi con toda seguridad la venta de la Sección de Catering (y, a afectos prácticos, de sus trabajadores) al nuevo proveedor. Piensa que dejar en las manos sucias de una compañía como La Vaca Gallega a un centenar de ex-empleados de Líneas Capitales sería interpretado por los sindicatos como una provocación mayúscula, y eso sólo podría servir para confirmar su fuerte sentido de agravio.

5. Laura Valle Garrido – directora de finanzas de Líneas Capitales

Relativamente joven (37 años), Laura es ambiciosa, calculadora, muy trabajadora, quizá un tanto indiferente a los demás... y soltera. Lo que hace, lo hace bien, esto no se puede negar, pero más bien con una perspectiva demasiado fría y a veces se olvida de que los seres humanos no se comportan con esa misma lógica. Recien llegada a la compañía, Laura tiene muchas ganas de tener influencia, como es natural: pero su ambición a veces le hace decir cosas que otros pudieran considerar poco prudentes, aun cuando sus argumentos siguen siendo difíciles de refutar a nivel racional. Está a favor de la propuesta de su amiga, Ana Puelles.

6. Alicia Lastra Calvo – directora de recursos humanos de Líneas Capitales

Alicia lleva más de treinta años con Líneas Capitales. Tiene 58 años y uno de sus dos hijos, Ángel, acaba de incorporarse a la compañía como piloto. Alicia conoce a todo el mundo y los empleados la aprecian muchísimo. Simpática, pero no sin cierta agresividad en el trato con otros directores de la compañía, a Alicia le gusta ayudar a la gente, y no sólo en su vida profesional. Desde luego, la propuesta contratación de La Vaca Gallega le parece completamente inadmisible. Opina que la compañía tiene la importante responsabilidad moral frente a sus empleados de proteger sus puestos de trabajo, aun si esto significara tener problemas a corto plazo. Por otra parte, Alicia no puede ver a Ana Puelles, ya que 'esa mujer' le parece tan hipócrita como ambiciosa. Alicia hará todo lo que pueda para impedir que su enemiga se salga con la suya.

7. Pepe Gordillo Valiente – director comercial

Tiene 47 años. Tan listo como egoista y mujeriego, Pepe Gordillo es indudablemente uno de los que mueven los hilos en el mundo de los comercios. Tiene veinticinco años de experiencia con varias compañías en España y EE.UU. A principios de los noventa estuvo tres años trabajando con United Airlines en Washington. A pesar de su formación profesional en la Harvard Business School, Pepe siempre ha demostrado una fuerte tendencia a confiar en sus instintos, y sus instintos tienden a lo codicioso, al igual que su hermana, Luchy. De todas maneras, su aportación a Líneas Capitales ha sido muy positiva, aunque algunos dicen que la suerte que de ordinario le acompaña no durará siempre. Pepe está muy a favor de la propuesta de Ana Puelles, y, a decir verdad, él no dejaría las cosas ahí, ya que Líneas Capitales tiene otras actividades, como por ejemplo el mantenimiento técnico de su flota, que también se podrían vender...

8. Enrique Magalló Vivar – director de comunicación

Enrique es joven y quizá un tanto idealista. Algunos dicen que esto se debe más que nada a la influencia de su abuelo, que luchó contra Franco y, por consiguiente, tuvo que vivir muchos años exiliado en Inglaterra. Enrique tiene 31 años y sólo lleva seis meses trabajando con Líneas Capitales. Se trasladó a la compañía después de dimitir de su cargo de Subdirector de Comunicación con Ibermundo, la portadora de bandera. Dimitió en señal de protesta contra la exagerada agresividad de Ibermundo frente a la agitación laboral provocada por las nuevas condiciones de trabajo impuestas por la compañía. Para Enrique, la gota que colmó el vaso fue la utilización por Ibermundo de guardas jurados no sólo para proteger sus aviones y otro equipo, sino también para impedir que sus propios técnicos pudieran ejercer su derecho a protestar en el lugar de trabajo. De ahí, opina Enrique, la violencia y el sabotaje industrial que caracterizó aquel conflicto. No debe extrañar, pues, que Enrique se vea casi obligado a oponerse ahora a la propuesta de Ana Puelles. Efectivamente, piensa que si sigue adelante, Líneas Capitales lo tendrá muy difícil a la hora de tener que explicar su nueva estrategia a sus empleados. Y está seguro que los sindicatos, que tan buenas relaciones tienen en la actualidad con el gobierno socialista, también se aprovecharían de la situación para representar a Líneas Capitales como otro enemigo del pueblo. O sea, que podría ser un verdadero desastre para la compañía a nivel de relaciones públicas. Está, pues, totalmente en contra de la propuesta y lo más seguro es que estaría dispuesto a dimitir de su cargo en caso de que se adoptara.

9. Rosario Gallardo Sanz – abogada de la compañía

Rosario es soltera. Tiene 45 años. Como asesora jurídica de la compañía, Rosario tiene que mantener una postura objetiva e imparcial frente a cualquier novedad comercial o laboral que pueda crear problemas de tipo legal. Por eso, prefiere aplazar su evaluación definitiva hasta que tenga todos los detalles a fin de identificar todas las posibles repercusiones para la compañía. Hasta ese momento, sin embargo, lo más probable es que siga el ejemplo de Pepe Gordillo en asuntos relacionados con la compañía. Esto no debe extrañar, puesto que casi todo el mundo sabe lo que siente Rosario por Pepe. Nunca ha podido olvidar su breve aventura con él cuando eran jóvenes, aunque hace mucho años ya que apenas se hablan. Ella sabe muy bien que Pepe la mira ahora con desdén, pero sigue viviendo con la loca esperanza de que algún día su ex-amante cambie de parecer. Mientras tanto, le apoyará en todo lo que se refiere a la propuesta de Ana Puelles.

10. Antoni Martínez Pujol – director del plan estratégico de alianzas – 35 años

Antoni se quedó mudo de asombro al recibir la propuesta de Ana Puelles. Sencillamente, no le entra en la cabeza que a estas alturas una compañía como Líneas Capitales pueda contemplar un cambio de estrategia como el que propone Ana Puelles. Todos sus compañeros saben, porque Antoni siempre está sacando el tema, que su propio padre ha sido víctima de la agresividad incontrolada de La Vaca Gallega. Josep Martínez – así se llama – era uno de los dueños de

Transportació Martínez i Pedrell, una empresa catalana que había montado su padre hace más de cincuenta años. Tras la salida a Bolsa, que Josep aceptó a regañadientes, la empresa fue adquirida casi de golpe por La Vaca Gallega. Esta adquisición, tan ofensiva para directores y empleados, terminó en la dimisión involuntaria de varios directores escandalizados ante las intolerables prácticas del nuevo régimen. Entre ellos, Josep había sido el que más había protestado, ante todo porque quería proteger a sus empleados a los que consideraba casi como miembros de su familia. Antoni se recurrirá a los ataques directos a La Vaca Gallega para que la propuesta de Ana no salga adelante.

11. Jesús Salas Periñán – Jefe de Pilotos

Jesús siempre adopta una postura de superioridad frente a los demás, puesto que para él ellos no son administrativos imprescindibles, mientras que un piloto con una formación profesional carísima y años de experiencia, no es tan fácil de reemplazar. Le aburren los argumentos en pro y en contra de esta propuesta. Lo que le interesa a él es la demanda de aumento salarial que los pilotos tienen pendiente desde hace dos años. Es cierto que han recibido un aumento de un 20% este año, pero aun así, amenaza con hacer huelga si la compañía no les concede otro 10%. Le encanta recordar a sus "jefes" que si los pilotos no trabajan, ¡pues no trabaja nadie! Para él, cuanto antes se deshaga la compañía de sus actividades secundarias, mejor.

12. Graciela Pinillos Baena – representante sindical (personal de tierra) – 28 años

Recien llegada a Líneas Capitales, Graciela ha observado que las relaciones aparentemente tan buenas entre la compañía y los sindicatos sólo sirven para ocultar el hecho de que las condiciones de trabajo dejan bastante que desear si se comparan con las de otras compañías del sector. Para ella, no basta con rechazar rotundamente la propuesta disparatada de Ana Puelles. Está completamente en contra de cualquier cambio de estrategia que pudiera redundar de forma negativa en la seguridad profesional de la plantilla. Su misión es la de mejorar las condiciones de trabajo de sus compañeros. Ni que decir que La Vaca Gallega representa el diablo en persona.

Personajes suplementarios

13. Calixto Matutes Fernández – representante sindical – 57 años

Un señor mayor, veterano en las luchas antifranquistas de los años sesenta cuando estudiaba en la facultad de ingeniería de la Complutense, Calixto es especialista en motores de avión. Trabaja con la compañía desde su fundación y es de los empleados más leales y siempre ha prestado su apoyo a la dirección en momentos de crisis. Pero esto le tiene muy preocupado. Cree que la propuesta de la Sra. Puelles no se limitará a la contratación de La Vaca Gallega y la venta de la Sección de Catering. Teme que su propia Seccion de Ingeniería y Servicios Técnicos también pudiera ser reemplazada por una contratista externa, cosa que para él comprometería la seguridad de la flota.

14. **Ester Pavón – ayudante de José Luis Montero – 30 años**
15. **Silvia Corominas – ayudante de Ana Puelles – 24 años**

DOCUMENTO I

Líneas Capitales ✈

Memorándum

A: José Luis Montero, Presidente

Copia a: Laura Valle Garrido, Directora de Finanzas Pepe Gordillo Valiente, Director Comercial

De: Ana Puelles, Directora de Operaciones

Fecha: 22.05.01

Asunto: Base de consulta – contratación externa

CONFIDENCIAL

Respuesta al informe de Laura Valle Garrido

No nos podemos permitir el lujo de aplazar la implementación de una estrategia para hacer frente a las varias amenazas señaladas en el informe de Laura. Por lo tanto, creo oportuno sugerir una medida que quizá os parezca un tanto radical. Opino que deberíamos concentrarnos, siempre dentro de lo posible, en nuestra actividad principal, es decir, el transporte aéreo de pasajeros, carga y correo (y, por supuesto, el sistema de reservas). Por otra parte, deberíamos considerar más bien secundarias, las demás actividades, incluyendo, por ejemplo, el mantenimiento técnico de la flota, ciertos aspectos de formación profesional, transporte de tierra, y catering.

Un primer paso pudiera ser la contratación de una compañía externa que se encargaría de todos los servicios provistos actualmente por nuestra Sección de Catering. Evidentemente, el cierre de ésta implicaría ciertos gastos (despidos, etc.). Por lo tanto, la venta de la Sección con todas sus instalaciones, equipo, etc. representaría la mejor solución. Aún mejor sería llegar a un acuerdo con el comprador sobre la posible incorporación del personal despedido a la plantilla de la nueva compañía. Algunos hemos llegado ya a la conclusión de que Catering nunca volverá a ser rentable, por lo menos en su configuración actual. Hay que tener en cuenta que nuestra contratación de Nettoyage 'La Bonne' hace cuatro años para hacerse cargo de los servicios de limpieza nos proporcionó un ahorro muy significativo en sueldos y contribuciones.

He hecho una investigación exhaustiva del mercado y la única compañía interesada y preparada en estos momentos parece ser La Vaca Gallega. Como bien sabéis, esta compañía ha crecido de forma rápida y agresiva, y ha conseguido varios contratos por todo el país. A mí me parece, pues, el colaborador perfecto dadas las circunstancias, a pesar de la mala prensa que ha tenido últimamente. Adjunto un breve resumen suministrado por la propia sección de comunicaciones de La Vaca Gallega. Podréis comprobar que presenta un perfil sumamente positivo.

Ana Puelles

'En camino desde Santiago'

- *Líder del siglo veintiuno*
- *Maestría incomparable en el catering hotelero*
- *Número uno en pote gallego y empanadas*
- *La compañía más emprendedora y agresiva del sector*

Calidad y Fiabilidad – La Vaca Gallega: llámenos ahora

981-824992

Últimas adquisiciones del Grupo:

Transportes 'La Gitana'
Hotel Super-Resting, Albacete
Almacenes Canillejas S. A.
Huertas Torrente S. A.
Transportació Martínez i Pedrell S. A.
Alimenticios Vigo S. A.
Hortalizas Sur
La Lechera Sevillana

Recuerda, "más valen dos bocados de vaca que siete de patata"

DOCUMENTO 3

Líneas Capitales ✈

Memorándum

A: Ana Puelles Molina, Directora de Operaciones; Laura Valle Garrido, Directora de Finanzas; María José Arranz Saavedra, Directora de Relaciones Industriales; Enrique Magalló Vivar, Director de Comunicación; Pepe Gordillo Valiente, Director Comercial; Alicia Lastra Calvo, Directora de Recursos Humanos; Alonso Ruiz Bernal, Director de Ingeniería; Rosario Gallardo Sanz, Abogada; Antoni Martínez Pujol, Director Plan Estratégico de Alianzas; Jesús Salas Periñán, Jefe de Pilotos; Graciela Pinillos Baena, Representante Sindical; Calixto Matutes Fernández, Representante Sindical

De: José Luis Montero

Fecha: 20.06.01

Asunto: Contratación externa (propuesta de Ana Puelles)

CONFIDENCIAL

Queridos compañeros,

Mi sondeo preliminar (aún no he podido hablar con todos vosotros) parece indicar un nivel significativo de desacuerdo sobre cómo deberíamos responder a la propuesta de Ana con respecto a la posible contratación de un proveedor externo de servicios de catering (espero que todos hayáis leído la copia de su memorándum). Por lo tanto, me parece esencial que nos reunamos cuanto antes para discutirla a fondo. Habrá que tratar no sólo la propuesta en sí, sino también cómo podría repercutir una estrategia de este tipo en nuestra actividad comercial en el futuro, teniendo en cuenta su posible aplicación a otras secciones de la compañía.

Por eso he decidido convocar una reunión la semana que viene (ya habréis recibido los detalles por correo electrónico). Sin embargo, antes de reunirnos, os agradecería que empezárais a sopesar los pros y los contras, quizá mediante un análisis preliminar DAFO (documentación adjunta). A este propósito, creo que convendría que los que se sienten inclinados en un principio a oponerse a la propuesta se reuniesen cuanto antes con María José Arranz para llevar a cabo un análisis y decidir el orden de prioridad de los argumentos en contra. Los que se sienten más bien inclinados a dar el visto bueno a la propuesta podrán contactar con Ana. De todas maneras, es absolutamente imprescindible que esta propuesta sea sometida a una investigación muy detallada antes de ser adoptada como política por la compañía. A nadie nos interesa que una decisión que podría ayudarnos a dar un paso adelante a corto plazo, llegue después, a medio o largo plazo, a representar dos para atrás.

Un saludo cordial,

José Luis

DOCUMENTO 4

Análisis DAFO
(puntos <u>D</u>ébiles–<u>A</u>menazas–puntos <u>F</u>uertes–<u>O</u>portunidades)

El análisis DAFO representa una de las herramientas de administración más útiles a la hora de tener que identificar los puntos fuertes y débiles de una compañía así como las amenazas y oportunidades que puede ofrecer el entorno político, comercial, económico y laboral del sector correspondiente en un momento determinado.

El siguiente cuadro puede ser utilizado para llevar a cabo un análisis DAFO:

AMBITO INTERIOR	
PUNTOS DÉBILES	PUNTOS FUERTES

AMBITO EXTERIOR	
AMENAZAS	OPORTUNIDADES

Sigue al dorso

- Un **PUNTO DÉBIL** es cualquier limitación, restricción o defecto en el ámbito interior de la compañía que pueda impedir que ésta alcance sus objetivos comerciales.
- Una **AMENAZA** es cualquier situación o tendencia negativa o desfavorable en lo que al entorno exterior de la compañía se refiere, y que pueda ser perjudicial para su estrategia comercial.
- Un **PUNTO FUERTE** es cualquier recurso, habilidad o capacidad que pueda ser utilizado por la compañía para alcanzar sus objetivos comerciales, siempre y cuando esta utilización sea eficiente.
- Una **OPORTUNIDAD** es cualquier situación positiva o favorable en el ámbito exterior de la compañía que pueda ser explotada para ampliar la demanda de sus productos o servicios, extender su cuota de mercado, o de otro modo aumentar al máximo el balance final de la cuenta de resultados.

Queda sobreentendido que una amenaza, por ejemplo, también puede representar una oportunidad, según el punto de vista adoptado y las circunstancias específicas del caso. Es decir, si una compañía decide enfrentarse con una de las amenazas identificadas por este tipo de análisis, esta decisión podría enfocarse efectivamente como uno de los puntos fuertes de su ámbito interior y, por lo tanto, como una posible fuente de oportunidades comerciales en el futuro.

- *La primera fase* de un análisis DAFO consiste en recoger todos los datos clave sobre la compañía y su entorno. Este proceso contemplará sus mercados, sus competidores, su crisis financiera, sus empleados, instalaciones y equipo, su estrategia de marketing, su dirección y su cuota de mercado.
- *La segunda fase* consiste en una evaluación de los datos recopilados a fin de establecer si representan puntos débiles, amenazas, puntos fuertes u oportunidades. Hemos mencionado arriba que siempre cabe la posibilidad de que cualquier dato determinado pueda ser asignado a más de un sector del cuadro DAFO.

Colegas - aquí tenéis lo que hemos pensado para el posible contrato con LVG.
Opiniones cuanto antes por favor.

Ana

DOCUMENTO 5

Base de consulta inicial

EXPONEN

I. **LÍNEAS CAPITALES S. A.**(Sede Social – María de Molina, 88, Madrid) tiene como actividad principal la prestación de servicios de transporte aéreo de pasajeros, para lo cual opera una flota de aeronaves de los tipos Boeing 747-400, 767-300, y 737-400, disponiendo del personal técnico de vuelo y de la organización de mantenimiento necesaria para la operación de las mismas.

II. **LA VACA GALLEGA** (Sede Social – Rosalía de Castro, 23, Santiago de Compostela) tiene como actividad principal la prestación de servicios de catering (suministro de comidas, bebidas y otros productos alimenticios) a la industria hotelera [*añadir* y al sector de aviación civil].

III. Los encabezamientos de cláusulas de este contrato y el índice de materias son insertados solamente para facilitar su referencia y en forma alguna afectarán a la interpretación del mismo.

Y de conformidad con todo lo presente, los comparecientes formalizan y otorgan por el presente documento un contrato que se regirá por las siguientes:

CLÁUSULAS

1.-DEFINICIONES

1.1.– A efectos de interpretación del presente contrato, las palabras técnicas utilizadas en el mismo tienen los siguientes significados.

"Los procedimientos de **LÍNEAS CAPITALES S. A.**" son los procedimientos habituales de acuerdo con los cuales **LÍNEAS CAPITALES S. A**. realiza sus operaciones, y que se recogen en los distintos manuales de procedimientos, como son el **MBO** (Manual Básico de Operaciones) y el **METC** (Manual de Especificaciones Técnicas: Catering) y cualquier otro boletín circular o memorándum interno que sea de aplicación.

"USD" y "dólares" se interpretará como una referencia a la moneda de curso legal en los Estados Unidos de América.

(Añadir aquí según convenga)

2.-OBJETO DEL CONTRATO

2.1– El objeto del presente contrato consistirá en la contratación por **LÍNEAS CAPITALES S. A**. de **LA VACA GALLEGA** a fin de que ésta se encargue, con sujeción a lo establecido en el presente contrato y las especificaciones técnicas derivadas del METC y MBO adjuntas, de la prestación de servicios de catering (suministro de comidas, bebidas y otros productos alimenticios) a **LÍNEAS CAPITALES S. A.**. Dicha prestación comprenderá el suministro de los servicios especificados a las aeronaves de **LÍNEAS CAPITALES S. A**. y a sus otras instalaciones y dependencias, según lo establecido en la cláusula *(añadir)*.

La prestación de servicios de catering se llevará a cabo durante el período de vigencia del presente contrato (véase Cláusula 5) y en los diez aeropuertos españoles utilizados en la actualidad por **LÍNEAS CAPITALES S. A**. (véase **ANEXO 2**).

LA VACA GALLEGA se encargará de la provisión de todos los equipos, personal y otros recursos de cualquier tipo que sean necesarios para cumplir con las condiciones expuestas en el presente contrato

(¿se supone aquí la venta de nuestra Sección de Catering y equipos asociados a LVC, conforme con las discusiones entre LV y VT del mes pasado? ¿Contratación por LVC del personal despedido? ¿Posibilidades de sabotaje industrial? ¿Posible reacción negativa por parte de los sindicatos?).

3.-IMPUESTOS

LA VACA GALLEGA abonará, en su caso, los posibles impuestos, tasas o gravámenes que afecten al presente contrato de acuerdo con la legislación vigente en las Autonomías comprendidas en el **ANEXO 2** del mismo.

4.-SEGUROS

LA VACA GALLEGA tomará y mantendrá, con una compañía de reconocida solvencia y durante el período de vigencia del presente contrato, una póliza de seguros a todo riesgo respecto de las aeronaves, equipos y otras instalaciones de **LÍNEAS CAPITALES S. A**., por un importe no inferior a su valor de mercado tasado, póliza a todo riesgo de siniestro o daño físico respecto de motores, partes de repuesto o equipo que forman parte de la aeronave por un valor no inferior a su coste de sustitución, según lo expuesto en el **ANEXO 3** del presente contrato.

LA VACA GALLEGA tomará y mantendrá, con una compañía de reconocida solvencia y durante el período de vigencia del presente contrato, una póliza de seguros de responsabilidad frente al personal, pasajeros, equipaje, carga y correo y responsabilidad legal general frente a terceros de líneas aéreas por un límite no inferior a 600.000.000 USD.

5.-DURACIÓN Y FINALIZACIÓN DEL CONTRATO

5.1.- El período de duración del presente contrato es de dos años, comenzando el día 1 de abril de 2002 y finalizando el día 31 de marzo de 2004.

5.2.- A la finalización del contrato se realizará una liquidación de todas las cuentas pendientes entre las partes como consecuencia del presente contrato, saldándose dichas diferencias.

5.3- En caso del incumplimiento por cualquiera de las partes de lo estipulado en el presente contrato, la otra parte tendrá derecho a que se le abonen adicionalmente sus costes y gastos razonables en relación con la resolución y cualesquiera otros daños y perjuicios adicionales a los que pudiere[*] tener derecho por ley, incluyendo la pérdida de beneficios y/o contratos.

Aceptado por: Aceptado por:

LÍNEAS CAPITALES S. A.   **LA VACA GALLEGA**
Firma: Firma:

Cargo: Cargo:

Fecha: Fecha:

[*] El futuro del subjuntivo: forma anticuada, hoy día apenas usada, excepto como término jurídico.

DOCUMENTO 6

LUNES 3 DE OCTUBRE DE 2001

Redacción, Administración y Talleres: Coslada 145 / Madrid / ☎ (91) 589 32 11 / Precio 250 pesetas / Número 1.166

Economía

La vaca suelta

Vicente Rojas

No hay torero que no sepa por experiencia que las hembras, si no saben latín ya, por lo menos tienen mucha capacidad para aprenderlo rapidísimo. El diestro que se la juega cada año delante de un torazo de seiscientos kilos en la feria de Bilbao reconocerá, no obstante, que ese toro, o sea, el macho de la especie, suele ser, a fin de cuentas, un animal que, por toda la casta y nobleza que tenga, carece de la astucia, instinto de supervivencia y, aun más importante, de esa capacidad para 'jugar sucio' que tiene la vaca. De ahí el conocido peligro de esas vaquillas de capea o fiesta campera que no se dejan engañar de ninguna manera por los lances de capote de los aficionados.

'Bueno, y todo esto', me preguntará el lector, '¿qué diablos tiene que ver con el mundo de los negocios?' Pues, ¿No ve usted que se ha soltado la vaca ya? Me refiero –a ver si nos aclaramos– a esa res norteña, La Vaca Gallega, que hace sólo tres años y pico salió tan codiciosa al ruedo de los negocios. Y ahora, según parece, no hay quien la toree. Esta vaquilla está empeñada en salirse con la suya, y, según sus detractores, su historial, por breve que sea, indica que le importa un rábano lo que tenga que hacer para alcanzar sus objetivos. Su adquisición de Alimenticios Vigo S.A. hace dos años provocó un escándalo, no sólo por el trato que los empleados recibieron de parte de La Vaca Gallega (contratos eventuales, sueldos reducidos, horarios extendidos y flexibles según convenga a la compañía, etc.), sino también por el despido más o menos sumario de unos doscientos empleados que se negaron a aceptar las nuevas condiciones de trabajo impuestas por la nueva propietaria, ya que no hubo negociaciones previas algunas. Hace un año y medio, estos mismos ex-empleados de Alimenticios Vigo se reunieron para entablar una demanda, que queda todavía por resolver, contra La Vaca Gallega y su presidente, Vicente Tacañón. Los cientos de empleados despedidos, en circunstancias muy parecidas, de La Lechera Sevillana y de Hortalizas Sur, ambas adquiridas por La Vaca Gallega durante el año pasado, y, por supuesto, los sindicatos, estarán esperando con ansiedad ver un resultado positivo antes de decidir qué lidia tendrán que aplicar ellos a la Vaca.

Sin embargo, parece que El Señor Tacañón sigue durmiendo tranquilo y bien. Es un hombre bien conocido por sus ideas políticas derechistas y es muy amigo de varias figuras influyentes de la derecha española, incluyendo el líder de Fuerza Popular, José Arranz Cubillo, y la conocida financiera, Lucrecia Gordillo Valiente, accionista mayoritaria de La Vaca Gallega.

En cuanto al futuro de la compañía, yo, desde luego, soy optimista. Los problemas se solucionan, y no hay que hacerles demasiado caso a los que dicen, como los ingleses, que el pesimista no es ni más ni menos que un optimista volviendo del hipódromo.

DOCUMENTO 7

MUNDO EMPRESARIAL

Sede administrativa: Plaza de Castilla 4 4 / Madrid / ☎ (91) 864 7709 / Precio 650 pesetas / Número 135

¿SE ACABARON LAS VACAS GORDAS?

J. J. Sánchez Priego

La Bolsa de Madrid cerró la jornada de ayer con una fortísima tendencia a la baja. Esto contribuirá sin duda a los crecientes temores sobre un enfriamiento de la economía. Hay quienes dicen que es muy posible que la situación económica esté al borde de dar un bajón, aunque otros responden que este tipo de retroceso sólo sirve para corregir las alzas espectaculares de las últimas semanas. En la sesión del miércoles pasado, el mercado marcó una subida de un 13% en un solo día. Pero si se va a recuperar la confianza de los inversores, el mercado tendrá que lograr un repunte, aunque sea relativamente ligero, en los próximos días, cosa que no parece del todo imposible.

Es esencial tener en cuenta, a la hora de analizar la situación actual, que la creación de empleo de empresas en España durante los últimos nueve meses ha sido la más baja desde hace siete años. En algunos sectores, como el sector del turismo, el factor de estacionalidad sirve para explicar esta disminución en la creación de nuevos puestos: pero el índice de paro a nivel nacional sigue preocupando al gobierno socialista aun teniendo en cuenta estos factores. Pero ésta no es la única preocupación del gobierno. Dada la inestabilidad económica de estos momentos, también le preocupa el comportamiento de ciertas empresas que abusan de estos tiempos tan inseguros y del miedo al paro creado por este clima. Un destacado ejemplo sería el de La Vaca Gallega, una compañía que últimamente ha tenido mala prensa por las actividades de su Presidente, Vicente Tacañón. En una rueda de prensa el lunes pasado, la Ministra Portavoz del Gobierno anunció que un comité parlamentario está considerando una serie de medidas diseñadas para controlar las actividades de tales compañías. Si llegara a aprobarse el proyecto de ley "protección laboral", actualmente bajo consideración, es más que posible que se acaben las vacas gordas para el Sr. Tacañón y los de su mismo parecer.

Tareas Escritas

1. Eres la secretaria de José Luis Montero, encargada de resumir todos los argumentos a favor y en contra de la propuesta de Ana Puelles tras escuchar el debate.
2. Imagina que eres un empleado de la Sección de Catering de Líneas Capitales. Escribe una carta al editor de tu periódico local explicando los efectos que tendría la pérdida de la Sección para la economía local.
3. Redacción: elige uno de los temas:

   (a) ¿Hasta qué punto puede decirse que una empresa privada tiene una responsabilidad moral hacia sus empleados?
   (b) El entorno laboral hoy día se caracteriza por un proceso continuo de cambio. Comenta.

LA CONTRATACIÓN DE LA VACA GALLEGA
Glosario selectivo español-inglés

a corto plazo	in the short term
a todo riesgo	all risks
abonar	pay, credit, to
acaban las vacas gordas, se	the good times are coming to an end
acciones fpl	shares
accionista mayoritaria mf	majority shareholder
accionista mf	shareholder
activo social m	company's assets
administrativos prescindibles mpl	unnecessary administrators
adquisición f	acquisition, takeover
aeronave f	aeroplane
agitación laboral f	industrial unrest
ahorro m	saving
alimenticios mpl	foodstuffs
altos cargos, los	top executives, the
alza, el f	rise
ámbito m	area, sphere
amenaza f	threat
amenazar	threaten, to
ampliar	increase, to
aparatos arrendados mpl	leased aircraft
aplazar	put off, to
apoyo, prestar	lend support, to
arrendado/a	leased
asesor/a jurídico/a mf	legal adviser
astucia f	cunning, slyness
Autonomías fpl	Autonomous Communities
bajón m	downturn
base de consulta f	discussion document
beneficios mpl	profit
Bolsa f	Stock Exchange
borrador m	draft copy
capote m	cape (bullfighting)
carga f	cargo
casta f	breeding
cauteloso/a	cautious
cláusula f	clause
clave 104	code 104
codicioso/a	greedy
colectivo m	group
colectivo/a	collective adj
comparecientes mfpl	those in attendance
comprender	include, to
conllevar	entail, to
Consejo de Administración m	Board of Directors
contemplar	envisage, to
contrasentido m	contradiction
contratación externa f	external contracting, outsourcing
contratista mf	contractor
contribuciones f	taxes
controvertido/a	controversial
convenio colectivo m	collective agreement (on wages & conditions)
convocatoria de una huelga f	strike call
correo electrónico	e-mail
cotización (de las acciones) f	share price
cuenta de resultados, la	profit and loss account
cuota de mercado f	market share
daños y perjuicios mpl	damages
datos clave, los	key data, facts, the
dependencias fpl	buildings, offices
descuentos en nómina mpl	payroll deductions
desdén m	disdain, scorn
desempeñar un papel	play a role, to
deshacerse de	get rid of, to
desmentir	deny, to
despido m	redundancy, layoff, dismissal
dicho/a	the above
dimitir	resign, to
dirección f	management
disparatado/a	absurd, crazy
disponible	available
duradero/a	long-lasting
ecuánime adj	even-tempered
efectos de, a	for (the) purposes of
ejercicio m	tax year
empanada f	pasty, pie
emprendedor/a	enterprising
enajenación f	disposal, sale, sell-off
encabezamiento m	heading, rubric
engañar	deceive, to
entablar una demanda	to bring a lawsuit
entorno m	environment
equipaje m	baggage
equipo m	equipment
espabilado/a	on the ball, bright
estacionalidad	seasonality
eventual	temporary
expectativas fpl	prospects
expuestas, las condiciones	the conditions set out

fachada *f*	facade
fiabilidad *f*	reliability
flota *f*	fleet
fomento empresarial *m*	promotion of business
fondo *m*	fund
formalizan y otorgan	formalize and execute
golpe, de	suddenly
gota que colmó el vaso, la	the straw that broke the camel's back
gravamen *m*	tax
guarda jurado/a *mf*	security guard
habilidad *f*	skill
hembra *f*	female
herramienta de administración *f*	management tool
historial *m*	history, record
hortalizas *fpl*	vegetable produce
huelga *f*	strike
importa un rábano, le	it couldn't care less
importe *m*	amount
imprescindible *adj*	essential
impronta *f*	stamp, mark
inadmisible *adj*	unacceptable
incidir en	to have a bearing on
incumplimiento *m*	failure to comply
indefectiblemente	inevitably
índice de materias *m*	table of contents
inversor *m*	investor
IPC (índice de precios al consumo)	consumer price index
jugársela (*fam.*)	risk one's life, to
lances de capote *mpl*	passes with the cape (bullfighting)
lazos *mpl*	ties
leal *adj*	loyal
lidia *f*	bullfighting strategy
llamamiento a, hicieron un	they appealed for
llevar a cabo	carry out, to
maleteros *mpl*	airport baggage handlers
moneda de curso legal, la	currency of legal tender, the
mueven los hilos, los que	the movers and shakers
mujeriego	womanizer
murmuraciones *fpl*	gossip
parecer, cambiar de	change one's mind, to
partes de repuesto *f*	replacement parts
perfil *m*	profile
petición *f*	demand
plantilla *f*	staff, workforce
póliza *f*	policy (insurance)
portadora de bandera *f*	flag carrier (airline)
presentarse a concurso	to submit a tender, to tender
prestación *f*	provision
presumir de inmunidad	imagine one is going to be immune
propuesta *f*	proposal
proveedor/a *mf*	supplier
provisto/a	provided
recopilar	compile, to
red *f*	network
refuerzos *mpl*	heavy crews (i.e. extra pilots)
recoger sus peticiones	address their demands, to
recorrido, vuelos de largo	long-haul flights
recurso *m*	resource
reemplazar	replace, to
regañadientes, a	reluctantly
regirse por	be governed by, to
rentabilidad *f*	profitability
repercutir	have an impact on, to
representantes sindicales *mpl*	trade union representatives
repunte *m*	recovery, rally
res *f*	animal (esp. bull or cow)
respaldar	support, to
retroceso *m*	downward movement
riesgo, a todo	all risks
rueda de prensa *f*	press conference
ruedo *m*	bullring
sacar a concurso	to put up for tender
saldar	to settle (a debt)
salida a Bolsa *f*	flotation (of a company)
salirse con la suya	get one's own way, to
sede social *f*	head office
seguridad *f*	safety
selva *f*	jungle
sindicato *m*	trade union
sindicatos mayoritarios *mpl*	unions representing most of the workers
siniestro *m*	accident
sobreentendido que, quedar	be understood that, to
soltar	release, to
sondeo *m*	soundings, straw poll
sopesar	to weigh up
supresión *f*	withdrawal, removal
sucursal *m*	branch office
suministrar, proveer a alguicn de)	to supply (someone with)
tasa *f*	tax
tasado/a	valued
terceros *mpl*	third parties
torear	fight a bull, to
torero/a *mf*	bullfighter
tren de aterrizaje *m*	landing gear, undercarriage
ver a, Alicia no puede	Alicia can't stand
vigencia *f*	validity
vislumbrar	to glimpse, to discern
visto bueno a, dar el	give approval to, to

8

ENTREVISTA CON ENCARNA MENDIZÁBAL

1   Encarna Mendizábal, la conocida novelista e historiadora titular de la Cátedra
    Alfonso el Sabio en la Universidad del País Vasco, fue entrevistada por el peri-
    odista José Luis Prieto, actual presentador del programa *Temas de Hoy* y antiguo
    alumno de la profesora Mendizábal en la facultad de Humanidades en Vitoria.
5   La última novela de Mendizábal, *Tierras incógnitas*, una investigación altamente
    dramática de algunos de los mitos más duraderos de la psicología (¿o tal vez *psi-
    cosis*?) española, ha aportado nuevas perspectivas al debate nacional sobre lo que
    significa ser español en estos tiempos de inestabilidad demográfica y permeabil-
    idad de fronteras. Esta novela contempla una visión bastante más aperturista de
10 la historia de España y del linaje multicultural – hasta ahora apenas vislumbra-
    do – de los españoles. A pesar de su aparente sosiego (insiste en que los dos
    tomemos una infusión de manzanilla), es evidente que el tema de la identidad
    cultural le apasiona.

15 **José Luis Prieto**: Encarna, el protagonista de *Tierras incógnitas* es un viajero en el
    tiempo. ¿Por qué decidiste utilizar este tipo de recurso, quiero decir un recurso
    ficticio generalmente asociado con la ciencia ficción?
    Encarna Mendizábal: Bueno, evidentemente lo que pertenece a la ciencia ficción
    es la idea de que una persona pueda viajar literalmente en el tiempo, pero el ver-
20 dadero viaje de mi protagonista es un viaje en un espacio interior, un largo y
    accidentado viaje hacia sus propias raices culturales. Y esto a su vez sirve de
    metáfora para lo que es, por lo menos a mi juicio, la evidente incapacidad de la
    mayoría de mis compatriotas PARA imaginar semejante viaje. Me explico, no es
    que no tengan capacidad, más bien las ideologías del exclusivismo a veces han
25 conspirado para borrar algunas de las facetas más ricas de nuestro patrimonio
    cultural. Y así han favorecido la imposición de una visión intolerante o racista.
    José Luis Prieto: A ver si me aclaro. ¿Quieres decir que los españoles nos hemos
    dejado llevar por una visión parcial ... o defectuosa ... de nuestra historia?
    Encarna Mendizábal: Bueno, una visión parcial, o quizás hasta una especie de
30 ceguera. Mira, si hojeas cualquier libro de texto sobre la historia de España, verás
    que en lo que hacen más hincapié es en los momentos más intolerantes e intran-
    sigentes de nuestro pasado: la expulsión de los judíos y la derrota de los musul-
    manes en 1492; la expulsión de los moriscos en 1609, la Santa Inquisición y las

hogueras de los autos de fe, la obsesión por la limpieza de sangre* ... ¿qué quieres
35 que te diga? Y ahora en este último siglo, pues la vergüenza de la dictadura
fascista y sus fantasías de la 'raza' española...

José Luis Prieto: Pero en la novela te interesan otras cosas, ¿verdad que sí? O sea,
que...

Encarna Mendizábal: Sí, claro. Yo no quería volver a tratar ese tópico tan viejo
40 de la intolerancia de Juan Español. Por ejemplo, una de mis protagonistas, una
judía vallisoletana del siglo quince, se casa con un aristócrata cristiano, cosa que,
como tú sabrás, nada tenía de excepcional en aquella época, aunque luego todo
iba a cambiar, como bien sabemos. Bueno, y no sé si sabrás que hay quien opina
que la mayoría de los clérigos españoles enviados a Roma en el siglo dieciseis
45 tenían sangre judía. Hay cantidad de ejemplos...

José Luis Prieto: Claro, ¿y no es cierto que nuestra propia Santa Teresa de Jesús
era de una familia judía de ávila?

Encarna Mendizábal: Pues sí, y sabemos que su abuelo, que vivía en Toledo, fue
penitenciado por la Inquisición en esa misma ciudad.
50 **José Luis Prieto**: ¿Ah sí?

Encarna Mendizábal: Sí, hombre, eso era normal. Pero lo que más me horroriza
es el grado de intolerancia mostrado por nuestros antepasados. Qué inseguros
tenían que estar de su propia identidad cuando eran capaces de desenterrar los
huesos de la madre de un penitenciado para luego quemarlos, y... y de esta man-
55 era aniquilar en cierto modo cualquier huella que no concordaba con la historia,
o sea, la historia que querían contar. Por eso yo quería contar otras historias, y
así dar la palabra a los que fueron condenados al silencio.

José Luis Prieto: Y estas historias alternativas, ¿qué crees que nos pueden
enseñar? O, mejor dicho, ¿qué quieres tú que nos enseñen?
60 **Encarna Mendizábal**: Nos enseñan que la convivencia es posible. No, es más
que posible, es necesario, creo. Que hubieran logrado convivir no sólo tres culturas, sino también tres religiones en una ciudad y hasta en una sola universidad, como es el caso de Toledo... Eso era una maravilla, y se perdió. Y ahora que
tenemos que afrontar que nuestro país se convierta otra vez en un país de inmi-
65 grantes –¡vamos, después de siglos!– mira lo que está pasando. ¿Será posible que
no hemos aprendido nada?

José Luis Prieto: Pero tampoco hay que exagerar nuestra xenofobia. Sí que ha
habido brotes de violencia contra los inmigrantes, pero muchas veces el motivo
ha sido económico. Hoy día la gran mayoría de los españoles no somos así, ¿no
70 te parece?

Encarna Mendizábal: Yo no estoy tan segura. Lo que está pasando en Almería, o
en Premià de Mar, todo eso demuestra, a mi ver, lo poco que hemos cambiado.
Pero lo que más me preocupa es la sospecha de que en el fondo Juan Español, por
mucho que acuda a las urnas, votando incluso a Izquierda Unida, y por mucho
75 que su Pablito no vaya a la mili, sigue siendo estrecho de miras a la hora de encontrarse con gente de otro color y otra cultura... No sé, no sé... ojalá no fuera así...

José Luis Prieto: Encarna Mendizábal, muchísimas gracias.

Encarna Mendizábal: A tí, a tí.

---

* In the sixteenth and seventeenth-centuries, the expulsion of large populations of Jews and Moors,
who, in the militantly Catholic Spain of the period, were regarded as the heretical enemy within,
gave rise in its turn to a virtual obsession among many Spaniards with the notion of *limpieza de sangre*, or pure lineage, untainted by any trace of Jewish of Moorish blood. The *autos de fe* were the great
public spectacles at which the sentences passed by the Spanish Inquisition on those accused of
heresy were carried out. Such sentences could, and did, include the burning of heretics at the stake.

8.2 Questions on the Lead Text

Answer the questions IN ENGLISH unless otherwise indicated

1. Translate or explain *in English* the meaning of the following words or phrases:
   (a) 'una visión bastante más aperturista' (line 9)
   (b) 'un recurso ficticio' (lines 16–17)
   (c) 'no es que no tengan capacidad' (lines 24–25)
   (d) 'que en co que hacen más hincapié ... de nuestro pasado' (lines 31–32)
   (e) 'tenemos que afrontar que nuestro país se convierta ... en un país de inmigrantes' (line 64)
   (f) 'por mucho que acuda a las urnas' (line 74)
2. Paraphrase the following words or phrases in Spanish:
   (a) 'las ideologías del exclusivismo' (line 24)
   (b) 'convivencia' (line 60)
   (c) 'xenofobia' (line 67)
   (d) 'estrecho de miras' (line 75)
3. What, in total, have you discovered about Encarna Mendizábal's latest novel, *Tierras incógnitas*, from this interview with José Luis Prieto?
4. What does Professor Menizábal object to in most published histories of Spain?
5. Do her words lead you to think that Professor Mendizábal is optimistic about the future for immigrants in Spain? Explain your answer.
6. Explain exactly why the verb 'tengan' (line 24) is in the subjunctive and then write three sentences in Spanish containing subjunctives used for the same reason. You should use at least two, different tenses of the subjunctive in the examples you provide.
7. Imagine you are a researcher for José Luis Prieto and that you helped him to put together the list of possible questions for this interview. Which three questions, of those he did *not* eventually use, would you have liked to see him put to Professor Mendizábal? (*answers in Spanish*)

8.3 Focus on Function

8.3.1 Tactical negation

An initial negation or denial may usefully be employed in debate (or a simulation) as a way of anticipating and, at least to some degree, defusing a potentially hostile response. For example, if you want to head off a challenge to your point of view by making some concession to the presumed view of your listener/s, you might start your sentence with 'It's not that..., but...'. The following example illustrates this more clearly:

> *No es que* no *hayan hecho* **un esfuerzo, sino que lo han hecho rematadamente mal.**
> The point is not that they haven't made an effort, but rather that they've done it extremely badly.

As you will note, this kind of construction, involving a negative antecedent followed by *que*, requires that the verb after *que* be in the subjunctive.

Sentences comprising a negative statement such as *no creo que*, *no quiero decir que* or *no es que* in the main clause generally require the subjunctive in the subordinate clause. There are, however, a number of exceptions to this general rule and the reader is referred to B&B 16.2.9 and 16.7.1 for more detail. Look at this example of a negative statement, in this case in the imperfect indicative, followed by the imperfect subjunctive:

> **No creía que los toros de Miura fueran tan peligrosos como decía la gente.**
> I didn't believe Miura bulls were as dangerous as people said.

But where the main verb is *not* negated, the subordinate verb is in the indicative:

> **Creo que fue un toro de Miura el que le mató a Manolete.** (subordinate verb in indicative)
> I think it was a Miura bull that killed Manolete.

Look at these examples of the subjunctive used after negative statements:

> **No es que que yo no sea progresista, pero estoy totalmente en contra de la legalización de las drogas duras.** (but see B&B 17.7.1 for *no ser* que followed by the indicative)
> It's not that I'm not progressive, but I'm totally against the legalization of hard drugs.

> **Para mí, la propuesta no vale, aunque no quiero decir por eso que no tenga sus méritos.**
> As far as I'm concerned, the proposal won't do, although I don't mean by that that it doesn't have its good points.

> **No se trata de que el pueblo necesite tantas urbanizaciones, sino que ustedes quieren hacer dinero fácil.**
> It's not a question of the village needing all these housing developments, but rather that you want to make easy money.

> **No digo que usted no tenga respeto a la gente, pero no me parece correcto que no haya consultado con nadie antes de llegar a tal conclusión.**
> I'm not saying that you don't respect people, but I don't think it's right that you haven't consulted anyone before arriving at such a conclusion.

8.3.2 Expressing requirements but with an unspecified element

Sometimes, in talking about what's needed, you will use a sentence which nevertheless contains an indefinite or unspecified element. For example, in the sentence 'We need a secretary who speaks German', the requirement is clearly specified ('a secretary who speaks German'). However, the particular secretary is *not* specified – i.e. *any* secretary who speaks German will do. In Spanish such sentences require the subjunctive, as follows:

> **Necesitamos una secretaria que hable alemán.**
> The Subjunctive is used in certain expressions containing an indefinite or unspecified element. For example, in the sentence 'I'm looking for someone who knows something about spark plugs', the antecedent is 'someone', not a particular, named or specified person but rather '*anyone* who knows

about spark plugs'. In Spanish this requires the Subjunctive – 'Estoy buscando alguien que sepa algo de bujías' (B&B 16.14).

Here's another example. In the sentence 'Is there a shop near here where they sell bread?', the indefinite, non-specified element is 'a shop' (not a *particular* shop, but rather *any* shop where they sell bread). So this becomes 'Hay una tienda por aquí donde vendan pan?' But if the shop is a specific one, that is, one we've already been told about, then we might ask '¿Hay una tienda por aquí donde venden pan, ¿no?. Here, the implication is that the speaker knows there *is* a particular shop near here that sells bread, but does not know exactly where it is.

Here are two other examples of this use of the Subjunctive:

Quiero regalarle algo que le guste de verdad.
I want to buy him/her something he/she'll really like.

¿No tienes uno que tenga aire acondicionado?
Haven't you got one with air-conditioning?

Exercise
8.1. *Change the infinitive in brackets as appropriate in the following sentences*:

1. ¿Han reconocido la necesidad de desarrollar una estrategia que (*abarcar*) _____ todos estos aspectos del problema?
2. Que yo sepa, Paco es el que (*estar*) _____ hoy a cargo de ventas.
3. Su hijo se mete con todos, pero no hay quien se lo (*decir*) _____ a ella.
4. Quiero un piso que (*tener*) _____ buenas vistas al mar.
5. Hemos alquilado un piso que (*tener*) _____ unas vistas realmente estupendas al mar.
6. Según el portavoz de ATENSA, la compañía sigue buscando alternativas que no (*tener*) _____ un impacto dañino sobre el ecosistema de las marismas.
7. No creo que (*hacer*) _____ falta cortarle la pierna, por lo menos hasta que (*volver*) _____ el cirujano, ¿no te parece?
8. Habrá que encontrar a alguien que (*saber*) _____ dónde viven.
9. Han encontrado varios objetos que (*indicar*) _____ que los presuntos culpables estaban ahí antes de que llegara el víctima.
10. Que yo sepa, no era que las monjas no (*salir*) _____ nunca, sino que cuando salían siempre (*armarse*) _____ un escándalo.
11. Esto se ha hecho para que los turistas no (*ver*) _____ a los mendigos en la playa.

(For further exercises see P&dC 13.8, 13.9 and 13.2.3 to 13.2.6)

8.3.3 Checking understanding

A ver si me aclaro: usted dice que no hay por qué preocuparse, ¿no es así?
Let me see if I've got this right: you say there's no need to worry, isn't that so?

¿Entiende usted lo que quiero decir?
Do you see what I mean?

No acabo de aclararme sobre el papel de los sindicatos en este plan.

I'm just not clear on the role of the trade unions in this plan.

No sé si me entiendes: tendrías que dimitir de tu cargo.
I'm not sure you understand what I'm saying: you would have to tender your resignation.

A ver si me explico. Nunca he hablado mal de ella, ni siquiera después del divorcio.
Let me be clear. I've never spoken badly about her, not even after the divorce.

No me malentienda/s. Sólo decía que no podemos entrar en los pormenores del caso.
Don't misunderstand me. I was only saying that we can't go into the details of the case.

Me he expresado mal. Lo que quería decir era que no tendríamos tiempo suficiente.
I (I've) expressed myself badly. What I meant was that we wouldn't have enough time.

SIMULACIÓN 8
EL RETORNO DE LA HOGUERA

Notes on *EL RETORNO DE LA HOGUERA*

You will notice a slight difference in this simulation. The members of the two groups who meet in stage one do not necessarily share similar opinions. They are merely divided on the basis of those who are, and those who are not resident in the village of Ozán. Another difference is that this simulation involves its participants in the making of a television documentary (read on below!). There are no winners or losers in this televised debate, merely an airing of the issues.

Given the fact that the simulation revolves around the television programme *Temas de Hoy*, it is recommended that the televised debate at the end be recorded on video. Such recordings can, of course, prove particularly useful for subsequent feedback (see Introduction).

DOCUMENTOS

- Situación y etapas de la simulación
- Personajes y datos biográficos selectivos
- Documento 1: Informe de la investigación preliminar realizado por la Guardia Rural
- Documento 2: Evaluación de la investigación preliminar por álvaro Flomesta
- Documento 3: Artículo de prensa de *La Voz del Sur*
- Documento 4: Artículo de prensa de *El Correo*
- Documento 5: Carta a Jose Luis Prieto, presentador de *temas de Hoy* de TVE
- Documento 6: Fax – respuesta de la jefatura de la Guardia Rural en Almería al fax de TVE
- Tareas escritas

Situación

La noche del catorce de marzo de este año murieron casi todos los miembros de dos familias marroquíes en un incendio en el pueblo de Ozán, provincia de Almería. Murieron no sólo los padres, sino también ocho de los nueve hijos de las dos familias que compartían la choza del triste barrio de Lampiño. La única sobreviviente, Fátima, una niña de seis años, está en la unidad de cuidados intensivos del hospital de La Paz en la ciudad de Almería. La pobre sufrió gravísimas quemaduras además de encontrarse bajo los efectos tóxicos del humo. Si se recupera (se encuentra en estado crítico en estos momentos, según el último parte facultativo), será puesta bajo protección de las autoridades.

Sobran indicios de que el incendio no fue un accidente. En el pueblo de Ozán, los vecinos se muestran bastante reacios a hablar de este atroz incidente, sea por vergüenza, por miedo, o quizá simplemente porque para algunos 'lo de esa gente es cosa suya'. Esto no significa que no haya quien pudiera (o quisiera) hacer declaraciones si el asunto llegara a juicio. Pero es posible que no se llegue a tal caso. Según fuentes policiales, sólo existen pruebas indirectas de que el incendio fuera intencionado, y aunque así lo fuera, las mismas fuentes han señalado la casi imposibilidad de llevar a cabo una investigación definitiva en una comunidad inmigrante poco estable como ésta. Tras la inspección del lugar, demasiado superficial para algunos, la Guardia Rural ha descartado de plano cualquier investigación criminal basada en el supuesto de un atentado racista, rechazando las repetidas afirmaciones de otros inmigrantes marroquíes, y negándose a entrevistar a varios individuos aludidos por éstos.

Dicha actuación policial no sólo ha dividido al pueblo de Ozán, produciéndose además algún estallido de violencia en varias poblaciones de la provincia de Almería, sino que también ha sido el detonante de un acalorado debate a nivel nacional. Un equipo de periodistas procedentes de TVE en Madrid ha recopilado los datos disponibles del llamado 'caso Lampiño' y ha llegado a Ozán con motivo de realizar un debate televisado que reúna a los protagonistas de esta creciente polémica. Todos los datos referentes al caso, incluso los documentos policiales filtrados, serán distribuidos de antemano a los participantes del debate para que tengan la oportunidad de estudiarlos. Los miembros del panel discutirán las siguientes cuestiones:

1. ¿es posible que el 'caso Lampiño' fuera nada más que un trágico accidente?
2. en caso de que no lo fuera, ¿hasta qué punto se le puede considerar un crimen racista?
3. ¿cómo se puede calificar el comportamiento profesional de la Guardia Rural?

Los participantes deberían concentrarse única y exclusivamente en los detalles específicos proporcionados por el equipo de periodistas sobre el caso Lampiño.

Etapas de la simulación

1. José Luis Prieto se reunirá con los cinco residentes del pueblo de Ozán (Abdellah Maaroufi, Mohamed El Youssoufi, Ramón Mansilla, Añica Pérez y Antonia Villar). El objetivo de esta reunión preliminar será el de centrar el debate y asegurarse de que los invitados se sienten cómodos antes de su aparición en *Temas de Hoy*, que pasará a grabarse a continuación. Al mismo tiempo, Ester Casaverde entrevistará a los demás invitados para centrar el tema del debate. Durante esta etapa de la simulación, los dos periodistas aprovecharán la oportunidad para preparar las preguntas que después harán a los invitados.
2. Todos pasan a una sala especialmente preparada del Ayuntamiento donde tendrá lugar la grabación del debate televisado. Los dos periodistas, que deben estar de pie a lo largo del programa, empezarán introduciendo brevemente el tema. Tendrán que asegurarse de que nadie domine el debate, y que todos los invitados puedan expresar su opinión. Se recomienda que esta fase de la simulación, es decir, el debate televisado, se grabe en video.

Personajes

1. José Luis Prieto Villar – presentador de *temas de hoy* de TVE – 52 años

Creador del programa *Temas de Hoy*, José Luis lleva gran parte de su vida profesional trabajando en la esfera del periodismo de investigación. *Temas de Hoy* es un programa que estudia los problemas fundamentales de la sociedad española mediante una serie de debates televisivos presididos por José Luis. Para él, lo más importante de los debates es que sirvan de foro no sólo para los políticos y otros representantes de las autoridades, sino también para el público en general. Inteligente, sofisticado y simpático, José Luis tiene don de gentes y no hay nadie que le iguale para sonsacarle la verdad a la gente. Antes de cambiar de profesión era historiador, así que no se le escapan lo irónico de la situación actual en lo que se refiere a la inmigración. Como historiador es muy consciente de la aportación a lo que llamamos España de la gran mezcla de culturas (griega, fenicia, romana, visigoda, judía, árabe, cristiana, etc.) hoy desaparecidas, pero cuyo papel ha sido fundamental en la accidentada historia del país.

2. Ester Casaverde Bernal – presentadora e investigadora para *temas de hoy* de TVE – 30 años

A Ester también le apasiona la idea de desentrañar la verdad de las cosas. Lleva tres años trabajando con José Luis Prieto, y el equipo de producción de *Temas de Hoy* la aprecia mucho, tanto por su profesionalidad como por su tenacidad como investigadora. A Ester le gusta hablar claro con la gente, y hay quien dice que a veces no se comporta de manera del todo diplomática. Sin embargo, su aportación a *Temas* ha sido muy positiva, ya que sabe como José Luis, persuadir a la gente para que hable de cuestiones algo incómodas, y que ciertos individuos preferirían ocultar.

3. Marta Gallego Pérez – periodista de *la voz del sur* – 24 años

Hace tiempo ya que Marta y su compañero José María Benjumea se interesan por la cuestión de la inmigración y la situación legal de los inmigrantes en España.

El año pasado publicaron tres artículos acerca del tema en los cuales presentaban pruebas concretas de un aumento exponencial del número de irregulares en las provincias costeras del Levante. Quizá sea por haber sido los responsables de difundir esta información que Marta y José María empiezan a sentirse un tanto culpables por la reacción violenta que esta noticia parece haber suscitado en la región. De ahí que ahora estén empeñados en montar un campaña a favor de que las autoridades lleven a cabo una investigación rigurosa del 'caso Lampiño'. Marta ha hablado con varios vecinos de Ozán y ciertos representantes de la comunidad inmigrante del barrio de Lampiño y está convencida de que el incendio fue causado por un grupo de 'cabezas rapadas' racistas. Sin embargo, más importantes para ella como periodista han sido las palabras de uno de los vecinos nativos del pueblo que insistía en una llamada telefónica a *La Voz del Sur* (en la cual no quiso identificarse) en que Ozán también cuenta con su propia pandilla de racistas. Decía que no hacía falta más que mirar a la familia del mismo alcalde, Ramón Mansilla, que todos eran "fachas", que con todo su dinero iban de señoritos, que odiaban a los magrebíes y sobre todo los dos hijos mimados...

4. Inma Perafín Deza – periodista de *El Correo* – 43 años

Muy respetada en el mundo del periodismo, Inma ha venido a Ozán para participar en el programa *Temas de Hoy* porque su compañero, Julián Hurtado, autor de un artículo reciente sobre la inmigración, se ha ido de viaje a los EEUU. Inma también ha escrito artículos sobre el tema y está al tanto de los problemas asociados con la inmigración en Europa. Quiere informarse sobre los detalles de lo sucedido en Ozán, pero también ha venido para ofrecer una perspectiva periodística más amplia sobre los brotes de violencia asociados con la inmigración que se están viendo en otras partes de España.

5. Valentín Estrada De Sotomayor – periodista de *El Heraldo Nacional* – 56 años

A veces en el periódico *El Heraldo Nacional* se dejan vislumbrar sus orígenes derechistas durante el franquismo en España. No debe extrañar, por consiguiente, que la actitud que suele demostrar hacia los inmigrantes siga siendo enormemente negativa. Valentín Estrada, uno de los editores del periódico, es de la vieja guardia, de los que apuestan por "España para los españoles". Niega rotundamente ser racista, pero en varias ocasiones él mismo se ha denominado "culturalista", puesto que opina que los magrebíes y subsaharianos nunca podrán asimilarse a la cultura española. Dice que esto es así porque sus países de origen son tan diferentes, porque muchos españoles les guardan rencor por su condición de irregulares, por su incompetencia lingüística, por –no quiere ofender a nadie, pero todo hay que decirlo– por su pereza y, más que nada, porque ellos no quieren asimilarse ...

6. Abdellah Maaroufi

Hace cuatro años ya que Abdellah vive en el triste barrio de Lampiño. Es marroquí pero ha logrado regularizar su situación en España. Es un hombre bastante carismático y, quizá por esta razón, ha empezado en las últimas semanas a desempeñar el papel de portavoz para su comunidad. Es muy consciente de los incidentes de tipo racista que han ocurrido en su barriada. Además, no se han denunciado a la Guardia Rural porque la gran mayoría de sus compatriotas están convencidos de que esas cosas carecen de interés para las autoridades.

Cuando empezaron las agresiones intentaron llamar la atención a la Guardia, pero pronto se dieron cuenta de que eso era inútil, que los guardias no querían meterse en esas cosas, que ni el mismo alcalde quería afrontar el problema de la violencia contra los inmigrantes. De modo que ¿a quién quejarse?, ¿qué más se podía hacer? Pero lo del incendio ... eso es distinto. Ahora hay quienes dicen que los inmigrantes tienen que defenderse ellos mismos, que ya está bien, que si los racistas quieren guerra, pues habrá que dársela...

7. Mohamed El Youssoufi

Irregular de origen marroquí. Mohamed llegó a España hace cuatro meses en una patera que embarrancó finalmente en la costa española en las inmediaciones de Tarifa. De sus quince compatriotas, tres se ahogaron en una tormenta que descargó durante la travesía. Desde que llegó ha podido evadir a las autoridades y ahora ha llegado a la provincia de Almería, precisamente a Ozán donde reside en el barrio de Lampiño desde principios de marzo. Todavía no tiene trabajo fijo. A veces sus compatriotas han tenido que darle de comer. Se ha construido una choza de chapa y cartón en los márgenes del barrio. Aceptó salir en *Temas de Hoy*, a pesar de su condición de irregular porque dos amigos suyos figuraban entre los que murieron en el incendio del día 15 de marzo.

8. Ramón Mansilla Alvar – alcalde de ozán – 60 años

Ramón responde fielmente a la imagen del típico campesino rico español de talante conservador. Astuto y avaro, está metido en todo. Posee grandes extensiones de tierra y es propietario del popular vivero "El Limonero" y de la fábrica de cerámicas "Las Tinajas" en las afueras del pueblo. Varios vecinos trabajan para él, pero se niega a ofrecer trabajo a los inmigrantes y, a decir la verdad, lo que más le gustaría sería que se marchasen todos del pueblo, aunque esto es algo que no estaría dispuesto a admitirl en público. Tiene fama de ser muy tacaño con todos, exceptuando a sus dos hijos, Pepín y Rafa, los mimados de la familia Mansilla. Éstos viven a cuerpo de rey. No trabajan. Se contentan con vivir de las rentas, aprovechándose del éxito de su papá. Se rumorea en el pueblo que los dos hermanos han estado metidos en el mundillo de las drogas duras, pero sus actividades nunca han sido investigadas. Para muchos residentes del pueblo son otra de las cosas que no hay más remedio que aguantar en esta vida.

9. Añica Pérez Moreno – vecina de ozán – 86 años

Añica lleva casi toda la vida como residente de Ozán. Su marido murió a finales de la guerra de 1936, y desde entonces vive en el pueblo con su hija soltera, Luisa. A Añica le da lástima cómo tienen que vivir los del barrio de Lampiño, puesto que carecen de vivienda digna, de escuelas para sus hijos en la mayoría de los casos, ¡vamos¡ de casi todo ... También sabe que otros que viven en el pueblo están muy en contra de la presencia de los inmigrantes por estas tierras. Ah, y cosa curiosa –cuando sucedió lo del incendio, Añica se dio cuenta al día siguiente de que alguien había intentado borrar muchos de los graffiti racistas que suelen aparecer de vez en cuando en las paredes blancas del pueblo.

10. Antonia Villar Fonseca – vecina de ozán – 19 años

Antonia trabaja en la fábrica de cerámicas "Las Tinajas" en las afueras del pueblo. La noche del 15 de marzo, sobre las nueve o así, oyó el alboroto armado por un grupo de jóvenes que se dirigían hacia la Plaza Mayor donde está el bar Chicote. Cree haber reconocido una de las voces que gritaba, pero no está nada segura y no sabe si lo mejor sería callar. Normalmente, Antonia habla con franqueza, y por eso incomoda un poco a los demás, pero es una chica decente y quiere justicia para los inmigrantes. Por otra parte, sabe muy bien que no todos los inmigrantes son santitos. No hace más de tres o cuatro días que un marroquí del barrio de Lampiño quiso venderle hachis, pero ella también reconoce que la gente tiene que vivir de algo...

11. Jordi Soler Blanco – perito industrial – 36 años

Jordi vive en Barcelona, lugar donde nació. Es líder reconocido del movimiento anti-inmigración en Catalunya. En agosto del año pasado convocó una manifestación en protesta por los varios actos de delincuencia atribuidos al creciente número de inmigrantes magrebíes y subsaharianos que han fijado su residencia en la ciudad condal. Hubo varios brotes de violencia y algunas personas resultaron heridas en una serie de refriegas entre los grupos racistas y ultraderechistas que acompañaban a los manifestantes e inmigrantes y grupos antifascistas. Aquella noche, la situación fue de mal en peor cuando se incendió una mezquita en la localidad de Premià de Mar. Xenófobo y racista descarado, Jordi está totalmente convencido de que un porcentaje muy elevado de los ladrones, prostitutas y traficantes de drogas en su ciudad natal son inmigrantes. TVE le ha invitado a participar en el debate televisado sobre lo sucedido en Ozán porque alcanzó cierta fama en España con sus declaraciones a *La Vanguardia* después de lo que pasó en Premià de Mar. Afirmó entonces que para él la violencia era casi inevitable y que para muchos españoles la presencia de tantos inmigrantes en territorio nacional era tan inadmisible como perjudicial para la raza española. Para él la violencia no era más que un síntoma, y los síntomas sólo desaparecen cuando se trata la enfermedad.

12. Teniente Coronel Andrea Fernández Cetina – guardia rural – 46 años

Pocas mujeres han alcanzado el rango de teniente coronel de la Guardia Rural. El éxito profesional de Andrea Fernández, actualmente Portavoz del Cuerpo, se debe en gran parte a dos cosas: primero, su lealtad total a la Guardia y a sus tradiciones y, segundo, su presencia simpática pero imponente a la hora de tener que defender al cuerpo ante el público. Sabe muy bien que lo del caso Lampiño huele a chamusquina, pero hará todo lo posible para evitar que caiga en descrédito el honor del la Guardia Rural. ¡Vamos, que su padre, guardia jubilado, no se lo perdonaría nunca!

Personajes suplementarios

13. Mari-Carmen Rosales – vecina de Ozán – 52 años
14. Bernarda Reyes – vecina de Ozán – 37 años
15. Ramón Godoy – amigote de Pepín Mansilla – 19 años

DOCUMENTO I

Guardia Rural de España
Investigación preliminar – Lugar del incidente

4438892A

Número de caso	9004623A	Número agente	1047
Agente investigador	Ángel Sala Fuentes (Cabo)		
Cuartel	Ozán (Prov. de Almería – Zona suroeste 3)		
Fecha investigación preliminar	14 de marzo de 2001	Hora investigación preliminar	05h45 a 07h15
Lugar del incidente	Barrio de Lampiño, Ozán (Campo de Ríoseco)		
Clase de incidente	Presunción de incendio provocado (doce muertos)		
Fecha y hora del incidente (estimadas)	14 de marzo de 2001 Hora estimada – entre las 02h30 y 03h30		
Descripción de escena	Restos quemados de una infravivienda (choza) en el límite del barrio de Lampiño. La cantidad de humo (abundante) indicaba que no hacía mucho tiempo que el incendio se había sofocado. Los doce cadáveres de las víctimas fueron trasladados al hospital Virgen de Consolación (Boadilla del Puerto) por el personal de primeros auxilios y otros con anterioridad a esta investigación preliminar. La única superviviente fue hospitalizada inmediatamente en Almería (La Paz). El Juez de Instrucción de Boadilla del Puerto fue informado por teléfono al descubrirse el primer cadáver a las 04h15, según informa el jefe de bomberos de turno (Juan Pacheco). El incendio provocó leves daños a viviendas colindantes sin que los vecinos (a primera vista, todos de origen marroquí) sufrieran lesiones físicas.		
Efectos físicos – Indicious de causa	Entre los efectos personales de las familias afec-adas (ropa, utensilios de cocina, monedas, muñecas, juguetes, televisor, etc.), se han podido identi-ficar los siguientes indicios de acciones delictivas en cuanto a la causa del incendio: · un bidón de gasolina (casi vacío) · tres botellas rotas (no en la parte correspondi-ente a la cocina) · el armazón de un coche (tipo R5) situado justo en la entrada de la chabola (efectivamente bloqueándola). · un cabezal de hacha en el suelo dentro de la chabo-la y detrás de lo que había sido la puerta. · un reloj de pulsera Rolex (de oro) en el suelo debajo del R5. · Graffiti en la pared lateral (lado pueblo) medio borrado por el incendio, pero indicando un posible móvil racista ("eza étnica")		

Firmado por: _____ D.N.I. _____ Fecha: _____

DOCUMENTO 2

Guardia Rural de España

Ficha: 33114A

Evaluación investigación preliminar

Número de caso	9004623A	**Oficial investigador**	Teniente Coronel Álvaro Flomesta
Agente investigador (investigación prelim.)	Ángel Sala Fuentes (Cabo 1047, Ozán)		
Cuartel General	Almería capital – Ortega Cano 11		
Fecha y hora investigación preliminar	14 de marzo de 2001 05h45 a 07h15	**Lugar del delito**	Barrio de Lampiño, Ozán (Campo de Ríoseco)
Clase de delito	Incendio (causa sin determinar) (doce muertos)		
Número de informe preliminar	4438892A		
Evaluación de informe	El informe del cabo Sala Fuentes, recien incorporado al cuerpo de la Guardia Rural, tiende a mi parecer a exagerar la posibilidad de que hubiera un móvil criminal que pudiera explicar el trágico incendio que dio lugar a la investigación. Dadas las recientes circunstancias de brotes de violencia asociados al creciente problema de la inmigración magrebí, es del todo comprensible que haya intentado interpretar así los hechos que se le presentaban. A mi juicio, sin embargo, las pruebas que identifica son indirectas, y como tal, inutilizables a menos que se presenten testigos dispuestos a corroborarlas, confirmando así la comisión de un crimen de tipo racista. Cabe añadir que la larga experiencia del cuerpo con este colectivo de los sin papeles por estas tierras indicaría más bien la probabilidad de un ajuste de cuentas entre individuos relacionados tal vez con el tráfico de estupefacientes, conocida actividad de dicha comunidad. A mi juicio, deberíamos destinar nuestros recursos a la eliminación de las mafias que controlan esta actividad delincuente, causa principal de estas agresiones dentro de la comunidad inmigrante. Por consiguiente, me veo obligado, a mi pesar, a recomendar el cierre inmediato de este expediente. Los resultados de nuestra investigación preliminar serán comunicados a la brigada antidroga de Almería.		
Recomendación	Cierre del expediente con efecto inmediato.		

Firmado por: ——————— D.N.I. ——————— Fecha:———————

EXPEDIENTE CERRADO

DOCUMENTO 3

JUEVES 22 DE MARZO DE 2001

Sede: Almirante Cañizares, 11 / Almería / ☎ (968) 22 91 36 / correo electrónico: voz@prensasur.es /
Precio 230 pesetas

UNA INVESTIGACIÓN INAPLAZABLE

Marta Gallego y José María Benjumea

Hay cosas en este mundo que no se pueden olvidar nunca. Para mucha gente quedará grabado en la memoria para siempre lo sucedido el día 15 de marzo de este año en Ozán, ese pueblo del norte de nuestra provincia que ahora ha llegado a cobrar tan triste fama no sólo en España, sino en otros países de la UE. Aquel día, informamos a nuestros lectores sobre los terribles acontecimientos del llamado 'caso Lampiño', el incendio en el que murieron doce miembros de dos familias magrebíes. A los que vimos aquella mañana los restos de la choza habitada por las dos familias de inmigrantes, nos parecía casi increíble que una niña de seis años, Fátima, hubiese sobrevivido aquella tragedia, aunque con quemaduras que siguen poniendo en peligro su vida. Concretamente, en el momento de escribir este artículo, la pequeña sigue en estado muy grave, según nos informan fuentes del hospital de La Paz. Cabe repetirlo –hay cosas que nunca se pueden olvidar...

Sin embargo, parece que no faltan quienes sí hayan querido olvidarse de lo que pasó aquella noche en el triste barrio de Lampiño. Según nos informan fuentes policiales, sólo seis días después de que se hubiera iniciado la investigación preliminar del incendio y de las circunstancias tan sospechosas que lo rodeaban, ya quedaba cerrado el expediente. Un portavoz de la Guardia Rural indicó ayer que la falta tanto de pruebas directas en la escena como de testigos del incidente habían hecho que los investigadores llegaran a la siguiente conclusión: lo más probable era que lo sucedido se tratase de un ajuste de cuentas entre narcotraficantes, y afirmó que entre las varias actividades delictivas adoptadas con frecuencia por los irregulares, el tráfico de estupefacientes representa una de sus fuentes de ingresos

más importantes. Anunció que se ha puesto "lo que queda" de la investigación en manos de la brigada antidroga basada en esta ciudad, añadiendo que cualquier dato que viniese al caso también pudiera ser utilizado para otras investigaciones del narcotráfico en estas costas que se están llevando a cabo en la actualidad.

Pero diga lo que diga la Guardia Rural, hay otras voces que rechazan de forma contundente esta versión de los hechos. Durante las últimas dos semanas, varias personas se han puesto en contacto con este periódico ofreciéndonos información sobre el 'caso Lampiño' que muy poco tiene que ver con la versión oficial. Es decir que ésta es una historia que todavía queda por escribir. Y cabe preguntar también por qué la Guardia no se haya referido en sus varios informes a estas mismas fuentes de información que tanto interés parecen tener en sacar a la luz la verdad del caso.

Las últimas informaciones recibidas por este periódico parecen indicar que el incendio del barrio de Lampiño fue causado, con toda probabilidad, por un grupo ultraderechista de jóvenes *skin*. Fuentes a nuestro juicio fidedignas nos han confirmado la presencia en el pueblo aquella noche de hasta diez o doce "cabezas rapadas", entre ellos algunos bien conocidos por los vecinos de Ozán. Según estas mismas fuentes, los jóvenes se marcharon por fin sobre las doce de la noche, cuando el bar Chicote, donde habían estado tomando copas, cerró sus puertas. Según nos informan, ya habían amenazado a MS, un marroquí que reside en el barrio de Lampiño, al entrar éste en el bar Chicote para comprar tabaco. Nuestras fuentes insisten en que los *skin*, que ya parecían borrachos cuando llegaron al pueblo, iban buscando guerra.

Por otra parte, un vecino de Ozán que presenció la escena inmediatamente después del incendio nos ha informado que oyó hablar al jefe de bomberos con uno de los dos guardias rurales que habían acudido al lugar para llevar a cabo la investigación preliminar del incidente. Según este señor, el jefe de bomberos le dijo al guardia que uno de los vecinos del barrio de Lampiño le había dicho nada más llegar que el incendio había sido provocado por un grupo de cuatro o cinco "matones racistas". Al parecer, éstos se habían presentado en el barrio sobre las tres de la madrugada dejando un coche, que él suponía robado, aparcado delante de la puerta de la choza donde vivían las víctimas antes de arrojar varios cócteles Molotov por la ventana delantera. Huyeron en otro coche. El testigo creía que era de tipo BMW de color azul o negro. Este presunto testigo no ha vuelto a presentarse ante la policía para hacer una declaración sobre lo sucedido aquella noche y, según fuentes policiales, no ha sido posible identificar a ningún individuo que haya hecho tales afirmaciones sobre el atentado. Sea por miedo a posibles represalias por parte de ultraderechistas, sea por su posible condición de irregular, no ha querido identificarse desde aquella noche. Investigaciones llevadas a cabo por nuestros colegas en el barrio de Lampiño indican que ya no reside allí y que se desconoce su paradero actual.

Fuentes policiales nos informan que el R5 encontrado en la escena fue robado la noche del 15 de marzo en Pechina, a unos diez kilómetros de Ozán.

Por otra parte, hemos podido comprobar que en lo que va del mes de marzo no se ha denunciado el robo de ningún BMW, ni en la provincia de Almería, ni en las provincias colindantes.

El que la policía haya descartado tan rotundamente la posibilidad de un móvil racista en este caso parece poner en tela de juicio la rigurosidad de la investigación llevada a cabo por sus agentes. De los efectos físicos recuperados en la escena no hemos vuelto a oír casi nada. Del análisis forense y la dactiloscopia en la escena del delito –se supone que se habrá llevado a cabo tales análisis– no sabemos absolutamente nada. Nuestras propias investigaciones indican que ninguno de los miembros de las dos familias de inmigrantes víctimas había estado bajo sospecha por la policía antes de que ocurriese la tragedia. Tampoco tenían antecedentes penales, aunque sí parece que pudieran pertenecer al colectivo de los irregulares en España.

Estamos viviendo un momento de nuestra historia en el que que los gobiernos de los países miembros de la Unión Europea están empezando a afrontar el controvertido tema de la inmigración irregular y la cuestión de los solicitantes de asilo político. Casi todos están de acuerdo en que el debate pide humanidad y justicia. Lo sucedido en Lampiño pide justicia a gritos. Una nueva investigación se hace inaplazable.

DOCUMENTO 4

EL CORREO

Edición de Madrid / 26 de marzo de 2001

Administración: Alcalá, 78 / Madrid / ☎ (912) 77 37 00 / Fax (912) 77 37 01 / Año IV Número CCXXI / Precio 140 ptas

SOCIEDAD

UN RECHAZO AVERGONZANTE

La larga serie de agresiones sucedidas a inmigrantes en los últimos meses ha dado lugar a una creciente autopercepción de España como país próspero pero intolerante. Y la escalada de violencia lleva camino de agravarse, puesto que la oleada de inmigrantes irregulares a España se hace cada vez más difícil de controlar. A pesar de las medidas endurecedoras de las políticas de inmigración recientemente aprobadas por el Gobierno, el tema de la inmigración parece haber suscitado en ciertos individuos, y de forma muy preocupante, uno de los más odiosos atavismos de nuestra cultura. El rechazo social, muchas veces violento, de los inmigrantes ha tenido considerable repercusión en la prensa. Ofrecemos a continuación una breve relación de los incidentes racistas más graves registrados últimamente en los medios de comunicación.

Cronología de las agresiones más graves

22-07-2000. Un grupo de cabezas rapadas ataca a dos jóvenes marroquíes en Níjar (Almería), quemando a uno de ellos con gasolina y dejando al joven con quemaduras de tercer grado en un 40% de su cuerpo.

03-08-00. Una familia nigeriana debe ser desalojada de su vivienda en Sant Marti de Llémena (Girona) y una mujer y dos niños resultaron heridos a causa de un incendio provocado por líquido inflamable lanzado desde el exterior. Aún andan sueltos los autores del incidente.

12-08-00. Varios magrebíes sufrieron golpes en un ataque por parte de unos jóvenes de una barriada marginal a un centro de acogida de inmigrantes en Tarifa (Cádiz).

25-08-00. Una mezquita en la localidad barcelonesa de Premià de Mar es incendiada después de una manifestación convocada en protesta por actos de delincuencia atribuidos a inmigrantes.

11-09-00. Unos jóvenes armados con cadenas y bates de béisbol atacan a varios residentes de la comunidad marroquí de Campoamor (Níjar, Almería). Varias personas resultan heridas, tres de ellas gravemente.

15-10-00. El ciudadano marroquí Abdellah Benaissa es asesinado a golpes por dos o tres jóvenes en las inmediaciones de una discoteca en Boadilla del Matorral (Alicante). Según informa la policía, no ha sido posible detener a nadie debido a la falta total de testigos dispuestos a prestar declaración.

02-11-00. Almería: una manifestación contra la inmigración incontrolada delante de las oficinas de la Asociación de Trabajadores Inmigrantes Marroquies en España (ATIME) deriva en una batalla campal entre inmigrantes, jóvenes *skin* y grupos antifascistas. Resultan heridas 15 personas, incluyendo a un joven marroquí que pierde la vista del ojo izquierdo y otro joven español que sufre dos puñaladas en el pulmón derecho.

19-01-01. La comunidad marroquí de El Ejido (Almería) convoca manifestaciones ante las agresiones que está sufriendo a manos de jóvenes racistas. Dos días después, un joven español de 14 años, José Luis Fernández muere apuñalado, presuntamente por un marroquí. En los días siguientes, se multiplican los incidentes de violencia racial en el barrio.

14-02-01. Convocatoria de una manifestación en Lleida en protesta por unos incidentes en el barrio de

La Bordeta causados aparentemente por unos jóvenes magrebíes en los cuales tres jóvenes españoles son apaleados y varios establecimientos destrozados.

22-02-01. Un grupo de desconocidos arrojan botes de cristal con gasolina en el interior de una nave industrial abandonada en Totana (Murcia) que servía de alojamiento a un grupo de marroquíes. Cuatro inmigrantes sufren quemaduras y tienen que ser trasladados al hospital.

15-03-01. Mueren doce inmigrantes magrebíes en el barrio marginal de Lampiño en Ozán (Almería) en un incendio intencionado. La única sobreviviente es una chica de seis años que sufre quemaduras gravísimas. La policía atribuye el incidente a un ajuste de cuentas entre traficantes de drogas de la comunidad inmigrante, a pesar de las protestas de los vecinos que siguen insistiendo en que se trata de un ataque racista.

Julián Hurtado Gil

DOCUMENTO 5

Carta dirigida al presentador de *Temas de Hoy*, José Luis Prieto, de TVE y firmada por un grupo de residentes del pueblo de Ozán. Los nombres quedan tachados porque los autores no desean ser identificados ante el público.

Ozán (Almería)

30 de marzo 2001

Estimado Señor Prieto,

Somos un grupo de vecinos de Ozán, provincia de Almería. Hemos decidido ponernos en contacto con usted porque no sabíamos qué otra cosa podíamos hacer para pedir justicia para las doce personas que murieron en un atentado racista en este pueblo el día 15 de este mes. En estos momentos una niña de seis años, la única persona que sobrevivió al incendio en el barrio de Lampiño, sigue luchando por su vida en el hospital de La Paz en Almería. Sin duda, usted habrá oído hablar del caso, pero lo que no sabemos es si ya se ha enterado de que muchos detalles que no encajan nada bien con la versión oficial difundida por el portavoz de la Guardia Rural de Almería. Nosotros no tenemos duda alguna de que se trata de un atentado racista, y no de una "guerra" entre traficantes de drogas, como dice la Guardia. Nos parece un escándalo que no se haya investigado a fondo lo que pasó aquella noche aquí en el pueblo. Los sinvergüenzas de la Guardia, desde luego, no están dispuestos a hacerlo. Adjuntamos un artículo que acaba de aparecer en *La Voz del Sur*. Podrá comprobar por sí mismo lo poco que se ha hecho para esclarecer el caso. Sabemos que ustedes están interesados en estos casos. Le rogamos que nos ayude antes de que el tiempo encierre la verdad de esta tragedia. Sabemos también que usted es una persona honrada y que respetará nuestro deseo de conservar el anonimato. Sin embargo, puede ponerse usted en contacto con nosotros llamando al teléfono ████████████

En espera de su respuesta le saludan

DOCUMENTO 6

Respuesta

FAX

De: Teniente coronel Álvaro Flomesta, Sección de Investigación y Criminalística

A: Sr. José Luis Prieto de TVE

Copia/s: General de Brigada Emilio Prados Echevarría Coronel Juan José Cobos Mansilla

Fecha: 6 de abril de 2001

Asunto: Investigación del incendio intencionado en Ozán (15.3.2001).

Estimado Sr. Prieto

Le informamos que hemos utilizado todos los medios profesionales que nos han parecido necesarios para llevar a cabo una investigación exhaustiva de lo occurrido en Ozán. Indudablemente usted sabrá por experiencia que cuando pasan cosas así, nunca faltan quienes se empeñan en buscarle tres pies al gato. Pero en este caso lo tenemos muy claro. La información confidencial que tenemos acerca del incidente de Lampiño indica que se trataba de un ajuste de cuentas entre traficantes de estupefacientes.

Lo que sí nos parece un motivo preocupante es que hayan llegado a sus manos dos informes oficiales de la Guardia Rural de esta provincia, cuando la cuestión del tráfico de drogas por inmigrantes del barrio de Lampiño sigue investigándose. Tenga en cuenta que las decisiones tomadas en este caso, como hemos señalado anteriormente, reflejan en parte la información recibida por el Cuerpo además de otros factores, algunos sub júdice en estos momentos. Es decir, que hasta que se emita el juicio, la ley no nos permite entrar en los pormenores del caso. Mientras tanto, es de esperar que la filtración de dichos documentos no llegue a redundar de forma negativa en el resultado de nuestras investigaciones.

Le saluda atentamente

Álvaro Flomesta

TAREAS ESCRITAS

1. ¿Cuál es tu opinión personal sobre la verdad del caso Lampiño? Justifica tu punto de vista.
2. Busca información sobre la historia multicultural de España. Escribe una lista de cinco de tus descubrimientos más destacados (hechos históricos, anécdotas, historias individuales). Puedes utilizar la biblioteca, el internet, etc.
3. Redacción: elige uno de los temas:
   (a) Desde 1492 hasta hoy España no ha dejado de ser un país intolerante. Comenta.
   (b) Lee con atención la Ley de Extranjería (Apéndice II) y escribe un resumen de sus aspectos más importantes.

EL RETORNO DE LA HOGUERA
Glosario selectivo español-inglés

abrirse a la inmigración	open up to immigration, to	don de gentes, tener	have a way with people, to
acoger a inmigrantes	welcome immigrants, to	economías sumergidas fpl	black economy
actitudes xenófobas o racistas fpl	xenophobic or racist attitudes	ejecutar las órdenes	carry out orders, to
		embarcación f	boat
agravarse	get worse, to	embarrancar	run aground, beach, to
ajuste de cuentas m	settling of scores, getting even	encajar con	fit with, to
		endurecedor/ora	toughening
alboroto m	disturbance	escasa escolarización anterior f	little previous education
amparo m	refuge, shelter	estricto control fronterizo m	strict border controls
aniquilar	annihilate, to	estupefacientes mpl	drugs
antecedentes, penales (o policiales), tener	have a criminal record, to	expulsar	expel, to
aportar	contribute, to	fallecido/a en naufragio	drowned as a result of shipwreck
aprehender	apprehend, to		
atavismo m	atavism	fichado/a como ultra peligroso/a	identified as a dangerous extremist
atentado m	attack		
auxiliar a las personas	help people, to	fidedigno/a	reliable
barriada f	poor area of town or village	fijar la residencia en	settle in, to
		garantizar la seguridad ciudadana	ensure public safety, to
batalla campal f	pitched battle	hacinados/as	crammed together
bienes mpl	belongings	hoguera f	bonfire
brote m	outbreak	hoguera, morir en la	be burned at the stake, to
cabeza rapada mf	skinhead	hojear	flick through, to
carecer de vivienda digna	lack a decent home, to	homicida por imprudencia m	manslaughter
casos de grave riesgo mpl	seriously at-risk cases		
catástrofe f	catastrophe	homicidio doloso m	malicious homicide
ceguera f	blindness	inaplazable adj	that cannot be put off or delayed
centros de acogida mpl	reception centres		
chabola f	shanty, shack	incautarse	seize, confiscate, to
chamusquina, oler a	smell fishy, to	incendio provocado (o intencionado) m	arson
chapa f	corrugated iron		
choza f	shack, hut	incompetencia lingüística f	lack of linguistic competence
colectivo de los inmigrantes m	immigrant community as a whole, the	índice de paro m	unemployment figures
		infravivenda f	shanty
colindante adj	adjacent, contiguous	infusión f	herbal tea
comisión de actos delictivos f	perpetration of criminal acts, the	inmigrantes irregulares mfpl	illegal immigrants
condal, la ciudad	Barcelona	Investigación y Criminalística f	Criminal Investigation Section
contención de flujos f	flow control		
crimen m	crime		
cruzar el estrecho	cross the straits, to	irregular mf	illegal immigrant, the
dactiloscopia f	fingerprinting	ley de doble nacionalidad f	dual nationality laws
delictivo/a	criminal	legislación comunitaria armonizada f	harmonized EU legislation
delito m	crime		
desenterrar	exhume, to		
desorientación cultural f	culture shock	Levante m	Eastern Spain
directrices fpl	directives	Ley de Extranjería f	Immigration Laws, the

leyes de asilo *fpl*	*rules governing asylum, the*
lugar del delito *m*	*crime scene*
mendicidad *f*	*begging*
núcleos urbanos rurales *mpl*	*rural villages*
oleada *f*	*wave*
órden público *m*	*law and order*
pandilla *f*	*band, group*
paradero *m*	*whereabouts*
pateras interceptadas *fpl*	*small boats intercepted*
patrullas costeras *fpl*	*coastal patrols*
perito *m*	*expert*
perjudicial para la raza *adj*	*damaging to racial/national identity*
permanecencia en *f*	*period of residence in*
permiso de asentamiento *m*	*permission to settle*
polizón *m*	*stowaway, a*
pormenores *mpl*	*details, finer points*
presuntos culpables *mpl*	*suspects, the*
primeros auxilios *mpl*	*first aid*
procedente de	*from*
prueba de cargo *f*	*prosecution evidence*
prueba de descargo *f*	*evidence for the defence*
pruebas directas *fpl*	*direct evidence*
pruebas indirectas *fpl*	*indirect evidence*
puestos fronterizos *ml*	*border posts*
recurrir a los tribunales	*have recourse to the courts, to*
refriega *f*	*scuffle, clash*
registro en domicilio / domiciliario *m*	*property search*
regularización *f*	*regularization (i.e. legalization)*
sacudir	*shake, send shock waves through, to*
sepultar	*bury, cover up, to*
seguridad colectiva *f*	*safety of the community*
sin papeles *mfpl*	*those without papers*
sobran indicios de que	*there's plenty of evidence that*
sonsacar la verdad	*get the truth out of, to*
subsahariano/a *mf*	*sub-Saharan (i.e. Nigerian, etc.)*
tela de juicio, poner en	*cast doubt on, to*
tópico *m*	*stereotypical notion*
travesía *f*	*crossing*
ultras *mpl*	*extremists (right-wing)*
velar por	*look after, safeguard, to*
violentos de ideología ultraderechista *mpl*	*violent extreme right-wingers*
vislumbrar	*glimpse, to*
vivero *m*	*garden centre, nursery*
zona conflieryctiva *f*	*area of conflict*

9

9.1 Lead Text

Europa ante la inmigración: el difícil equilibrio entre la contención de flujos y la necesidad de trabajadores

La ONU advierte a los países miembros de que necesitan acoger a 44 millones de inmigrantes para mantener su crecimiento y garantizar sus pensiones

---

Inmigrantes 'sin papeles' en Europa

1 **ESPAÑA**
España es uno de los países de la Unión Europea con más inmigrantes irregulares (cerca de 300.000). El proceso de regularización culminado en el año 2000 ha permitido a unos 140.000 legalizar su situación. Otros
5 60.000 verán revisado su caso tras ser rechazados.

ALEMANIA
Se calcula que un millón de personas vive sin regularizar. Tras las restricciones de los últimos años, el Gobierno de Schröder ha prometido una reforma legal que beneficiará a tres de los 7,3 millones de extranjeros.
10 Dentro de los Estados miembros de la Unión Europea, los derechos de inmigración y las leyes de asilo difieren sustancialmente de un país a otro.

FRANCIA
El Gobierno ha regularizado a 83.000 de los 140.000 *sin papeles* identificados. Se calcula que hay otros 300.000 sin contabilizar. En 1997 fueron
15 deportados 7.200 inmigrantes sin regularizar.

ITALIA
Tras su entrada en el espacio de Schengen en 1999 registró una gran afluencia de extranjeros que llevó al Gobierno a abrir un cupo de 38.000 permisos con posibilidades de ampliación. En 1995 se regularizó a 200.000
20 con una amnistía. Se estima que hay 235.000 *sin papeles*.

REINO UNIDO
El Gobierno regularizó en el año 2000 a 30.000 refugiados y demandantes de asilo llegados antes de 1995, cifrados en 70.000. No se ha regularizado
24 a los inmigrantes ilegales económicos, que son 50.000.

25 La ONU ha advertido a Europa de la necesidad de abrirse a la inmigración para mantener su crecimiento y proteger las pensiones. De hecho, según Eurostat, Europa necesita unos 44 millones de inmigrantes hasta 2050 para superar este bache.

Pese a esta advertencia, un informe posterior de la OCDE detecta medidas
30 endurecedoras de las políticas de inmigración en la mayoría de las naciones europeas. Esta tendencia dará pie a una legislación comunitaria armonizada (aplicable en todos los países miembros) que podría ver la luz en un período inferior a 3 años.

El número de inmigrantes llegados a los países de la Unión Europea en el 2000
35 ha sido de 816.000, casi 100.000 personas más que en 1999. Proceden en su mayoría del Magreb, Turquía, India, África subsahariana y los Balcanes.

En total se estima que 3 millones de personas viven clandestinamente en el Viejo Continente; medio millón residen en Francia, cerca de 300.000 en España y otros 235.000 en Italia.

40 De forma paralela, según el informe anual del Observatorio Europeo del Racismo y la Xenofobia, aumentan cada año los casos de violencia racial, discriminación y delitos de grupos neonazis en todos los países de la Unión Europea.

Un 33% de los europeos se consideran "muy" o "más bien" racista y el Eurobarómetro considera que las razones para este aumento de la xenofobia se
45 debe principalmente al temor al paro y la seguridad en el futuro y a un malestar generalizado ante las políticas gubernamentales y las condiciones sociales.

ALEMANIA: más de 7 millones de inmigrantes, 24 por cada 1.000 habitantes

En el 2000 entró en vigor la ley de doble nacionalidad. Dos mujeres turcas dieron a luz el primer día de enero del 2000 y se beneficiaran de esta ley aprobada por
50 el Parlamento alemán en 1999. Esta nueva oleada legislativa trata de promover la integración de la segunda y tercera generación de inmigrantes.

El número de violentos de ideología ultraderechista aumenta cada año; hay casi 9.000 personas fichadas como ultras peligrosos, en su mayoría procedentes de la antigua Alemania oriental. Uno de cada cuatro jóvenes es muy racista y evita el
55 contacto con los inmigrantes.

Los emigrantes irregulares que son detenidos en las fronteras alemanas son expulsados de inmediato, aunque pueden pasar cierto tiempo en zonas de tránsito especialmente habilitadas en puestos fronterizos. Alemania tiene convenios con todos sus vecinos, que le permiten expulsar al territorio de éstos a quienes
60 intentan entrar ilegalmente en el país. Si el inmigrante no lleva documentos, el procedimiento puede llevar meses, porque primero hay que establecer la identidad del detenido. El irregular tiene derecho a recurrir a los tribunales frente a la decisión administrativa de expulsarlo.

AUSTRIA: 1 inmigrante por cada 1.000 habitantes

65　El discurso xenófobo de Jörg Haider llevó a su partido de extrema derecha (FPÖ) al gobierno del país en febrero de 2000. El informe de los tres sabios que se desplazaron a Austria por mandato de la UE para analizar los efectos del cambio de Gobierno en la defensa de los derechos humanos y en la situación de los extranjeros concluyó que el nuevo Ejecutivo estaba siendo fiel a la legislación
70　vigente sobre extranjería.

Cada año, una orden administrativa establece cuotas para la admisión de ciudadanos de terceros países (no residentes en la UE). La disposición administrativa del año 2000 limita a un máximo de 7.860 el número de permisos de asentamiento, que se distribuyen entre los diferentes Estados federados. La ley austríaca otor-
75　ga a los extranjeros residentes en Austria un derecho a la reunificación familiar. Sin embargo las personas que desean unirse con sus familiares están sometidos al régimen de cuotas fijadas por la orden administrativa de asentamiento.

Pese a todo, en Viena siguen registrándose denuncias por episodios de racismo que afectan principalmente a personas de origen africano.

80　**BÉLGICA**: 20 inmigrantes por cada 1.000 habitantes

No existen cifras oficiales sobre el número exacto de inmigrantes y refugiados que viven en Bélgica en situación irregular, pero se calcula que puede haber entre 50.000 y 75.000 personas. En los últimos tiempos la mayoría de los inmigrantes que llegan proceden de Ucrania y de países centroeuropeos como Eslovenia y
85　Eslovaquia.

Hasta la llegada hace un año y medio del Gobierno liberal de Guy Verhofstadt, Bélgica fue uno de los países comunitarios donde con más saña se ha perseguido a los irregulares con encarcelamientos, tácticas agresivas y deportaciones. La Ley de Extranjería aprobada en diciembre de 1999 permitió a varios miles de
90　inmigrantes y a sus familias obtener permiso de residencia tras demostrar que vivían en el país al menos durante seis años antes de la fecha límite del 1 de octubre de 1999 (cinco si tenían hijos en edad escolar).

En el año 2000, la inmigración ilegal creció un 60% con respecto a 1999 según cálculos de la policía belga, pese al aumento de los controles en las fronteras y la
95　campaña policial contra las mafias.

ESPAÑA: 1 inmigrante por cada 1.000 habitantes

Según datos provisionales de Eurostat, en España hay 1 inmigrante por cada 1000 habitantes, un porcentaje bastante bajo comparado con el resto de la Unión Europea, sólo por encima de las tasas de Finlandia y Francia. Los inmigrantes
100　trabajan en su mayoría en economías sumergidas. Se les paga menos, trabajan en peores condiciones, recibiendo menos del sueldo mínimo exigido por ley. En muchos casos carecen de vivienda digna.

España es uno de los países de la Unión Europea con más inmigrantes irregulares. De los tres millones de personas que viven clandestinamente en Europa,
105 medio millón residen en Francia, cerca de 300.000 en España y otros 235.000 en Italia.

FRANCIA: 1 inmigrante por cada 1.000 habitantes

En 1999 Francia regularizó a casi un 70% de los inmigrantes que pidieron documentación. Fue el resultado de la lucha de los sin papeles, que hizo tambalearse
110 a la derecha. Los irregulares no han sido expulsados, al menos de manera organizada y masiva, pero su situación es precaria. Entre 1991 y 1997 se recurrió a las expulsiones, a veces a través de vuelos charter, pero en la actualidad esa es una práctica abandonada.

No se han previsto disposiciones legales para asegurar la educación de los hijos
115 de refugiados aunque sí han disminuido las trabas para conseguir la reagrupación familiar. Durante 2000 se han sucedido agresiones a magrebíes y problemas en la educación infantil por el uso de velos islámicos en clase.

HOLANDA: 3 inmigrantes por cada 1.000 habitantes

De su crecimiento demográfico, la mitad es debida a los nacimientos de niños
120 inmigrantes.

El Gobierno prevé conceder un permiso de residencia de tres años que sería indefinido posteriormente.

IRLANDA: 6 inmigrantes por cada 1.000 habitantes

Los inmigrantes tienen derecho a traerse a sus familias. La mitad del crecimien-
125 to demográfico en Irlanda se debe a los inmigrantes.

ITALIA: 3 inmigrantes por cada 1.000 habitantes

En estos momentos Italia fija un cupo anual variable (en torno a 60.000 personas el último) de trabajadores extracomunitarios que son admitidos en el país. Un decreto de 1999 permite obtener la residencia permanente a los inmigrantes con
130 más de cinco años de residencia legal en el país. En cuanto a los irregulares, la ley prevé la reclusión de estas personas en un centro de acogida donde permanecen hasta ser identificados y una vez establecida su nacionalidad se les repatría. Cuando esto no es posible, quedan en libertad.

El Gobierno de centro-izquierda concedió en 1999 una regularización extraordi-
135 naria que permitió a más de 200.000 inmigrantes obtener el permiso de residencia legal. Tuvieron que presentar una oferta de trabajo y demostrar su presencia en Italia con anterioridad a la promulgación de la ley. La cifra de inmigrantes irregulares supera las 300.000 personas.

En el año 2000, el numero de inmigrantes que fijó en Italia su residencia aumen-
140 tó en un 13,8%, y en un 23% en lo que se refiere sólo a menores de edad. En la
actualidad, los extracomunitarios que viven en este pais son 1.270.000 respecto a
los 800.000 de hace 10 años.

LUXEMBURGO: 114 inmigrantes por cada 1.000 habitantes

Los refugiados no tienen derecho a traerse a su familia mientras que en Bélgica
145 e Irlanda sí pueden hacerlo.

Cuenta con un estricto control fronterizo para evitar a las entradas clandestinas
pese a que el 70% de su crecimiento demográfico es debido a la llegada de inmigrantes.

PORTUGAL: 1 inmigrante por cada 1.000 habitantes

150 Las autoridades no han previsto disposiciones legales para asegurar la educación de los hijos de refugiados. Los inmigrantes trabajan en su mayoría en
economías sumergidas. Se les paga menos, trabajan en peores condiciones, recibiendo menos del sueldo mínimo exigido por ley. En muchos casos carecen de
vivienda digna y viven hacinados o en chabolas.

155 **REINO UNIDO**: 2 inmigrantes por cada 1.000 habitantes

Un 10% de los inmigrantes son devueltos a sus países de origen porque su solicitud de asilo se debía a la falta de empleo en su lugar de origen.

En marzo del 2000, el Gobierno anunció que expulsará a los refugiados que
exploten a sus hijos para la mendicidad porque no necesitan ejercerla gracias a
160 las ayudas sociales que les concede el Estado. Éstas son para conseguir trabajo y
vivienda. Además, ofrece clases de inglés a los inmigrantes que las soliciten.

El Gobierno regularizó en el año 2000 a 30.000 refugiados y demandantes de
asilo llegados antes de 1995, cifrados en 70.000. No se ha regularizado a los inmi-
164 grantes ilegales cconómicos, que son 50.000.

9.2 Questions on the Lead Text

Answer the questions IN ENGLISH unless otherwise indicated

2. Translate or explain *in English* the meaning of the following words or phrases:
    (a) 'afluencia' (lines 17–18)
    (b) 'cupo' (line 18)
    (c) 'Dos mujeres turcas dieron a luz'(line 48)
    (d) 'siguen registrándose denuncias por episodios de racismo' (line 78)
    (e) 'en economías sumergidas' (line 100)
    (f) 'carecen de vivienda digna y viven hacinados' (lines 153–54)
3. Paraphrase the following words or phrases in Spanish:
    (a) 'irregulares' (line 3)
    (b) 'permisos de asentamiento' (lines 73–74)
    (c) 'una regularización extraordinaria' (lines 134–135)
    (d) 'las entradas clandestinas' (line 146)
    (e) 'Las autoridades no han previsto disposiciones legales para asegurar la educación de los hijos de refugiados' (lines 150–151)
4. The United Nations cited two main reasons for recommending that Europe accept significant numbers of immigrants over the coming years. What were they?
5. A report published subsequently by the Organization for Economic Co-operation and Development drew two main conclusions in respect of European immigration. What were they?
6. What was the main purpose of the bill relating to the status of immigrants passed by the German parliament in 1999?
7. What was the conclusion of the report drawn up by the 'three wise men' sent to Austria by the European Union to analyze the effects of the change of government there?
8. The struggle by France's illegal immigrants to achieve legal status in that country led to two, very different outcomes. What were they?
9. What announcement relating to refugees did the British government make in March 2000 and why was this policy adopted?

9.3 Focus on Function

9.3.1 Expressions of influence, prevention, etc.

In simulations you will frequently find yourself wanting to use verbs of influencing, preventing, permitting, advising, wanting or requiring. In Spanish, such verbs followed by the word *que* require the verb which follows to be in the subjunctive. Make a conscious effort in the remaining simulations to incorporate some these expressions.

> When the verb in the main clause is related to influencing, preventing, permitting, advising, wanting or requiring, *and* the subjects of the main and subordinate verbs are *different* (i.e. 'I want *you* to do', as opposed to 'I want to do'), then the subjunctive is required in the subordinate clause (the clause introduced by *que*). Where the subjects of main and subordinate

verbs are *the same*, then the infinitive is used (for a fuller discussion of these points see B&B 16.5.1–16.5.3). (P&dC 13.2).

Esto *hace que* la mayoría de los empleados no *conozca* a su jefe de departamento.
The effect of this is that most of the employees don't know their head of department.

Me *dijo que hablara* contigo antes de formarme una opinión.
He/she told me to speak to you before forming an opinion.

Quiero *asegurarme de que* Ana *lleve* consigo los dos tomos a Barcelona.
I want to ensure that Ana takes both volumes with her to Barcelona.

Si podemos *lograr que* José no *se entere* de lo que queremos hacer, será bastante más fácil para todos.
If we can manage to ensure that José doesn't find out what we want to do, it'll be quite a lot easier for everyone.

Mientras tanto, los ingenieros *impedían que* el agua radiactiva *saliera* del recinto de contención.
Meanwhile, the engineers prevented the radioactive water from escaping from the containment building.

Esto *evita que tengamos* que preguntárselo a Jiménez. Ya sabes lo cabezota que es.
This avoids us having to ask Jiménez. You know how pig-headed he is.

Sería mejor que *dejáramos que se abriesen* las puertas.
It would be better if we allowed the doors to be opened.
(note here that the first subordinate verb *dejáramos* is also in the imperfect subjunctive because it follows the expression of a value judgement *sería mejor que. See 1.3.2*)

Manolo me *aconsejó que fuese* inmediatamente a denunciarlo a la policía.
Manolo advised me to go immediately and report it to the police.

No *quiero que* me *llame* ese idiota a estas horas de la noche.
I don't want that idiot calling me at this time of night.

Hemos *exigido que se utilice* hormigón armado.
We've demanded that reinforced concrete be used.

Imagínate el jaleo que se armó cuando nos informaron que *hacía falta que les entregáramos* todos los documentos antes de la una.
Imagine the hassle it caused when they told us we had to hand over all the documents before one o'clock.

José Luis *se ha empeñado en que* nadie *mencione* lo de ayer.
José Luis has insisted that no one mentions that business yesterday.

But see the following examples. Here the main and subordinate verbs have the *same* subject and so the subordinate verb is in the infinitive, *not* the subjunctive.

Aun si *quisiera ir,* que no quiero, no iría estando tú allí.

Even if I wanted to go, which I don't, I wouldn't go if you were there.

Dicen que cuando *lograron hacerlo* por fin, la gente se volvió loca de emoción.
They say that when they finally managed to do it, people went crazy with excitement.

Finally, remember that *hacer falta* (without *que*) just takes the infinitive, as in 'No hace falta apuntar el número de teléfono, que lo tengo en casa'.

Exercise

9.1. *Change the infinitive in brackets as appropriate in the following sentences*:

1. No quiero de ninguna manera impedir que los niños (*poder*) _____ acceder a la piscina cuando quieran.
2. No me ha querido (*poner*) _____ tantas pegas, pero comprendo que esto le tiene preocupadísimo.
3. Hay que tener mucho cuidado a la hora de interpretar estas estadísticas, que es fácil que hagan que uno (*pensar*) _____ que todo va estupendamente bien.
4. ¡No me vengas con más cuentos, que ya te he dicho que (*dejar*) en paz _____ a tu hermano!
5. Asegúrate de que te (*pagar*) _____ antes de empezar, que con esos tipos no te puedes fiar nunca.
6. ¡Me importa un rábano que quiera que le (*llamar*) _____ ! No lo haré.
7. Sería aconsejable (*despedir*) _____ a Montoro ya, antes de que se empeñe en que se (*despedir*) _____ a nosotros.
8. Déjale que lo (*cambiar*) _____ como quiera.

(For further exercises see P&dC 13.2)

Revision exercise

Change the verbs in brackets as appropriate in the following passage. In cases where more than one tense may be used, please include all possible forms:

El cine español (*comenzar*) _____ a principios del siglo pasado al igual que en otros paises, pero (*caracterizarse*) _____ a lo largo de los años –y hay quien dice que sigue caracterizándose – por su marginación de la cultura cinematográfica europea. Las eccentricidades de sus personajes desde Buñuel hasta Almodóvar (*contribuir*) _____ hasta hoy día a (*fijar*) _____ las idiosincracias del cine español como sus señas de identidad. Lo que los críticos de cine no (*poder*) _____ o no (*querer*) _____ ver hasta hace muy poco es lo mucho que el cine español tiene en común con el del resto de Europa. Actualmente el mercado de cine en España (*vivir*) _____ un momento de vitalidad, marcado por unos valores industriales muy poco frecuentes en su historia. Por primera vez los géneros tradicionales típicos de la cultura española (comedia, drama rural, de curas o de militares, etc.) (*convivir*) _____ con géneros más internacionales (melodrama, crimen y hasta películas de acción). Los filmes con un presupuesto elevado (*ser*) _____ un fenómeno reciente y nosotros (*creer*) _____ que (*tener*) _____ un papel decisivo en el futuro también. Si la cultura cinematográfica española no (*ser*) _____ tan cerrada durante su primer siglo no (*estar*) _____ ahora en una fase de clara recuperación frente a los cines de otros paises similares.

SIMULACIÓN 9
¿HACIA UN ESPÍRITU COMUNITARIO?

Notes on *¿HACIA UN ESPÍRITU COMUNITARIO?*

This simulation, like the last one, involves its participants in the making of a television documentary, though in this case the subject matter is somewhat less specific. Again there are no winners or losers in this televised debate, merely an airing of the issues.

Where applicable, students should repeat the role they played in the last simulation, *El retorno de la hoguera*.

Once again, it is recommended that the televised debate at the end be recorded on video.

Contenido

- Situación y etapas de la simulación
- Personajes y datos biográficos selectivos
- Documento 1: 'Un viaje arriesgado hacia un futuro incierto'
- Documento 2: 'Inmigrantes menores de edad'
- Documento 3: 'La sociedad española ante la inmigración'
- Documento 4: 'La integración educativa'
- Documento 5: 'La natalidad de los inmigrantes'
- Documento 6: Artículo de prensa: 'Cada vez somos menos'
- Tareas escritas

Situación

Hace tiempo ya que el controvertido tema de la inmigración surge casi a diario en la prensa y medios de comunicación. Parece que casi todos los días se nos informa que otra patera ha sido interceptada en la costa, o que algún grupo de irregulares ha sido detenido por las autoridades, o que otro pobre magrebí o sub-sahariano ha perdido la vida en el intento desesperado de llegar a las orillas de lo que para ellos es la 'Tierra Prometida'. No debe extrañar, por consiguiente, que en España se haya suscitado un acalorado debate sobre el tema. Las discusiones se pueden resumir en dos puntos. Por una parte, tratan de definir los límites de responsabilidad moral de los países recipientes hacia los inmigrantes. Aquí hay que tener en cuenta la aportación laboral de éstos no sólo a ciertos sectores de la economía española, sino también a la protección de pensiones en el futuro si aceptamos los datos proporcionados por la ONU (véase 'Europa ante la inmigración'). Y por otra parte, intentan establecer un marco jurídico y logístico que sirva para regularizar a aquellos inmigrantes que reúnan los requisitos exigidos por la ley. Dicho marco también debe suministrar los recursos humanos y materiales necesarios para hacer frente a la oleada de irregulares que llegan a España en la actualidad.

El equipo de producción de *Temas de Hoy*, muy sensibilizado a la fuerte reacción del público ante su reciente programa sobre lo sucedido en Ozán (Almería), ha decidido entablar otro debate televisado en forma de 'mesa redonda' a fin de tratar a fondo algunas de las cuestiones planteadas por los miles de televidentes que se pusieron en contacto con TVE después del programa. Con este fin, ha reunido a un grupo de personas altamente capacitadas para hablar del tema de la inmigración. Entre ellas figuran algunos de los participantes en el debate sobre 'el caso Lampiño' emitido el mes pasado. Los cuatro asuntos a debatir son los siguientes:

1. ¿Hasta qué punto, y en qué circunstancias, puede decirse que España tiene una responsabilidad moral hacia los inmigrantes que llegan a sus orillas?
2. ¿En qué consiste la aportación positiva de los inmigrantes al país recipiente?
3. ¿Cuáles son los posibles efectos negativos de la inmigración, y cómo deberíamos hacer frente a tales efectos?
4. ¿Cuáles son los requisitos básicos que deben exigirse a los inmigrantes para que tengan derecho a regularizarse en España?

Etapas de la simulación

1. Antes de que empiece el rodaje del programa, cada presentador de *Temas de Hoy* se reunirá con un grupo de invitados para conocer un poco más a fondo sus opiniones sobre la cuestión de la inmigración en España y tener una idea más clara de la posible aportación de cada invitado al debate televisado. Es decir, las preguntas formuladas por los presentadores durante el programa se basarán en parte en las opiniones expresadas por los invitados durante estas reuniones preliminares. José Luis Prieto se reunirá con los que tienden a favorecer una política más aperturista y/o liberal hacia los inmigrantes,

mientras Ester Casaverde se reunirá con los que favorecen una política más bien de línea dura y/o derechista, es decir, los que se muestran bastante reacios a aceptar que los inmigrantes tengan derecho alguno de instalarse en España.
2. Terminada esta fase, se procederá al rodaje del programa. Los dos presentadores abrirán el programa con un breve resumen, a manera de introducción, de la situación actual de la inmigración en España y de los parámetros esenciales del debate nacional provocado por la gran afluencia de inmigrantes que se ha registrado en los últimos meses.
3. Por último, se celebrará el debate propiamente dicho. Los dos presentadores lo presidirán de forma muy activa, haciendo preguntas e intentando asegurar que se le ceda a cada participante la oportunidad de tener la palabra.

Personajes

1. José Luis Prieto Villar – presentador de *Temas de Hoy* en TVE – 52 años

Creador y co-presentador del programa *Temas de Hoy*. Antes de trabajar como presentador e investigador con TVE, José Luis era historiador. Tras sus recientes investigaciones de los acontecimientos violentos ocurridos en Ozán (Almería), ha llegado a la conclusión de que la cuestión de la inmigración constituye ahora uno de los retos más importantes para la sociedad española. Por eso ha querido continuar con el debate iniciado en el último programa de *temas de Hoy*, pero esta vez quiere darle un enfoque más amplio que abarque los aspectos políticos, morales y prácticos del problema. Para una mayor información sobre José Luis véase la nota biográfica en la página 175.

2. Ester Casaverde Bernal – presentadora e investigadora para *Temas de Hoy* de TVE – 30 años

A Ester se le ofreció el puesto de presentadora e investigadora para *Temas de Hoy* después de que José Luis Prieto viera la entrevista realizada por ella para *Telediario* hace unos cuatro años al entonces Ministro de Asuntos Exteriores, Jaime Carvajal. Tras llevar a cabo una serie de investigaciones durante todo un año, Ester logró por fin poner al descubierto la corrupción del ministro, y ahora nadie duda de que fuese esta entrevista con la joven periodista la que llevó al ya desacreditado político a dimitir poco después. Para una mayor información sobre Ester véase la nota biográfica en la página 175.

3. Valentín Estrada De Sotomayor – editor y periodista de *El Heraldo Nacional* – 56 años

Declarado 'culturalista' (niega ser 'racista', aunque muchos dirían que lo es), Valentín es, a fin de cuentas, un hombre sencillo a quien no le gusta que le compliquen la vida. En cuanto al problema de los inmigrantes, lo tiene muy claro. Aparte de opinar que los inmigrantes subsaharianos y marroquíes carecen en absoluto de derechos para instalarse en España, está seguro de que habrá bastante descontento social si no se adoptan medidas urgentes para poner freno a la creciente afluencia de irregulares y otros inmigrantes a España. No es que no le gusten los marroquíes, dice. Ha conocido a varios, pero, como suele decir, 'son diferentes, no son como nosotros, son de otra raza, y no quieren asimilarse a la cultura española...' Para una mayor información sobre Valentín véase la nota biográfica en la página 176.

4. Marta Gallego Pérez – periodista de *La Voz del Sur* – 24 años

Coautora, con José María Benjumea, de tres artículos sobre la creciente oleada de irregulares en España, Marta se quedó asombrada ante la reacción enfurecida, y a veces violenta, de algunos sectores del público español. No es que se arrepienta de haber informado sobre el aumento del número de irregulares, pero lo que sí es cierto es que se siente ahora obligada a asegurarse de que sus compatriotas lleguen a comprender mejor las vidas tan arriesgadas y a veces dolorosas de muchos irregulares que llegan a España. También quiere informar a sus lectores sobre los beneficios que éstos pueden aportar a la sociedad española. Para una mayor información sobre Marta véase la nota biográfica en la página 175.

5. Candela Mantilla Galán – ministra del gobierno sin cartera – 41 años

El Ministro del Interior no se ha mostrado dispuesto a salir en *Temas de Hoy* para hablar de los problemas asociados con la inmigración. Sin embargo, Candela Mantilla, una política que, a pesar de su cargo actual de ministra sin cartera, goza de cierta fama de inconformista, ha aceptado aparecer en el programa. Todo el mundo reconoce que la ministra es una persona sofisticada, sutil e inteligente, pero sus colegas conocen también a otra Candela, una Candela bastante dura de corazón y muy poco dada a identificarse con los problemas de los demás. Por lo tanto, no debe sorprender que esté muy en contra de cualquier política de aperturismo hacia los inmigrantes y le gustaría, a ser posible, repatriar a la mayoría de los irregulares que se encuentran en España en la actualidad. Por muy inconformista que sea, Candela es ministra, y por eso tendrá que buscar una forma algo evasiva de expresarse en público sobre estos asuntos...

6. Encarna Mendizábal – novelista e historiadora títular de la cátedra Alfonso el Sabio en la Universidad del País Vasco – 62 años

Podría decirse que a Encarna le duele España. Es decir, le duele el hecho de que en el año 2001 tantos españoles sigan viendo a gente de otro color o de otras culturas y costumbres casi como si procedieran de otro planeta. Para ella, esta actitud tan deplorable refleja una mentalidad pueblerina que a su vez demuestra un total desconocimiento de la historia de España. Quiere despertar las conciencias de los españoles y hacerles ver que la enorme riqueza de la cultura española se debe sobre todo a la gran mezcla de razas, culturas y creencias que ha caracterizado gran parte de la historia peninsular.

7. Ricardo Pirinflín Ostiz, Obispo De Olite – 52 años

El obispo trata siempre de mantener una fachada razonable, moderada y, sobre todo, humanitaria. Sin embargo, a veces se deja vislumbrar detrás de esta máscara a un despiadado, frío y reaccionario defensor de la fe católica. Se opone, por ejemplo, no sólo al aborto y al divorcio, sino también a cualquier tendencia modernizadora que pueda perjudicar, en su opinión, la vida familiar tradicional de los españoles. Incluso se opone el buen obispo a que la mujer con niños trabaje. En el fondo, Su Ilustrísima no es ni más ni menos que un nostálgico tradicionalista que ha tenido que adaptarse, por lo menos superficialmente, a un mundo moderno en el cual él no se siente nada cómodo. Para él, la libertad se ha convertido en libertinaje. Y en el fondo está muy en contra de la inmigración, porque la gran mayoría de esa gente profesa una fe distinta, y la Iglesia, que ya se encuentra sitiada por todos lados, no necesita más 'enemigos' en España ...

8. Housni Zekri – editor y periodista del semanario *El Magrebí* – 40 años

Housni llegó a España hace ocho años en busca de asilo político. Llegó acompañado por su mujer y sus tres niños después de un viaje peligrosísimo. En Africa del norte, donde Housni había sido profesor universitario, habían sido víctimas de una fuerte represión política. A Housni le encarcelaron y le torturaron, y, por si fuera poco, le amenazaron también con torturar a otros miembros de su familia. Ahora, mediante el semanario *El Magrebí* y sus muchos artículos en periódicos de mayor difusión, Housni se ha convertido en un importante y respetado defensor de los derechos de los inmigrantes. Ante todo procura asegurar que las historias muchas veces angustiosas de otros inmigrantes lleguen al conocimiento del público. Opina que para mucha gente, y no sólo en España, el Otro cultural apenas existe como persona hasta que se haga tangible como individuo con su historia y sus problemas específicos.

9. Angélica López Estruch – portavoz del grupo de presión *Numancia Nueva* – 33 años

Tenaz en la política, aunque algo sensiblera, y un tanto excéntrica dirían algunos, Angélica tiene una visión casi mística de la historia de España, o, mejor dicho, de una de las varias versiones de su historia. Es una visión que se refleja en el nombre, originalmente propuesto por ella, y para muchos exagerado, del grupo de presión, *Numancia Nueva*. Como todo el mundo sabe, la heroica defensa del pueblo de Numancia en 133 a. de J.C. por 4.000 españoles contra un ejército romano de 60.000 sitiadores terminó en el suicidio de todos los defensores antes que rendirse al enemigo invasor. No es de extrañar, pues, que *Numancia Nueva* fuese fundado a fin de presionar al Gobierno para que adoptara duras medidas con respecto a las actuales políticas de inmigración. Angélica se jacta de que mientras ella y sus 'nuevos numantinos' se mantengan 'alertas en las almenas de España', será muy difícil que el Gobierno siga adelante con lo que para ella es una política demasiado liberal hacia los inmigrantes. Y cabe añadir que, por excéntrico que parezca su proyecto, miles de españoles se han apuntado (y siguen apuntándose) a la quijotesca *Numancia Nueva*. O sea, este grupo de presión empieza a representar una fuerza política real. Quiera o no quiera, el Gobierno va a tener que hacerle caso.

Personajes suplementarios

10. Rosa Pacheco Cuadros – economista – 29 años

Joven pero muy respetada como economista, Rosa ha llevado a cabo varios estudios que parecen demostrar que la ONU tenía toda la razón cuando advirtió hace poco que Europa debería abrirse a la inmigración a fin de garantizar las pensiones en el futuro. El índice de natalidad en España, muy bajo comparado con el de otros países europeos, indica claramente que para el año 2050 no habrá suficientes trabajadores para mantener el crecimiento de pensiones subrayado como necesario en dos recientes informes encargados por el Gobierno. El segundo de estos informes fue elaborado por Rosa y su equipo de la Universidad Autónoma de Madrid.

11. Milagros (Mali) Matamoros Navas – socióloga y catedrática de la Universidad Pontificia de Torrelodones (Madrid) – 55 años

Mali se enorgullece de ser realista en un mundo que ve lleno de idealistas. Experta en conflictos interraciales e interculturales, lleva varios años estudiando los conflictos entre católicos y protestantes en Irlanda del Norte y, en los últimos meses, entre grupos étnicos y organizaciones racistas, como es el llamado 'Combat 18', en el norte de Inglaterra. Está muy preocupada por los recientes brotes de violencia racista en España, y ha llegado a la conclusión de que, con el fin de evitar más violencia en un futuro próximo, sería mejor mantener, dentro de lo posible, la distancia entre razas y culturas, especialmente entre las que poco tienen en común. Por consiguiente, se opone a cualquier relajación de la actual legislación y le gustaría que se implementaran más medidas destinadas a impedir que los irregulares que no hablan español tengan acceso al territorio nacional.

12. Bonifacio Robles Antoliñez – portavoz de la oposición parlamentaria para asuntos interiores – 44 años

Liberal por inclinación, a Bonifacio le gustaría que España se abriese un poco más a la inmigración, ya que es muy consciente de los argumentos tanto humanitarios como económicos a favor de tal política. Pero también es realista, y sabe que mucha gente opina que la mayor aportación de los inmigrantes a España ha sido el elevado índice de criminalidad que se ha registrado en ciertas zonas costeras. También sabe que no va a ser fácil convencer al público español de las ventajas que pudiera conllevar una política más aperturista en el futuro. Pero de todas maneras, no dejará de intentarlo...

13. Valentina Estrada De Sotomayor – gemela idéntica de Valentiń, 56 años, arpiá profesional.

14. Andrés Benavente, médico, 32 años.

15. Ana Rabal, psicóloga infantil, 38 años.

DOCUMENTO I

Un viaje arriesgado hacia un futuro incierto

En el año 2000 en las costas del sur de la Península y de Canarias más de 15.000 inmigrantes irregulares fueron detenidos por las autoridades. No se sabe con seguridad cuántos perdieron la vida en el intento de llegar a España, pero fuentes policiales afirman que la cifra bien podría superar el centenar.

El tráfico de pateras entre las costas africanas y el territorio español experimentó durante el año 2000 un crecimiento exponencial respecto a años precedentes. El Estrecho de Gibraltar vivió el mayor tráfico de pequeñas embarcaciones conocido hasta entonces; decenas de personas que buscaban una oportunidad en la otra orilla perdieron la vida.

A finales de diciembre, la cifra de inmigrantes que habían intentado entrar en el país por vía marítima superaba los 15.000 (15.365), lejos de los 3.569 interceptados durante todo el año 1999, según la Delegación del Gobierno para la Extranjería y la Inmigración. Un tercio de estos inmigrantes son mujeres que en muchos casos llegan en avanzado estado de gestación.

Estos inmigrantes llegaron en más de 780 pateras interceptadas en las costas del Estrecho. Los datos no incluyen a los que lograron colarse ni a los que entraron legalmente por las fronteras con dinero suficiente y visado de turista para estar tres meses. Tampoco se contabilizan los desaparecidos ni las decenas de inmigrantes fallecidos en naufragios.

Durante el año 2000, el ocupante de patera ha sido en su mayoría subsahariano (Nigeria, Ghana y Sierra Leona), mientras que en el 99 eran los magrebíes los más numerosos.

Al margen de los problemas de atención puestos de manifiesto con el colapso de los centros de acogida y de las comisarías de los puntos de llegada, la repatriación hacia estos países representa grandes problemas ya que, al contrario de lo que ocurre con Marruecos (país con el que España tiene firmado un convenio), la expulsión no es posible en menos de 72 horas.

Otras formas de llegada a la Península
Pese a que las pateras son el medio más frecuentado por quienes intentan alcanzar nuevas oportunidades para subsistir, hay otras fórmulas, también arriesgadas, de probar suerte.

Camiones y furgonetas. Muchos inmigrantes, en su mayoría jóvenes o adolescentes sin medios para pagar a las mafias, cruzan el Estrecho ocultos en los bajos

o en los remolques de los camiones que llegan a España a bordo de transbor-
dadores. Esta práctica, que ha llevado a un endurecimiento del control de los
vehículos procedentes del norte de áfrica, les permite llegar a zonas del centro
y del norte de la Península.

En ocasiones, son también las mafias las que organizan viajes clandestinos en
furgonetas. El 20 de junio de 2000, la Guardia Civil interceptó en Mijas (Málaga)
una furgoneta con 37 inmigrantes sin papeles hacinados en su interior. Llevaban
cuatro días sin apenas comer y beber y viajaban agolpados en la caja de la furgoneta, cerrada con llave y de apenas seis metros cuadrados de superficie y dos
de altura.

Los 33 marroquíes y 4 argelinos tuvieron que forzar la puerta para que entrara
un poco de aire. El vehículo, alquilado, procedía de Cádiz y presumiblemente se
dirigía a Murcia.

Los vehículos desplazados por las atracciones de feria que durante los veranos
hacen escala en las ciudades autónomas de Ceuta y Melilla suelen servir también
de improvisado escondite. Durante el 2000, la policía detuvo a 300 personas que
intentaron llegar a España por este medio.

Barcos pesqueros y de transporte. Los barcos son interceptados en medio del
Mediterráneo por las patrullas costeras en busca de inmigrantes. Los marineros
son detenidos.

El País Digital, 2001

DOCUMENTO 2

Inmigrantes menores de edad: la aventura de una vida mejor a los 15 años

La cifra de adolescentes acogidos en centros públicos de Andalucía se ha disparado en los últimos dos años

Entre el enorme colectivo de emigrantes sin papeles que llegan a España huyendo de la miseria de sus países hay uno, el de los menores de edad, cuyo tratamiento por parte de las autoridades requiere unas medidas especiales. La ley impide una expulsión inmediata y, dado que suele ser imposible localizar a sus padres o tutores, obliga a su acogimiento en instituciones públicas.

Andalucía es la comunidad más afectada por este problema. En 1999 se gastó 1.000 millones de pesetas en atender a cerca de 1.800 jóvenes inmigrantes que, una vez que llegan a España permanecen en esta autonomía. De los 4.089 acogidos en estas residencias, un 45.58% es inmigrante. Esta cifra es sorprendente comparada con la de 1998, tan sólo 429.

La situación de amparo que proporciona la minoría de edad se ha convertido, poco a poco en una garantía de permanencia en España que ha llevado a cientos de niños de una media de 15 años de edad a embarcarse en la aventura de pasar la frontera en los bajos de camiones o autobuses o a introducirse como polizones en barcos.

Cuando son detenidos por las autoridades, afirman ser menores de edad, tras lo que se les realiza una radiografía de la muñeca que determinará si el crecimiento del hueso prosigue o se ha detenido.

Una vez declarados menores, pueden ocurrir dos supuestos:

-Que regresen con su familia, hecho que sólo se consuma en un 20% de los casos. En muchos casos son los padres quienes los envían, en teoría, en busca de una vida mejor y, en particular, para intentar desde España el reagrupamiento familiar.

-Si no regresan, la Comunidad Autónoma correspondiente ejercerá la tutela hasta la mayoría de edad. El problema es que, al ser centros de puertas abiertas, la mayoría de los niños se escapan antes de que las autoridades los devuelvan a sus países. Hasta un 40% de se fugó en las primeras 72 horas.

Estos niños son fácil presa de las mafias, que se aprovechan de su minoría de edad para introducirlos en redes de delincuencia o emplearles ilegalmente. En el caso de los magrebíes, las mafias trabajan en Tánger, donde algunos camioneros cobran unas 170.000 pesetas por dejar que los niños se agarren al chasis y hagan allí todo el viaje hasta la Península, casi 15 horas.

Otras veces, cuando quedan perdidos en las carreteras andaluzas, aprovechan el momento en que un coche se detiene a recoger a un autoestopista para subirse al coche o en descuidos de los transportistas en áreas de servicio.

Según datos de la Consejería de Asuntos Sociales de la Comunidad Andaluza, el 75% de estos jóvenes vivían en la calle o fuera del seno familiar antes de cruzar el Estrecho

El País Digital, 2001

DOCUMENTO 3

La sociedad española ante la inmigración: el debate entre la inquietud y la tolerancia

La respuesta de la sociedad española al fenómeno de la inmigración ha experimentado cambios de relieve en la última década. Los sucesivos estudios de opinión han ido retratando una cada vez más asentada percepción de la llegada de extranjeros como problema.

¿Qué grado de tolerancia tienen a su juicio los españoles respecto a las costumbres de los extranjeros?				
Mucho	Bastante	Poco	Nada	Ns/Nc
6,8%	36,1%	38,5%	10,1	8,6

Así se deduce de los últimos barómetros del Centro de Investigaciones Sociológicas, que de forma periódica tratan de extraer una percepción aproximada de la opinión pública. El realizado en diciembre de 2000 revelaba que, pese a que la sociedad española se siente satisfecha con su nivel de vida, cada vez se percibe más a sí misma como racista e intolerante hacia las costumbres de los extranjeros.

La principal diferencia respecto a sondeos similares realizados en 1994 es que ha disminuido en casi siete puntos el porcentaje de los que califican de racistas a los españoles. Por contra, aumenta muy significativamente el de quienes ven una España intolerante.

¿Qué cree que ocurrirá dentro de cinco años con la llegada de inmigrantes a España?			
Crecerá	Ni crecer ni disminuir	Disminuirá	Ns/Nc
85,5%	4,8%	3,2%	6,1%

La proporción de quienes ven racismo ha pasado del 56% en 1994 al 49,4% en diciembre de 2000. Hace seis años, el 35% encontraba poca o ninguna tolerancia respecto a las costumbres de extranjeros y otros grupos étnicos. Pero ahora ese porcentaje sube hasta el 48,6% (13,6 puntos más).

El Gobierno interpreta estos datos como una demostración de que el contacto real con el colectivo de inmigrantes ha crecido en poco tiempo, lo que puede explicar el repunte de la intolerancia y la opinión mayoritaria (un 85,5% de las personas consultadas) de que el número de inmigrantes tenderá a crecer en los próximos cinco años.

Barómetro del CIS (febrero 2000)
Una plasmación numérica similar arrojaba el mismo sondeo en febrero de 2000. En este caso, se profundizaba algo más en el análisis de cuestiones más concretas

como la convivencia, la integración o las agresiones a los inmigrantes. Éstas son algunas de sus conclusiones más relevantes.

La llegada de inmigrantes	Ataques a los inmigrantes
El 84.2% opina que el número de extranjeros aumentará en los próximos años	El 54,2% piensa que es un importante problema
Un 43.4% considera que la inmigración es positiva para los países	El 38.6% dice que son hechos aislados
	El 51,5% opina que el problema irá a más
	El 27% piensa que la escalada se parará

Legislación	Trato a los inmigrantes
Un 36% de los encuestados opina que las leyes son tolerantes al regular la entrada y permanencia de los inmigrantes	Un 94,87% se considera tolerante y opina que toda persona tiene derecho a vivir y trabajar en cualquier país que no sea el suyo.
Un 64,7% cree que sólo se debería permitir la entrada cuando tienen un contrato de trabajo	Un 46.8% cree que los españoles actúan con desconfianza frente a los inmigrantes.

Matrimonio

Las mayores reticencias ante el matrimonio de un hijo de los encuestados con un inmigrante aparecen en el caso de que éste sea de origen magrebí o del áfrica negra, pero siguen siendo poco importantes, menos de un 23%.

Educación, convivencia

Un 93,7% no da importancia al hecho de que sus hijos compartan clase con niños de otros países o a vivir o trabajar con inmigrantes.

Trabajo

Casi un 50% opina que la intención última de los inmigrantes al venir a España es trabajar y quedarse a vivir aquí. En ese caso, están a favor de que tengan los mismos derechos que los españoles y que a la larga puedan conseguir la nacionalidad.

Un 80% piensa que los inmigrantes de países poco desarrollados desempeñan los trabajos que los españoles no quieren y un 51,4% que incrementan la delicuencia.

Un riesgo para la "raza", según los jóvenes españoles
Según datos del Informe de Juventud en España 2000, elaborado por el Instituto de la Juventud, el 30% de los jóvenes de España considera que el fenómeno de la inmigración será, a la larga, "perjudicial para la raza". Otro 24% cree que tendrá efectos negativos en la moral y las costumbres españolas.

Estas cifras, sin embargo, han disminuido con respecto a la misma encuesta elaborada hace cinco años. En aquella época, más de la mitad de la población joven en este país se mostraba claramente racista. No obstante, los nuevos datos siguen siendo "preocupantes", según el director del estudio.

La encuesta del Instituto de la Juventud se desarrolló del 15 de octubre al 15 de noviembre de 1999 entre 6.492 jóvenes con edades comprendidas entre los 15 y los 29 años. Sus resultados revelan cómo se han transformado las circunstancias familiares, educativas y laborales de la juventud española en los últimos cuatro años.

Así, el estudio deja claro que las actitudes xenófobas y racistas de los jóvenes han disminuido. Un descenso que, sin embargo, no ha terminado con un fenómeno, que según el director del estudio, el sociólogo Manuel Martín Serrano, "es preocupante".

En 1995 el 55% de los jóvenes consideraba que la inmigración, a la larga, sería "perjudicial a nivel racial". Hoy lo cree así el 30% de la población juvenil. Hace 5 años el 41% de los jóvenes pensaba que la inmigración tendría efectos negativos en la moral y la costumbre de los españoles.

Ahora lo cree así un 24 %. La población comprendida entre 15 y 29 años es algo menos de la cuarta parte del total de habitantes de España. Hay actualmente 8.978.326 jóvenes, de los cuales 4.580.784 son hombres y 4.397.542 son mujeres.

El estudio elaborado por el Instituto de la Juventud también pone de manifiesto los problemas a los que se enfrentan los jóvenes a la hora de emanciparse, generalmente relacionados con la falta de trabajo, la inestabilidad y la dificultad de tener una vivienda.

Asimismo, indica que el reparto de la juventud en el territorio español es "asimétrico". Tres de cada cinco personas jóvenes residen en cuatro Comunidades. Andalucía (19,9%), Cataluña (14,7%) y Madrid (12,7%) suman casi la mitad de la población joven. La Comunidad Valenciana, con el 10,2% de la juventud también se sitúa por encima de la media

El País Digital, 2001

DOCUMENTO 4

La integración educativa, un reto y una necesidad

Los incidentes en el Colegio Público Juan Morejón de Ceuta, una muestra agravada de las dificultades de la escolarización de niños inmigrantes

Según datos del Ministerio de Educación, Cultura y Deporte, en el curso 99/2000 había unos 100.000 alumnos inmigrantes matriculados en centros públicos o concertados. Entre los 96.694 adscritos a la enseñanza no universitaria, 40.820 acuden a centros de Primaria.

El porcentaje de escolares extranjeros matriculados en las distintas comunidades autónomas es de media un 1,4% del total, excepto en Madrid, donde es de de un 2,5% (aproximadamente 25.000 niños inmigrantes escolarizados).

Asimismo, cinco comunidades autónomas escolarizan al 80% de los hijos de inmigrantes que hay en España, según un informe presentado por CC OO basado en datos del curso 96/97. Las comunidades con más de un 50% de los escolares son Cataluña y Madrid, que alfabetizan principalmente a los niños de zonas más deprimidas.

Mientras Canarias tiene una mayoría de hijos de europeos y Valencia y Andalucía tratan con todas las nacionalidades. Un 70% de los inmigrantes africanos estudian en Cataluña y Madrid, aunque en esta comunidad también se acoge a muchos estudiantes de Latinoamérica.

Otra estimación es que de los 33.000 alumnos con fracaso escolar, un 10% son inmigrantes, y que 3 de cada 4 estudian en la escuela pública, un 90% de los africanos y un 80% de los procedentes de Latinoamérica. Los principales problemas de integración detectados en estos alumnos inmigrantes fueron principalmente:

- la escasa escolarización anterior
- incompetencia lingüística
- desorientación cultural
- conflictos religiosos (comida, horarios, calendario...)
- condiciones de vida
- escasez de material de uso propio

El Ministerio de Educación, junto a las Comunidades Autónomas, trabaja en un Plan Estatal de Atención Educativa de Alumnos inmigrantes, elaborando un registro desglosado por nacionalidad y nivel educativo en cada comunidad autónoma, ya que la escolarización de la población inmigrante es diferente en cada territorio español. También prevé la creación de un programa específico de formación al profesorado.

El conflicto del colegio Juan Morejón de Ceuta

En noviembre de 2000, el colegio público Juan Morejón de Ceuta se convirtió en foco de interés informativo. Cerca de un 65% de los padres de los alumnos se negaba a enviar a sus hijos a clase para mostrar su rechazo por la escolarización de 30 niños marroquíes.

Las protestas de los padres se basaban en la supuesta falta de información sobre estos niños, alojados en su mayoría en centros de acogida, y sobre la seguridad en el centro. Tras varios días de movilizaciones que llegaron a paralizar las clases en el centro escolar, se alcanzó un acuerdo para garantizar la tutela de los niños y distribuirlos por otras escuelas.

En Vitoria, en febrero de 2000, el Gobierno vasco quiso fusionar en uno dos colegios, el Ramón Bajo y el Santa María para optimizar recursos. Las asociaciones de padres de alumnos, otros organismos e incluso el alcalde se opusieron porque los dos centros son un ejemplo de integración y educación multicultural. El 64% de los alumnos son hijos de inmigrantes, la mayoría magrebíes, y sus padres han encontrado problemas para matricularles en otros colegios públicos.

Persisten las zonas de sombra

La integración de la población escolar emigrante presenta otras zonas de sombra. El reparto de alumnos extranjeros entre los centros públicos y concertados adolece de grandes desequilibrios, dado que algunos centros subvencionados no ofrecen la posibilidad de formación en las diferentes religiones, como hacen los públicos y como establece la LOGSE y la LODE[7].

Asimismo, el analfabetismo como problema social vuelve a la sociedad española con el aumento de la población inmigrante. Según el Ministerio de Educación, Cultura y Deporte, un 2,7% de la población sufre este problema y, aunque es una cifra residual, está creciendo por los inmigrantes. Los mayores problemas se detectan en los marroquíes del norte y de zonas rurales y sobre todos en el colectivo de mujeres, que suelen estar alejadas de la educación por las imposiciones culturales.

Entre los latinoamericanos, las mujeres de países andinos y dominicanas son las que tienen más problemas con el aprendizaje. Sin embargo, los inmigrantes chinos tienen más facilidad porque normalmente saben inglés además de su idioma y eso les facilita su educación en España

El País Digital, 2001

---

[7] Leyes Orgánicas referentes a la educación

DOCUMENTO 5

La natalidad de las inmigrantes evita que haya más muertes que nacimientos en España

Los 20.706 hijos de extranjeros nacidos en 1998 equilibraron la balanza demográfica

La natalidad de los inmigrantes está evitando desde hace dos años que haya más muertes que nacimientos en España, según datos del Instituto Nacional de Estadística (INE). En 1998 se inscribieron 364.427 bebés de padres españoles, mientras que el número de fallecimientos ascendió a 357.950.

Los 20.054 hijos de padres extranjeros, principalmente mujeres magrebíes y latinoamericanas, aseguraron un superávit de 6.477 personas y evitaron que España entrase en lo que los demógrafos califican como crecimiento negativo. Este fenómeno, según las fuentes consultadas, se agudizó durante 1999.

Las cifras oficiales de población correspondientes a 1999 corroboran este hecho y lo acentúan, según fuentes del Instituto Nacional de Estadística que confirman también que los españoles sumamos ya 40 millones, aunque nueve comunidades autónomas presentan tasas negativas en su relación entre nacimientos y defunciones.

Se trata de autonomías donde la presencia de inmigrantes resulta irrelevante: Galicia, Castilla y León, Asturias, Aragón, País Vasco, Cantabria, Castilla-La Mancha, Extremadura y La Rioja.

Las españolas mantienen el récord mundial de baja natalidad, con un promedio de 1,2 hijos por mujer. Los datos de 1999 apuntan un leve repunte que los expertos se apresuran a matizar: se trata de la llegada a la edad fértil de una generación más numerosa de mujeres; no de que las españolas hayan cambiado la tendencia. La última encuesta de fecundidad elaborada por el INE en 1999, entre mujeres de 15 a 49 años, revela que la mayoría (el 50,10%) no tiene ninguna intención de procrear.

Esta actitud, decisivamente influida, según los expertos, por el alto índice de paro femenino (el 57% del total), la precariedad de los empleos temporales y el cada vez más elevado nivel cultural de las mujeres-inversamente proporcional a la proliferación de familias numerosas-augura un futuro marcado por el crecimiento cero. En este contexto, los expertos coinciden en que el decrecimiento se está equilibrando gracias a los hijos de los inmigrantes.

Los últimos datos de la Encuesta de Fecundidad revelan que un 47% de las españolas no tiene ningún hijo; en cambio, un 42% de las mujeres de América Central y del Sur tiene dos hijos, y más del 30% de las africanas tiene tres o más.

Crecimiento cero

Para el catedrático de Sociología de la Universidad Autónoma de Madrid José Juan Toharia, "el equilibrio de la balanza demográfica al que contribuye la población inmigrante implica que España puede mantenerse en una situación muy satisfactoria", prosigue Toharia. "Los bebés de los inmigrantes pueden suponer un coste a corto plazo, en sanidad o educación. Pero resultan económicamente muy beneficiosos a medio plazo: mantienen la demografía en términos saludables, abastecen la demanda de empleo en una economía creciente y contribuirán de forma decisiva al mantenimiento del sistema de pensiones. En el aspecto social, la mezcla de culturas resulta beneficiosa en sí misma siempre que la integración se lleva a cabo adecuadamente. Por todo ello, estos nacimientos son una buena noticia para los españoles", concluye.

En los centros de salud y salas de maternidad de los hospitales con fuerte población inmigrante, médicos, enfermeras y comadronas se están convirtiendo con la práctica diaria en especialistas en parturientas foráneas. Emilia Carrera, comadrona del centro de salud de El Ejido y del Hospital del Poniente-el que atiende la comarca de los invernaderos almerienses-asegura que la atención diaria a las embarazadas magrebíes y de los países del Este les revela los problemas cotidianos aún no resueltos: malnutrición, ignorancia, desamparo, incomunicación a causa del desconocimiento del idioma.

"He atendido partos donde ni siquiera podíamos hacer entender a la parturienta cuándo tiene que empujar. La situación es preocupante", comenta esta profesional.

El País Digital, 2001

DOCUMENTO 6

DEIA Diario de Euzkadi, domingo 6 de octubre, 1996

CADA VEZ SOMOS MENOS

Antón Egía

Desde hace algún tiempo, cada vez me llaman más la atención los niños pequeños que veo por la calle. Y si son hijos de amigos, hasta les hago algunas fiestas. Me dicen que esto es un síntoma de vejez. No me importa.

Más me preocupa el problema de nuestro bajísimo índice de natalidad. Referido al ámbito estatal, *El País* lo puso sobre la mesa de su suplemento semanal, el domingo 22 de septiembre. Luego le han prestado atención otros medios. Incluso del extranjero. Por ejemplo, el periódico londinense *The Times*, que le dedicó un editorial en el que tras subrayar que en la época del General Franco, la iglesia y el Estado contribuyeron a mantener la tasa de natalidad artificialmente alta, reconocía que aquella conspiración no había sido del todo mala y concluía que puede llegar un día en el que en España se añoren los premios a las familias numerosas.

En *El País semanal*, el titular principal del reportaje, "Un país de hijos únicos", estaba precedido de la siguiente batería de antetítulos: <<Tenemos la tasa de fecundidad más baja del mundo. Cada española tiene 1,2 hijos de media. Mucho menos que los 2,1 necesarios para el relevo de generaciones. Un fenómeno inquietante cuyas inéditas consecuencias se sentirán en menos de veinte años>>.

No lo especificaban en el citado trabajo, pero me dicen en la Redacción que la CAV y Nafarroa[2] son de las comunidades con el índice más bajo de natalidad. Las causas son variopintas y, aunque se suele decir que donde mejor se reflejan los cambios de una sociedad es en los que se producen en el corazón de la familia, también hay causas ajenas a ella.

Sería una visión simplista atribuir esta voluntaria infertilidad a la emancipación de las mujeres, al declive de la influencia de la Iglesia Católica o al *laissez-faire* del Gobierno socialista, que ha mantenido con la familia una actitud similar al resto de los países occidentales. La migración de las zonas rurales a las ciudades, los planes urbanos con viviendas apiñadas y caras y el hecho de que las mujeres ocupan cada día un espacio más importante en las Universidades y en el mercado laboral también han contribuido a esta baja tasa de natalidad.

Pero a estas razones derivadas de la evolución de la vida de las mujeres hay que añadir las correspondientes a una generación que no puede emanciparse, que tiene problemas para encontrar trabajo y que carece de ilusiones pese a haber recibido una formación teóricamente más completa.

Es la paradoja del Estado del Bienestar. Ansioso de garantizar al mejor nivel posible su función con los jubilados y prejubilados, ha dificultado y condicionado el acceso de los jóvenes al trabajo, lo que de alguna manera implica socavar los cimientos de esa concepción del Estado.

Paradoja no menos importante que la que podría permitir vestir la camiseta del Athletic a jugadores de color, si, como ocurre en otros países de la Unión Europea, la migración termina corrigiendo nuestro déficit de natalidad.

---

[8] Navarra en euskera.

Tareas Escritas

1. Repasa toda la documentación sobre inmigración y escribe diez frases resumiendo los que para tí son los puntos más importantes.
2. Imagina que acabas de ver el debate televisado sobre la inmigración y que te ha escandalizado el punto de vista expresado por uno de los participantes. Escribe un mensaje (para mandar luego por e-mail) atacando la postura del participante que has elegido.
3. Redacción: elige uno de los temas:
   (a) La Unión Europea necesita fomentar la inmigración y no recortarla si aspira a crear una sociedad próspera a largo plazo.
   (b) ¿Qué pueden hacer las sociedades y los estados europeos para asimilar mejor a los inmigrantes?

¿HACIA UN ESPÍRITU COMUNITARIO?

Glosario selectivo español-inglés

abastecer	supply, to
acoger a inmigrantes	welcome immigrants, to
adolecer de	suffer from, to
agolpado/a	crowded together
agudizarse	become acute, to
alfabetizar	teach how to read and write, to
almenas *fpl*	battlements
amparo *m*	refuge, shelter
añorar	miss, long for, to
antecedentes, penales (o policiales), tener	have a criminal record, to
apiñados/as	crammed together
aprehender	apprehend, to
arrojar	produce (results), to
asentamiento, permiso de *m*	permission to settle
auxiliar a las personas	help people, to
bache *m*	difficulty, difficult period
bienes *mpl*	belongings
carecer de	lack, to
casos de grave riesgo *mpl*	seriously at-risk cases
catástrofe *f*	catastrophe
causas ajenas a *fpl*	causes which have nothing to do with
CAV *f*	Comunidad Autónoma de Valencia
centros de acogida *mpl*	reception centres
chabola *f*	shanty, shack
cimientos *mpl*	foundations
colarse	sneak in, to
colectivo de los inmigrantes *m*	immigrant community as a whole, the
comadrona *f*	midwife
comisión de actos delictivos *f*	perpetration of criminal acts, the
contención de flujos *f*	flow control
crimen *m*	crime
cruzar el estrecho	cross the straits, to
declive *m*	decline
delito *m*	crime
desglosado/a	arranged, broken down
desorientación cultural *f*	culture shock
directrices *fpl*	directives
ejecutar las órdenes	carry out orders, to
elaborar un informe técnico y pericial	write an expert report, to
embarcación *f*	boat
escolarización anterior, escasa *f*	little previous education
Estado del Bienestar *m*	the Welfare State
estricto control fronterizo *m*	strict border controls
expulsar	expel, to
fallecido/a en naufragio	drowned as a result of shipwreck
fijar la residencia en	settle in, to
garantizar la seguridad ciudadana	ensure public safety, to
hacer fiestas a una persona	make a fuss of someone, to
incompetencia lingüística *f*	lack of linguistic competence
índice de natalidad *m*	birth rate
índice de paro *m*	unemployment figures
inédito/a	unprecedented
inmigrantes irregulares *mpl*	illegal immigrants
invernadero *m*	greenhouse
irregular *mf*	illegal immigrant, the
jactarse	boast, to
jubilados/as	retired people
ley de doble nacionalidad *f*	dual nationality laws
legislación comunitaria armonizada *f*	harmonized EU legislation
Ley de Extranjería *f*	Immigration Laws, the
leyes de asilo *fpl*	rules governing asylum, the
matizar	qualify, interpret to
media, de	on average
medidas endurecedoras de las políticas de inmigración *fpl*	toughening of immigration policy
mendicidad *f*	begging
núcleos urbanos rurales *mpl*	rural villages

ocultos en los bajos o en los remolques de los camiones	*hidden under or inside trailers*	saña *f*	*ferocity, brutality*
		seguridad colectiva *f*	*safety of the community, the*
órden público *m*	*law and order*	siguen registrándose denuncias	*complaints continue to be made*
pateras interceptadas *fpl*	*small boats intercepted*		
patrullas costeras *fpl*	*coastal patrols*		
perjudicial para la raza *adj*	*damaging to racial/national identity*	sin papeles *mfpl*	*those without papers*
		sitiar	*besiege, to*
permanecencia en *f*	*period of residence in*	socavar	*undermine, to*
pese a	*despite*	subsahariano/a	*sub-Saharan (i.e. Nigerian, etc.)*
polizón *m*	*stowaway, a*		
presa *f*	*prey*	superávit *m*	*surplus*
procedentes de	*from*	tasa *f*	*rate*
prolegómenos *mpl*	*introduction*	titular *m*	*headline*
pueblerino/a	*parochial, provincial*	trabas *fpl*	*obstacles*
puestos fronterizos *mpl*	*border posts*	tutor/ra *mf*	*guardian*
recurrir a los tribunales	*have recourse to the courts, to*	ultras *mpl*	*extremists (right-wing)*
refriega *f*	*scuffle, clash*	variopinto/a	*mixed*
registro en domicilio / domiciliario *m*	*property search*	velar por	*look after, safeguard, to*
		velo *m*	*veil*
regularización *f*	*regularization (i.e. legalization)*	violentos de ideología ultraderechista *mpl*	*violent extreme right-wingers*
repunte *m*	*recovery*		
reto *m*	*challenge*	zona conflictiva *f*	*area of conflict*
sacudir	*shake, send shock waves through, to*		

10

LA TRADICIÓN DONJUANESCA

Hace siglos que la figura de don Juan encarna uno de los mitos más fundamentales y duraderos, no sólo de la cultura española, sino de la de toda Europa. Uno de los don Juanes más conocidos por el público español aparece en el siglo diecisiete en la comedia *El burlador de Sevilla* atribuida al mercedario Fray Gabriel Téllez, popularmente conocido por Tirso de Molina. Pero el don Juan que
5   sale con más frecuencia al escenario en España no es aquel burlador del Siglo de Oro, sino el *Don Juan Tenorio* de José Zorrilla, dramaturgo romántico del siglo diecinueve. Esta obra decimonónica dista mucho de ser la única reencarnación de esa figura. Son muchas las obras que tratan el mito a lo largo de la historia cultural del occidente. Entre los escritores y compositores eminentes que han incorporado a don Juan en sus obras están Molière, Goldoni, Byron, Shaw, Pushkin y hasta Leopoldo
10 Alas "Clarín" autor de la novela más celebrada del siglo diecinueve español, *La Regenta*. Más famosa aún es la opera de Mozart, *Don Giovanni*. Pero el mito de don Juan ha llegado a figurar también en la conciencia popular y no solamente en España. Sin embargo hay que subrayar cómo el Don Juan del mito popular poco tiene que ver con el personaje creado por Tirso. A lo largo de los años don Juan ha experimentado un largo proceso de evolución: desde el burlador inmoral, obsesionado por la caza de
15 su presa, la mujer del siglo diecisiete cuyo honor está siempre en peligro de perderse, hasta la aceptación popular del esta figura que lo convierte en una especie de Casanova, es decir el paragdigma del héroe y amante romántico. Se podría decir que esta versión romántica de don Juan refleja una tendencia por parte de algunos a romantizar ciertos aspectos de la cultura española, ocultando así otras facetas algo incómodas. Esta tendencia, que pervive más que nada en el extranjero,
20 se deja ver claramente en obras como *Carmen* del francés Bizet, o el *Bolero* de Ravel.

En España se mantiene la tradición donjuanesca de modo casi institucional con la representación anual de la obra de Zorrilla en muchos lugares de la península para celebrar el día de Todos los Santos a primeros de noviembre. En dichas fechas las familias españolas siempre han tenido la costumbre de visitar a sus difuntos en los cementerios. La obra de Zorrilla termina con la
25 vuelta de los esqueletos "a sus tumbas que se cierran" y la vuelta de las estatuas de Doña Inés y Don Gonzalo "a sus lugares" es decir al panteón de la familia Tenorio.

La versión que vuelve al escenario esta semana se remonta a una época mucho más reciente pero igualmente vital y emocionante de nuestra historia cultural; hablamos, naturalmente, de la movida madrileña. La anárquica obra de Ignacio Rangel se estrenó por primera vez en 1982, año
30 emblemático en la historia política por la victoria del Partido Socialista Obrero Español (PSOE) en las elecciones generales. La obra es claramente un producto de su momento, sobre todo por el uso que hace del argot callejero de los jóvenes madrileños de aquella época, aunque no faltan referencias lingüísticas a sus antecedentes literarios (pensamos aquí en el personaje estrambótico de Pedrete el 'Letrao'). Pero realmente ¿qué pretende conseguir la Comunidad de Madrid al montar esta obra por
35 vez primera desde su estreno? Será porque con la perspectiva alcanzada en estos veinte años ya empezamos todos a sentir cierta nostalgia hacia aquellos tiempos de pasotismo, marijuana y alcalde 'enrollao'. "Venga, tío y traete a tu tronca también."

10.2 Questions on the Lead Text

Answer the questions IN ENGLISH unless otherwise indicated

1. Translate or explain in English the meaning of the following phrases:
   (a) 'uno de los mitos más fundamentales y duraderos' (line 1)
   (b) 'dista mucho de ser' (line 7)
   (c) 'hay que subrayar' (line 12)
   (d) 'ha experimentado' (lines 13–14)
   (e) 'la aceptación popular de esta figura' (line 16)
   (f) 'vital y emocionante' (line 28)
2. Paraphrase the following words or phrases *in Spanish*:
   (a) 'burlador' (line 5)
   (b) 'el paragdigma del héroe y amante romántico' (line 17)
   (c) 'pasotismo' (line 36)
   (d) 'tronca' (line 37)
4. How has the image of Don Juan evolved since his first appearance in Spanish literature?
5. What does the text tell us about the *movida madrileña*?
6. Why has the Comunidad de Madrid decided to stage *Don Juan de La Calle del Barco* for the first time in almost twenty years?

10.3 Focus on Function

Make some time now to look through the *Focus on Function* sections again and *think about which structures you have actually used and are continuing to use.* Thinking about specific points of grammar in terms of their practical utility in specific contexts (as opposed to grammar as an end in itself) will help you to identify what is most *useful* for communicative purposes. Moreover, a keen awareness of the functional value of a given grammatical structure will encourage you to incorporate it as part of your *active* Spanish language repertoire rather than merely consigning it to the passive status of something which is merely recognized when seen or heard.

SIMULACIÓN 10
DIVÁN DEL DIRECTOR

Notes On *DIVÁN DE DIRECTOR*

This last simulation is quite different from those that have gone before. It is intended to provide a light-hearted and entertaining finale to this course. The scene from *Don Juan de la Calle del Barco* is a gift to the 'ham' actor, though over-acting is in fact strongly to be encouraged in this case.

Please note that the structure of this simulation is very different (see *Etapas de la Simulación*) and effective time management will be vital. At all costs, time must be left for the two performances which provide the high point of the simulation.

Diván de Director is designed to encourage students to use their creative imagination and improvisational skills. In this respect, the documentation provided represents only the starting point.

Finally, a video recording of this simulation, or at least of the two performances, is once again recommended.

Contenido

- Situación y etapas de la simulación
- Personajes y datos biográficos selectivos
- Documento 1: Escena de *Don Juan de la calle del Barco*
- Documento 2: Apuntes para una escenificación
- Documento 3: Recordando la movida madrileña
- Documento 4: Historial profesional de Kimera
- Documento 5: Historial profesional de Quinqui
- Tareas escritas

Situación

Un director de cine barcelonés ha sido invitado a montar una obra en el Teatro Español de Madrid. La Directora del Español lleva meses buscando una obra que se base en el clásico mito de don Juan, pero que sea una interpretación nueva o actualizada de dicho mito. Se ha recurrido tradicionalmente a las dos obras clásicas del teatro español, una del Siglo de Oro, *El burlador de Sevilla*, atribuida a Tirso de Molina, y otra del Romanticismo, *Don Juan Tenorio*, escrita por José Zorrilla.

El cineasta catalán tiene en sus manos un manuscrito que le ha enviado un joven que conoció en un bar de Chueca hace meses. Es un texto para teatro pero él cree que se podría convertir en un guión de cine fácilmente. Es una versión contemporánea de la historia de don Juan Tenorio, trasladado al contexto posfranquista del mundillo de la música punk, pasotismo, drogas y prostitución del Madrid de los 80. Es una visión netamente subversiva del mito romántico.

De entre los nueve grupos de teatro que se presentaron a concurso, la productora ha seleccionado dos basándose en sus historiales artísticos. El grupo Kimera tiene su base en el estudiantil barrio de Argüelles de Madrid y lleva funcionando tres años. Desde sus comienzos ha adoptado una postura iconoclasta hacia la sociedad contemporánea y también hacia la escenificación. Este es un grupo que se dedica a escandalizar a lo que para ellos constituye un público demasiado acomodado y reacio a cuestionarse ciertos valores. A los miembros de Kimera les ha inspirado mucho el teatro experimental catalán como La Fura del Baus, Els Comediants y La Cubana. El suyo es un teatro muy físico con raíces en el arte circense, sobre todo el arte de los payasos. El grupo Quinqui[9] tiene sus orígenes en la zona del Puente de Vallecas y desde sus comienzos lo ha tenido muy difícil. Carece de recursos económicos y ha perdido varias veces su taller de ensayos.

Etapas de la simulación

1. Los dos grupos tienen que presentar sus historiales artísticos respectivos (véanse documentos 4 y 5) al Director y a la Productora y éstos les harán algunas preguntas sobre sus trabajos anteriores.
2. Despúes cada grupo pasará a analizar la escena y hablar de cómo la van a montar.
3. Luego cada grupo tendrá que ensayar la escena (utilizando el tiempo disponible). El Director y la Productora pasarán de un grupo a otro cómo y cuándo quieran para observar, tomar notas y hacer las preguntas que les parezcan apropiadas antes de tomar una decisión.
4. Después de los ensayos cada grupo interpretará la escena de *Don Juan de la Calle del Barco*. Los espectadores serán en cada caso el Director, La Productora y los miembros del otro grupo de teatro. Todos podrán hacer preguntas o comentarios si el tiempo lo permite (según la discreción del Director).
5. Al final el Director y La Productora decidirán a qué grupo se va a otorgar la representación.

[9] 'Individuo perteneciente a un grupo social marginado, y que por lo general se dedica a la venta ambulante de pequeños objetos o a la delincuencia.' Víctor León, *Diccionario de argot español*.

Personajes

1. José Juan Luni Bagas – el director de cine – 57 años

Famoso director de cine que empezó en el teatro y que desea volver al escenario con la obra *Don Juan de la Calle del Barco*. Aporta la mitad del presupuesto para el montaje. Amenaza constantemente con dejar el proyecto si el teatro no encuentra actores que sean capaces de interpretar esta obra a la vez burda y delicada. Es un favorito de la prensa sensacionalista por su insaciable apetito sexual. Es bisexual y flirtea tanto con tiernos actores prodigios como con actrices cuarentonas y actores cuarentones más cercanos a su edad; es decir, con todos, siempre y cuando le parezcan guapos. Persona fácilmente excitable, tiene la alarmante tendencia a recurrir a gritos histéricos, arrebatos de ira y fuertes golpes en la mesa, para llamar la atención a los actores.

2. Estrella Alticitriz Bolsuda – la productora – 53 años

Mujer sensata y realista, un tanto quemada por los altibajos de su labor en la compañía de teatro. Le molesta la frivolidad del director y ve con malos ojos como éste malgasta el dinero en trucos publicitarios destinados más –sospecha ella– al relanzamiento personal de su carrera que al proyecto en sí. Tiene algún que otro amigo en el Ministerio de Cultura y le interesa mantener esas alianzas con vistas a montajes futuros. El comportamiento escandaloso de Luni Bagas puede perjudicar dichas buenas relaciones con las autoridades. Como conoce muy bien al director, va a insistir en ocupar un lugar importante en el reparto de papeles, por si Luni Bagas comete alguna estupidez, sobre todo en lo que toca a la elección de cualquier actor que representara un riesgo para la función. Siendo una obra tan especial, opina que sólo actores con grandes dotes interpretativas podrán desempeñar papeles tan difíciles. Intenta mantener un ademán sofisticado pero no sin que de pronto se le escape alguna palabrota e incluso algún que otro insulto personal.

3. Borja De Carlos Peregrino Pintado – actor novato de Quinqui – 19 años

[Hará el papel de don Juan]

Hasta hace 3 meses estuvo en el correccional de Vicálvaro, donde ingresó hace un año. Heroinómano aparentemente recuperado, da muestras físicas y mentales de su adicción (palidez, delgadez, temblores, lentitud de reflejos). No obstante tiene un gran 'sex appeal'. Le costará trabajo aprender su papel y sobre todo aprender a no exagerar las características específicas del personaje que tiene que interpretar. Para él, su trabajo no consiste en interpretar un papel de teatro sino más bien es una oportunidad de expresar su propia condición de desdichado. Más importante aún para Borja es el dinero que necesita para pagar a los camellos que le persiguen por todas partes. Por eso siempre está intentando cubrirse las espaldas por si le alcanzan.

4. Curro Panzudo Lorca – actor maduro de Kimera – 44 años

[Hará el papel de don Juan]

Sabe que no le quedan muchas oportunidades de hacer papeles de jóvenes galanes; por eso le entusiasma tanto el papel de don Juan. Tiene cierta experiencia en el teatro, sobre todo en el teatro clásico (Lope de Vega, Calderón,

Shakespeare). En estos montajes casi siempre le daban el papel del gracioso. Sabe perfectamente que no hace falta ser drogadicto y chulo para hacer este papel y no es de extrañar que desprecie a su rivales jóvenes, sobre todo al 'impresentable' Borja. Da la casualidad de que conoce a Belisa (¡pero no precisamente como actriz!) algo que intentará mantener en secreto. Y otra cosa que oculta es el que se ha apropiado su segundo apellido conforme a sus pretensiones de poeta. Si le conceden este papel podrá finalmente dar la entrada en un piso en la Manga ('su nidito de amor').

5. Belisa Blanda Bofeta – actriz novata de Kimera – 25 años.

[Hará el papel de doña Inés]

Fina, mojigata y nerviosa, Belisa es conocida por todos como la 'BBB'. Su nerviosismo hace que a veces hable demasiado alto. Le gustaría dar la impresión de no poder ver a Curro, pero los demás bien saben que en realidad son amantes. Respeta enormemente al director, en gran parte por su esperanza de ser un día una famosa actriz de cine. Incluso ha escuchado rumores de que se haga una posible versión cinematográfica de esta obra si tiene éxito en el teatro. Eso supondría conseguir su gran ilusión.

6. Voluminia Grandes – actriz no joven de Quinqui – 45 años

[Hará el papel de doña Inés]

Es hija de un actor legendario del escenario español de los 60, y tiene muchos contactos en el mundo teatral madrileño sin que haya tenido nunca mucho éxito en el escenario. Aparte de ser bastante creída y egoísta es muy difícil de tratar ya que es de ideas fijas, especialmente en cuanto a sus papeles. Tras verse obligada a trabajar con los 'desconocidos' del grupo Quinqui (cuatro años haciendo teatro experimental), ve esta obra como la oportunidad para volver a estar en el candelero. Se niega a aceptar que es, a decir verdad, demasiado vieja para representar este papel. Pero si lo consiguiera sería para ella hacer realidad su sueño de volver a ser doncella del teatro.

7. Serafín Parla Fino – actor joven de Kimera – 25 años

[Hará el papel del Letrao]

Natural de la provincia de Huesca, tan sólo salió de la Escuela Superior de Arte Dramático de Madrid hace cuatro meses, y ya se cree toda una figura del teatro. Sin embargo, la triste verdad del caso es que nuestro Serafín sólo ha salido al escenario una vez fuera del seguro entorno de la Escuela, y todo para estrenarse como criado en *El acero de Madrid* de Lope de Vega. En realidad, no fueron más de dos actuaciones de suplente cuando el actor principal se quemó los calzones en una vela. Pero nadie niega que sea un guaperas. Por su parte él se cree perfecto para este goloso papel.

8. Paco Ponte Catetón – actor joven en Quinqui – 24 años

[Hará el papel del Letrao]

Madrileño del barrio de Lavapiés y, según él, muy 'espabilao', Paco mantiene que los personajes de *Don Juan de la Calle del Barco* se parecen a varios amigos suyos, lo cual le parece una gran ventaja a la hora de presentarse a prueba. Efectivamente, no deja de recordar a todo el mundo que Paco Ponte está 'supermetío' en aquel mundillo de la obra. Su amiguito de la Escuela, Serafín, en cambio, insiste en recordarles que Paco estudió con él, y que lejos de conocer la dichosa movida, él ni siquiera había nacido. Y lo que es más, aunque naciera en Lavapiés, Paco creció en una lujosa casa de la misma Plaza del Marqués de Salamanca. A los padres de Paco, abogados los dos, les horroriza el que su hijo haya optado por una 'profesión' tan cuestionable como es la del teatro. Paco va a por todas para demostrarles su independencia. Esta obra es una oportunidad de escandalizarles que él no quiere dejar escapar.

9. Pepe Mata – actor – 56 años

[Hará el papel de Gonzalito]
Ex-novillero, sigue con sus pretensiones de torero y se malvive del teatro. No deja de intentar impresionar a la gente son su toreo de salón y su ademán dramático. Le gusta dar pases con su capote imaginario aunque lo más normal es que reciba un 'olé' sarcástico de su 'público'. Simula, siempre que está actuando, estar en el ruedo de las Ventas* ante un toro muy grande y ante un público adulón. Por ejemplo, cuando está actuando usa gestos melodramáticos, se da aires de noble y valiente y se mueve por el tablado como si fuera un bailaor flamenco. Triunfar en esta obra le permitiría comprarse un nuevo traje de luces para no tener que verse delante del espejo con su viejo traje remendado.

10. Gilberto (Gili) Sánchez Trago 'El Cucurucucú' – actor en Kimera – 60 años

[Hará el papel de Gonzalito]
Nativo de Valdepeñas de una familia de viñateros, se llevó a Madrid su gran afición al producto familiar. De ahí que la gente le pusiera el mote del cucurucucú: ya que lejos de levantarse con las gallinas, Gili se levanta con resaca no antes de las 2 del mediodía. Y al levantarse a la hora de comer, es lógico que beba un poco con la comida y para 'engrasarse el cerebro' antes de presentarse a los ensayos de la tarde. No es nada fuera de lo corriente verlo incluso tambalearse en el escenario y trabándose con las palabras. Tiene que conseguir este papel porque, en una borrachera tremenda, le apostó a su amigote, Pepe Mata, que ganaría él y que de eso no había duda.

11. Emilia Estaco Munacabra – actriz madurita – 44 años.

[Hará el papel de la Gamba]
Actriz de escaso éxito, guapa, con la notable excepción de su gran nariz aguileña. Por eso siempre le han tocado papeles como el de la hermanastra de Cenicienta. Su amargura se alivia un poco al recordar que su rival de toda la vida, la cejijunta Nise, tampoco tuvo la bendición de un rostro delicado. Esta oportunidad que se presenta con la obra de Ignacio Rangel es muy importante para ella ya que a su edad ya no hay muchos personajes femeninos que le vayan. Por eso se empeña en triunfar no sólo para demostrarse a sí misma que es capaz de seguir actuando, sino también para superar a su amiga, la Nise.

12. Nise Tocurre Trincarla – actriz – 42 años

[Hará el papel de la Gamba]
Esta obra será su primer trabajo profesional. Mujer amargada y frustrada. Su sueño siempre fue ser actriz, ambición truncada en parte por su enemiga Emilia Estaco. Estudiaron juntas en la Escuela Superior de Arte Dramático, pero Emilia se llevó los mejores papeles y finalmente a Nise no le quedó más remedio que

---

*Las Ventas es la plaza de toros principal de Madrid.

ganarse la vida como crítica del teatro en la prensa nacional. Arde en deseos de derrotar a 'esa puta'. Así llama a su ex-amiga sin darse cuenta de la ironía de que en este caso las dos quieren representar una prostituta en el escenario. Hará todo lo posible para impedir que Emila consiga el tan deseado papel. Para ello ha sido capaz de entrar en un grupo de teatro con el que no tiene nada en común y donde se siente 'gallina en corral ajeno'.

Personajes suplementarios

13. **Claudia Fonts – ayudante de dirección de kimera – 23 años**
14. **Azucena Zarzo – ayudante de dirección de quinqui – 23 años**
15. **Miguel Llosa – ayudante de estrella alticitriz – 28 años**

DON JUAN DE LA CALLE DEL BARCO
Ignacio Rangel (1982)

Personas que cascan en ella

Juan, 'el Duque de Vallecas'
Pedrete 'el letrao'
Isabel,
Gonzalito, padre de Isabel
'La Gamba'

Noche oscura. La entrada de la sex-shop 'SuperHot 7' de la calle del Barco, Madrid. En el portal un camello con mala pinta conocido por todos como Pedrete 'el letrao' espera impaciente a Juan, pero sin osar marcharse ya que sabe que su amo se impacienta aun más pronto que él. En la habitación que se halla encima de esta tienda se abren de pronto las cortinas y se asoma al balcón la figura embozada de un hombre. Dentro está oscuro. Se oye la voz de una mujer.

Isa: Perico, corazón, por aquí podrás salir más seguro.

Don Juan: Me voy, amor mío pero sepas que pronto serás mi Duquesa, que no por nada que me llaman el Duque de Vallecas, que me lo puso mi madre de chinorri...

Isa: No empieces con tu madre, tío

Don Juan: (fingiendo ser sentimental, encaramado sobre la barandilla) Mi mamá, Condesa de Móstoles, la mejor traficante del sur, que por estas tierras no hay quien...

Isa: Cállate, gilipollas, Perico. Vete ya que por lo que oigo *(hace como que escucha)* ha llegado mi padre. ¿Enciendo la luz ya? *(enciende una linterna y le ilumina a él; ve por primera vez su cara)* Me cago en la leche, ¿quién coño eres tú?

Don Juan: *(se dispone a saltar del balcón)* ¿Yo?... un hombre sin nombre...pero mis colegas me llaman Don Juan... *(los dos mirando con ademán melodramático al público)*... sí, Don Juan el de la calle del Barco *(se le engancha un imperdible de la cazadora de cuero en la barandilla del balcón)*...¡hostias que me caigo! *(intenta coger a Isa de la mano)*

Isa: *(dándole bofetones)* ¡Quita, imbécil! No me toques, cerdo.

Don Juan cae al suelo aterrizando justo encima del letrao. Los dos gimen de dolor.

El letrao: ¡ayyyyyy! tu puta mare, cuánto pesas a doscientos kilómetros por hora. ¡Me has aplastao, maricón gordo asqueroso! *(recobrando su compostura habitual, y gesticulando exageradamente, contesta ofendido)* Pero bueno, callémonos, que la gente va a creer que somos unos sinvergüenzas y...

Don Juan: *(tumbado como una ballena embarrancada y gimiendo de vez en cuando)* No empieces...

El letrao:...yo por lo menos soy de cierto 'estandin'...

Don Juan: Como no cortes el rollo te parto la cara, pesao

El letrao: *(herido en lo más hondo)* Burro analfabeto, ¿cómo iba a apreciar lo fino que soy quien no sabe leer? *(le grita en la misma cara)* ¡Y EL PESAO NO SOY YO! ¿Quién coño se ha tapiñao dos platazos de callos al mediodía, ¿eh? ¿eh?

Don Juan: Fueron tres. Y ahora, ayúdame, cabrón, que no me tengo en pie

El letrao: eso, pesao, te pasa por comilón, so gordinflón.

Don Juan: Cállate la boca que vamos a despertar a la Gamba. Anoche estuvo con el alcalde y le habrá pagado bien, así que estará de buen humor pa' consolarnos con sus encantos y su tintorro madrileño.

Salen tambaleándose hacia la casa de putas al final de la calle.

Mientras tanto Isabel sale al balcón con su padre, Gonzalito 'el tostao'.

Isa: ¡Ay, padre! ¿Viste a ese que acaba de saltar desde mi balcón?

Gonzalito: Sí, chata, lo vi y si no lo seguí fue por esta maldita tortícolis que me tiene harto *(efectivamente Gonzalito no puede mover la cabeza y la tiene inmóvil mirando hacia arriba y hacia el lado izquierdo)* ¿no fue ese pringao de Tanatorio, ese Juan?

Isa: Tenorio, papá. Fue sin querer. No había luz. Y es que los dos son prácticamente iguales: los dos tienen barba, los dos son gorditos, huelen igual....y además nunca hablamos; ¿no decía mamá que todos los hombres son iguales?

Gonzalito: Claro, y ¿quién lo iba a saber mejor que ella? Pero no te preocupes, hija mía, que la honra de la familia está a salvo. Cuando yo se lo comente al 'Duque', cosa que pienso hacer esta noche, ya verás cómo lo soluciona todo. Este Juan Tintorería o como se llame, ya es un muerto en vida.

Isa: ¡Que no, papá, que no! Son capaces de matarse el uno al otro. Ya sabes lo brutos que son los hombres. Y lo que es más, si se lo dices seguro que me mata a mí.

Gonzalito: *(melodramático, al público)* ¿Y qué importará el quedar *tú* viva si está muerto mi *honooooooor*?

Vuelven a entrar

Salen Don Juan y el Letrao, como muertos andando, ayudándose el uno al otro. Llaman al timbre de la Casa Delicias. Al rato aparece la Gamba – una cuarentona muy pintada y toda hecha un basilisco – pero no los deja entrar.

Gamba: Habréis venido a pagarme la última noche.

El letrao: (*El letrao tiene una peculiaridad algo inoportuna: cuando se pone a echar uno de sus frecuentes discursos, se le levanta la pierna derecha que no deja de temblar.*) Resuelto en decir verdades estoy, porque caballero soy, y mal rayo me parta si no te pagamos hoy (*Don Juan, boquiabierto, le mira. El letrao se acerca a la Gamba y ella grita asustada y con desprecio. Él sigue en un tono tan confidencial como maniático*). He de deciros sin hablar prolijo, que el que había de pagarme dijo que aunque pagarme no podía fijo, que se lo pidiera a su hijo, que enrollado está con un pijo...

Gamba: y tú cierra el pico...

El letrao:...aunque todavía sin cobrar ni un ducado, ni siquiera para fumárselo....

Gamba: Menudo loco anda suelto. ¿Dónde aprendiste semejantes desvaríos?

Don Juan: Hace dos meses que no duerme por su obsesión con la asignatura de Filología Hispánica II, (*al público, en un aparte*) antiguo plan de estudio, claro. Le han suspendido ya cuatro veces por confundir al Quijote con aquel burlador del alcalde de qué sé yo dónde... (*señalando el Letrao*) inepto que es.

Letrao: ¡Basta, necio! Y déjame hablar con la sin par Señora Gamba. (*A ella*) Que sí, dulce prenda mía, es verdad que del mucho leer se me secó el celebro...

Gamba: (*Cortándole*) Lo que tú quieras, pero aquí no entráis. Además, la Sacerdotisa está con un cliente guay, el mismísimo Perico, el Duque.

La Gamba les da con la puerta en las narices a los dos hombres, pero al rato la puerta se abre otra vez y aparece de nuevo la Gamba.

Gamba: Oye, tronco, el Duque lo sabe tó y si se entera de que estás aquí...

Don Juan: ¡A mí me importa un carajo! A ese hijo de la gran puta lo mato yo así...(*finge una puñalada torpe y ridícula*)

Entra resuelto a lo que sea. Pausa. Sale Don Juan todo bañado en sangre y con una navaja en la mano.

Don Juan: ¡Ay que me muero! Y si no me equivoco....

Duque: (*sale medio desmayado con una pistola en la mano*) Muerto estoy, ¡villano!

Gamba: (*bañada en sangre y con una ametralladora Kalashnikov*) ¡Hijos de puta, por intentar salvaros me he buscado sin querer la perdición!

(Se caen los tres en el portal)

Letrao: Señoras y Señores este pase está hecho, perdonad los yerros, que no sin provecho mueren tres gamberros, por ser la comedia tan mal acabada, nada más empezada, y ya está terminada.

Telón.

DON JUAN DE LA CALLE DEL BARCO

APUNTES PARA LA ESCENIFICACIÓN

El teatro del Siglo de Oro en España prácticamente carecía de *attrezzo* complicado en el tablado y tampoco tenía un decorado muy elaborado. Los espectadores de aquel entonces estaban acostumbrados a esta falta de apoyo visual y por consiguiente tenían que recurrir a su propia imaginación, poniendo los detalles según el capricho de cada uno.

Puesto que esta obra, *Don Juan de la calle del Barco*, se basa en parte en una de aquellas obras del siglo diecisiete español, hemos querido recuperar un poco esa sencillez de escenificación. De hecho, con unos recursos muy limitados, uno puede hacer maravillas en aquel espacio vacío pero lleno de posibilidades que es el teatro.

Vamos a investigar algunas de estas posibilidades, empezando con lo que tenemos más a mano. En la misma aula encontraremos algunos objetos perfectamente disponibles, como pueden ser las mesas, las sillas, la pizarra (para dibujar carteles u otros escenarios de fondo), la luz eléctrica (o quizá la sombra). Y entre estos objetos, habrá algunos que bien pudieran cambiar de función. Por ejemplo, una mesa fácilmente puede convertirse en un balcón o una luz apagada y encendida súbitamente bien pudiera representar relámpagos en los momentos más dramáticos. Otros objetos, como el borrador de la pizarra o un rotulador, bien pudieran ser utilizados para golpear las mesas y así producir efectos especiales como un golpe en la puerta.

Los efectos especiales también pueden incluir cualquier música que sirva para crear un ambiente apropiado, sea música de la movida madrileña u otra, según las decisiones de cada grupo. Desde luego, el radiocasete habrá que pedirlo con una semana de antelación.

En casa encontraréis muchas cosas más. Solamente poniéndole una gorra o un sombrero a un actor tendrá un efecto transformador inmediato. También podéis buscar algo que sirva de capote para ocultar la cara de Don Juan al salir al balcón (aquí serviría una bufanda y hasta una toalla). La Gamba necesitará alguna sortija o joya un tanto exagerada para indicar su profesión. Finalmente, habrá que traer de casa cojines, almohadas u otros rellenos para hacer barrigas (para Don Juan, Isabel, La Gamba, etc.)

Un poquito más ambiciosa es la fabricación de *attrezzo*. Máscaras, pelucas, barbas y bigotes: todas son fáciles de hacer, al igual que otros objetos hechos de cartón, como el Kalashnikov, la pistola, la navaja y la linterna. Las máscaras son muy efectivas en el teatro en particular, sobre todo cuando la escena es de índole cómica o grotesca como esta. A un trozo de cartón plegado se le recortan dos agujeros para los ojos, se le pinta un poco, y ya está. Alternativamente, el maquillaje (cuanto más grotesco mejor) ayuda muchísimo a la hora de crear un personaje.

DOCUMENTO 3

Revista de Teatro

Teléfono: 91. 584.333000   Fax: 91.584.3859   NºCXVII   20 de julio de 2001

Recordando la movida madrileña

El programa provisional para el Festival de teatro de este otoño nos promete un nostálgico paseo por aquellos años estelares de la llamada 'movida' madrileña. Entre las obras programadas destaca la de Ignacio Rangel, quizá la obra emblemática del período. A estas alturas *Don Juan de la calle del Barco* nos sorprende por varias razones. Nos resulta una obra aun fresca con una buena dosis de sátira (por no decir de anarquía) que nos vendría la mar de bien en estos días más tranquilos y también más conservadores, tanto en el teatro como en la sociedad. Su lenguaje – en particular su argot callejero – no nos resulta tan desfasado ni tan hortera ni tan ridículo como esperábamos. Los espectadores se darán cuenta más bien de lo poco que ha cambiado el habla de los jóvenes madrileños (y de unos cuantos no tan jóvenes también). Otra observación sorprendente es el nivel y la cantidad de referencias culturales y literarias de fuerte arraigo español. Esta obra es nada más y nada menos que una versión de la obra de teatro del siglo diecisiete que vio nacer (según dicen) la mítica figura del españolísimo don Juan. Todo esto nos sorprende porque, la movida, según lo recordamos nosotros, consistía en beber, fumar, drogarse, follar (con perdón) y escuchar una música horrenda malcantada en inglés hasta quedarse destrozado por completo para compensar los años de hambre (aquella hambre de todo lo prohibido) que precedieron a esta orgía.

Sin embargo, con 'la perspectiva de la otra ribera'(así lo llama don Ramón del Valle Inclán), vemos que la orgía y la cultura eran perfectamente compatibles en aquellos tiempos movidos y emocionantes. Lejos de rechazar la tradición cultural o literaria del país, la movida se nutre de elementos de otros textos o mitos nacionales. Fijémonos por ejemplo en la obra de Almodóvar que data de este período: junto al mundillo de la música punk está la madrileñísima zarzuela con sus castizos chulos y chulaponas; compartiendo cama con drogatas y prostitutas están los defensores de la honra calderoniana (la protagonista de *Pepi, Luci, Bom...*)

y la maruja obsesionada con los precios de la plaza. El contexto netamente español de la religión se mezcla en *Entre tinieblas* con la heroína, el amor prohibido (monjas lesbianas y enamoradizas) y la estética religiosa se recicla.

La movida siempre fue un fenómeno híbrido, resultante de un cambio cultural y social que intentaba compensar una percibida falta de cambio político. Después de la muerte del dictador en 1975 y continuando con aprobación en referéndum de nuestra nueva constitución en 1978, los cambios sociales y culturales superaron a los puramente constitucionales. Mientras que lo ocurrido en política fue una transición, en lo social-cultural fue una explosión. En el caso de Madrid, la explosión de nuevas tendencias en la música, la moda, el diseño, el arte y el cine llegó a denominarse la 'movida' (tomando prestado el término de la subcultura de las drogas). Durante esta edad de oro del Madrid subcultural y joven (que abarca más o menos los años 1978 y 1985), numerosos grupos de música vinieron a la ciudad, siguiendo el espíritu de bricolaje del punk británico. Lo asombroso fue que las discográficas y los locales acogiesen a toda esta pandilla de amateurs con los brazos abiertos, convirtiendo así a la capital en imán que atraía a todos los jóvenes creadores del país. De esta manera la movida pronto incorporó a pintores, fotógrafos, cineastas y escritores.

Ahora nos encontramos en la extraña situación de mirar la movida con nostalgia, de recordarla como una época de libertades nuevas, corrientes culturales rompedoras e iconoclastas y hasta de un gobierno joven y emprendedor. La reposición de la obra de Ignacio Rangel nos muestra, en cambio, que no todo ha desaparecido: así que venga, a ponerse la ropa 'de la moda juvenil' como dirían los de Radio Futura. A pasarlo bien en el Madrid anárquico de los 80...

Eleuterio Espinel

DOCUMENTO 4

HISTORIAL PROFESIONAL DE KIMERA

Kimera empezó su recorrido en 1998 con varios objetivos entre ellos la renovación del teatro por medio de una ruptura con un público burgés y su reemplazamiento por otro más abierto al mensaje que nosotros queremos hacer llegar a la gente.

Hemos adoptado una postura iconoclasta no para escandalizar por escandalizar sino más bien para echar por tierra el edificio teatral y empezar de nuevo. Por eso nos apasiona la investigación teatral, tanto en el terreno de la escenificación como en el de la creación. Hemos preferido una dramaturgia de textos (aunque no exclusivamente), obras espontáneas e incluso obras 'no-textos' de improvisación.

Nos apasiona todo el teatro de pantomima, sobre todo Vol Ras (pantomima). En general nos inspiramos mucho más en el teatro catalán (La Fura dels Baus, Dagoll Dagom, La Cubana etc.) que en el clásico y decrépito teatro castellano.

EQUIPO:

Director – Raúl Fortuna	Escenográfía – Mikel Erenzua
Coreografía – Merlisia	Electricista – Micky Esperanza
Maquillaje/Peluquería – Perlas	Utilería – Nem
Iluminación – Don Johnny	Vestuario – Montse Marés
Sonido – Sergi Baraba	Ayudante de dirección – Claudia Fonts

MONTAJES:

Rodeo por Llüisa Cunillé, Festival de Teatro Joven, Madrid (Sala Triángulo), 22 de marzo de 1998

Carícies por Sergi Belbel, Sala Montés, Guadalajara, 4 de junio de 1998

Largo y distendido (OBRA ORIGINAL de KIMERA), Plaza Tirso de Molina, 24 de Mayo de 1999.

Bazar por David Planell , Ayuntamiento de Madrid, (Centro Argüelles), Día mundial de teatro 27 de marzo de 2001

Dolorosa caída (OBRA ORIGINAL de KIMERA), TeatroCalle, Centro Cultural de va Villa, Madrid, 20 de Agosto de 2001.

*** KIMERA ***
Pintor Suárez, 34
28007 Madrid
91 534 8909
91 534 8986 (fax)
kimera@heatmail.com

DOCUMENTO 5

HISTORIAL PROFESIONAL DE QUINQUI

fecha de creación 1 octubre 1994

Quinqui es un experimento fracasado pero que se niega a morir. Nuestra voluntad de futuro y nuestro proyecto grupal nos ha salvado varias veces. Actores vagabundos, nos vamos de obra en obra como los cómicos italianos iban de pueblo en pueblo.

Abajo encontraréis algunos hitos en nuestro viaje.

La Puñalá de Antonio Onetti
4 de diciembre de 1994, Festival de Teatro de Barrios (Pueblo de Vallecas)

El segador de Azorín
17 de abril de 1996, Taller 'Desalojados', Getafe

El viaje infinito de Sancho Panza de Alfonso Sastre
10 de noviembre de 1996, Festival de Otoño (Nuevas Tendencias—Sala Triángulo)

Los gatos de Agustín Gómez Arcos
13 de noviembre de 1997, Festival de Otoño (Nuevas Tendencias—Sala Triángulo)

Picasso Andaluz de Salvador Távora
20—22 de mayo de 1998, TeatroSur, Móstoles

Don Juan Tenorio, de José Zorrilla
5 de noviembre de 2000, Teatro en el Parque (Parque Tierno Galván)

La estanquera de Vallecas, de José Luis Alonso de Santos
2 de enero de 2001, Festival de Teatro de Barrios (Pueblo de Vallecas)

Ñaque de José Sanchis Sinisterra
29 de septiembre de 2001, Taller Quinqui (Puente de Vallecas)

ubicación   Nueva Numancia, 22 Bajos
                                  tlf: 91 534 8980
                             Quinqui@hatemail.com

Tareas Escritas

1. Imagina que eres un crítico teatral de *Diario 16*. Escribe una reseña de *Don Juan de la calle del Barco*, interpretado por Kimera o por Quinqui. (Si necesitas inspiración lee primero alguna reseña de verdad de cualquier sección de 'Espectáculos' de la prensa española.)
2. Para los más atrevidos: con un/a compañero/a de clase, intenta escribir la continuación de la escena de *Don Juan de la Calle del Barco*.
3. Redacción: elige uno de los temas:
   (a) Entretener al espectador bien puede ser la función esencial del teatro, pero no es la única. Discute.
   (b) ¿Cuál es tu obra de teatro favorita? ¿Por qué?

DIVÁN DE DIRECTOR
Glosario selectivo español-inglés

a estas alturas — *now, nowadays*

a mí me importa un carajo! (*vulg.*) — *I couldn't give a monkey's!*

a salvo — *safe*

abasto con, dar — *cope with, to*

actualizar — *update, to*

adecuado/a — *appropriate*

ademán *m* — *air*

afición a *f* — *love, great enthusiasm for*

agujero *m* — *hole*

aires, darse — *put on airs, to*

aliviarse — *ease off, to*

altibajos *mpl* — *ups and downs*

amargura *f* — *bitterness*

ametralladora *f* — *machine-gun*

analfabeto/a *mf* — *illiterate ignoramos*

antelación *f* — *advance notice*

aplastao (aplastado) — *flattened, squashed*

apostar — *bet, to*

apuntes *mpl* — *notes*

arrastrar las palabras — *slur one's words, to*

arrebato de ira *m* — *fit of rage*

asomarse a — *lean out of, to*

asombroso/a — *astonishing*

asqueado/a — *sickened*

atrezzo *m* — *props*

aula, el *f* — *classroom*

bailaor/a *mf* — *flamenco dancer*

ballena embarrancada, una — *beached whale, a*

barandilla *f* — *railing*

barriga *f* — *stomach, belly, paunch*

bendición *f* — *blessing*

bofetón *m* — *slap*

bricolaje *m* — *DIY do-it-yourself*

bufanda *f* — *scarf*

cabrón *mi* (*vulg.*) — *bastard (best avoided, this word is very strong in Spanish)*

callejero/a — *street adj*

callos *mpl* — *tripe*

calzones *mpl* — *breeches*

camello *m* (*coll.*) — *drug pusher, dealer*

campechano/a — *straightforward*

candelero *m* — *limelight*

capote *m* — *large bullfighting cape*

castizo/a — *very Spanish (esp. very Castilian)*

cazadora de cuero *f* — *leather jacket*

cejijunto/a — *with eyebrows which meet in the middle brain*

celebro (*archaic*) — *brain*

Cenicienta — *Cinderella*

chata (*fam.*) — *love, dear (somewhat antiquated form of address)*

chinorri (*coll.*) — *little kid*

chulapona *f* — *a female chulo*

chulo *m* — *Madrid equivalent of cockney 'wide-boy' filmmaker*

cineasta *mf* — *filmmaker*

Como no te cortes el rollo te parto la cara — *If you don't shut up, I'll smash your face in!*

comportamiento *mi* — *behaviour*

con mala pinta — *shady-looking*

concurso *m* — *competition, contest*

creído/a — *conceited*

criado *m* — *servant*

cuarentón/tona *mf* — *man/woman in his/her forties*

cucurucucú *m* — *sound made by a cockerel*

decimonónico/a — *nineteenth-century*

decorado *m* — *set (in theatre)*

derrotar — *defeat, to*

desfasado/a — *old-fashioned, out of step*

despreciar — *look down on, to*

desvarío *m* — *ravings, delirium*

dichososa movida, la — *the happy years of the movida*

difunto/a — *deceased*

discurso *m* — *speech*

disponible *adj* — *available*

Diván del Director *m* — *casting couch*

doncella *f* — *maiden*

ducado *m* — *ducat, an old Spanish coin, but also Ducados, a brand of cigarettes*

dulce prenda mía (*archaic*) — *my sweet lady (as form of address)*

egoista *adj* — *selfish, egotistical*

embozado/a — *covered up*

empeñarse en — *strive to, to*

enamoradizo/a — *always falling in love*

encaramado/a — *perched*

encarnar	*embody to*
engancharse en	*get caught on, to*
engrasar	*lubricate, to*
enrollado/a (*coll.*)	*hip*
ensayo *m*	*rehearsal*
entorno *m*	*surroundings*
entrada en, poner la	*put a down payment on, to*
escenificación *f*	*staging*
eso es por comilón gordinflón.	*that's because you're a great fat glutton*
espabilao/a (espabilado) (*coll.*)	*on the ball, smart*
espaldas, cubrirse las	*watch one's back, to*
estandin *m* (from English 'standing')	*high standing*
estelar *adj*	*star*
estrambótico/a	*bizarre, outlandish*
estrenarse	*premiere, to*
fijo	*for sure, definitely*
fingir	*feign, to*
finuras *fpl*	*refinement*
flirtear	*flirt, to*
follar (*vulg.*)	*screw, to*
fuera de lo corriente	*unusual*
galán *m*	*hero, leading man in theatre*
gallina en corral ajena, sentirse	*feel like a fish out of water, to*
gallo *m*	*cockerel*
gamberro *m*	*hooligan*
gemir	*moan, to*
gilipollas *mf* (*vulg..*)	*prat, plonker*
gorra *f*	*cap*
gracioso *m*	*clown (in drama)*
guión *m*	*script*
hallarse	*be situated, to*
heredado/a	*inherited*
hermanastra *f*	*step-sister*
historial *m*	*record*
hito *m*	*milestone*
honra calderoniana *f*	*calderonian honour (after the playwright Calderón de la Barca)*
hortera *adj mf*	*naff, tacky, definitely not cool*
¡hostias! *fpl*	*Christ Almighty!*
ilusión *f*	*dream, hope*
imán *m*	*magnet*
imperdible *m*	*safety pin*
impresentable *adj*	*not fit to be seen*
índole *f*	*kind, nature, type*
inoportuno/a	*unfortunate*
ira *f*	*rage*
joya *f*	*jewel*
maldito/a	*damned*
maniático/a	*obsessed, fanatical*
maquillaje *m*	*makeup*
¡maricón gordo asqueroso!	*you 'orrible fat bugger!*
Me cago en la leshe (leche) (*vulg.*)*	*shit, bloody hell!*
me tiene harto, esta maldita tortícolis	*I'm really fed up with this damned stiff neck*
menudo loco anda suelto	*we've got a right loony here*
mercedario	*mercedarian friar*
mito *m*	*myth*
mojigato/a	*prudish, prissy*
montaje *m*	*staging*
mote *m*	*nickname*
movida madrileña *f*	*the Madrid scene*
navaja *f*	*knife*
no me tengo en pie	*I can't stand up*
novillero *m*	*apprentice matador*
nutrirse	*be fuelled, to*
ocultar	*conceal, to*
osar	*dare, to*
otorgar	*award, to*
palabrota *f*	*swearword*
pandilla *f*	*band*
panteón *m*	*family vault*
pase *m*	*performance*
pases, dar	*make passes (with a cape), to*
payaso *m*	*clown*
percibido/a	*perceived*
personaje *m*	*character*
pervivir	*survive, to*
pesao, un (*coll.*)	*pain in the neck, a*
pijo *m* (*coll.*)	*rich kid, posh type*
plaza *f*	*market (square)*
presa *f*	*prey*
Presupuesto *m*	*budget*
pringao *mi* (*coll.*)	*poor sod*
prolijo/a	*long-winded*
puñalada *f*	*stab wound*
puta *f*	*whore*
quemado/a	*burned-out, disillusioned*
¿Quién coño eres tú?*	*Who the hell are you?*
rasgo *m*	*characteristic, feature*
rayo *m*	*bolt of lightning*
reconfortante *adj*	*comforting*
relanzamiento *m*	*relaunch*
remendado/a	*mended*
remontarse a	*date from, to*
reparto *m*	*sharing out*
resaca *f*	*hangover*
resuelto/a	*determined*
ribera *f*	*shore*
rostro *m*	*face*

* Versions of these phrases, as well as a number of other vulgar expressions, are so often heard in Spain that the equivalent phrases in English, 'shit','bloody hell' and 'who the hell are you?', while at first sight seeming less strong, are nevertheless justified on grounds of equivalent impact or frequency of use.

rotundamente	*utterly*
se monta en plan de figura	*he acts as if he were a star*
sin par (*archaic*)	*peerless*
sortija *f*	*ring, cheap, flashy jewellery (coll.)*
subrayar	*underline, to*
supermetío/a en (supermetido) (*coll.*)	*involved in*
suplente *m*	*understudy*
tablado *m*	*stage*
tablas, las	*stage, the*
taller *m*	*workshop*
tambalearse	*stagger, to*
tarea *f*	*task*
telón *m*	*curtain*
temblores *mpl*	*shaking, trembling*
tierno/a	*young*
tintorro madrileño (*fam.*)	*cheap red wine from Madrid*
tío/a *mf* (*coll.*)	*guy/girl*
toreo de salón *m*	*practice with the bullfighting cape (minus bull)*
torero *m*	*bullfighter*
tortícolis *f*	*stiff neck*
tostao (tostado) (*coll.*)	*tanned, dark-skinned*
traficante *mf*	*drug trafficker*
traje de luces *m*	*bullfighter's 'suit of lights'*
trasladar	*move, to*
tratar, difícil de	*difficult to deal with*
triunfar	*be successful, to*
trozo *m*	*piece, bit*
truco *m*	*trick*
tú cierra el pico (*coll.*)	*you shut your gob*
ubicación *f*	*location*
utilería *f*	*props*
vela *f*	*candle*
ver a, no poder	*not be able to stand, to*
vergonzoso/a	*shameful*
vestuario *m*	*wardrobe (theatre Or Collection Of clothes)*
viñatero *m*	*winemaker*
yerros *mpl*	*mistakes*

Answers To Exercises

1.1

1. vuelva *or* haya vuelto *or* volviera/volviese
2. habla
3. dé *or* haya dado
4. gustan
5. supere *or* haya superado
6. mencionara/mencionese *or* hubiera/hubiese mencionado
7. vuelva
8. tengamos

2.1

Esta semana la *tengo/tendré* muy complicada. Hoy *terminan* los exámenes y al acabar *tengo/tendré* que entregar los papeles en la oficina. Luego *voy a tomar* café con Enrique y de ahí los dos *vamos/iremos/vamos a ir* directamente al cine. Mañana *creo* que *va a hacer/hará* buen día y si es así *haremos* una excursión a alguna playa bonita. Por la noche yo *he quedado/quedaré* con Maruchi para *ver* una obra de teatro. ¿*Crees* que le *importará/va a importar/importaría* si me *llevo/llevara/llevase* a dos más? Si *falla* todo eso entonces te *prometo* que pasado mañana *iré* a por ti en coche e *intentaremos ir* al archivo general a *ver* los periódicos que tanto te *interesan/interesaban*.

2.2

1. devuelva *or* haya devuelto
2. terminemos *or* hayamos terminado
3. tengas
4. estamos
5. viene

3.1

Era un día de verano, agosto creo que *era*, y las calles del centro *estaban* vacías como siempre *pasaba* en Madrid en aquellos tiempos. Yo *había perdido* mi puesto en la escuela de idiomas tres semanas antes por decirle gilipollas a un alumno especialmente insoportable. Luego *descubrí/había descubierto* la razón: su padre *trabajaba* con alguien que *tenía* un conocido en el ministerio de educación y se las *arregló* para que me echaran. Bueno, la verdad es que aquel día yo no *tenía* nada mejor que hacer. *Me puse* a andar por Pintor Rosales en dirección Moncloa escuchando mi walkman. Seguramente *escuchaba* Siniestro Total que entonces no me *gustaba* casi ningún otro grupo. De pronto *me di* cuenta de que alguien me *seguía*. Dos veces **intenté** echar un vistazo pero discretamente porque no *quería* animarle a seguir con el juego. Él, sin embargo, tan pancho: no *dejaba* de mirarme descaradamente. Y es que *era* un payaso; un payaso de verdad, todo trajeado como si estuviera camino de una fiesta de niños o algo por el estilo. Al rato *empezó* una canción especialmente brutal y eso me *inspiró: me di* la vuelta dispuesto a decirle algo, a preguntarle que por qué me *perseguía*. Pero él *decidió* hablar antes. Sonriendo, me *dijo* que *había andado* suficiente ese día. Según él ya *era* la hora de los cuentos y él los *contaba* mejor que nadie. Me *senté* a escucharlo. Y lo que no me explico es que *me he olvidado* por completo lo que me *contó*.

3.2

Estaba en el parque de María Luisa, el que *está* cerca de la Plaza de España. *Hacía* buen tiempo, pero no *hacía* mucho calor. No *había* mucha gente en el parque porque *era* la hora de comer. *Había* unos chicos jugando al fútbol y dos o tres ancianos *estaban* sentados en un banco cerca del estanco que *hay* cerca de la entrada del parque. Un perro sarnoso *dormía* debajo del banco. *Eran* las dos de la tarde. *Vi* entrar en el parque a una mujer con una niña que *tendría* unos cuatro años. La mujer *llevaba* una falda roja. *Tenía* el pelo moreno y muy largo. *Parecía* algo distraída. La niña *tenía* el pelo rubio y se le *notaba* que *había estado llorando.* Las dos *andaban* rápido, *quiero* decir, casi corriendo. De repente *me di* cuenta de que *había* un hombre siguiéndolas. *Era* alto y rubio y poco a poco *se apretaba* el paso para alcanzarlas. *Tenía* bigote, y *llevaba* un traje oscuro que no le *quedaba* nada bien. *Se acercó* a las dos, *cogió* en brazos a la niña y *salió* corriendo del parque. La mujer, muy angustiada, *gritó/gritaba* tras él, 'Andrew, ¿qué *haces*, por Dios? ¿Qué *HACES*?'.

3.3

Estaba en la Plaza de Doña Elvira en el barrio de Santa Cruz. *Era* tarde, sobre las once y media de la noche. *Hacía* un calor sofocante. La plaza *estaba* llena de gente. *Es* que no se *podía* dormir con el calor que *hacía*. *Había* un bar abierto en la esquina. Dos turistas japoneses *estaban* sentados en una mesa debajo de uno de los naranjos que *hay* en medio de la plaza. Un joven *estaba* tocando la guitarra. *Tenía* un aire de esos 'hippies' de los 60. *Era* alto, delgado, y *tenía* melena. *Vi* salir del bar a un tipo joven. *Tendría* veintitantos años.. Se *notaba* que *estaba* o borracho o drogado, o quizá las dos cosas, porque *me di* cuenta que *estaba* tambaleándose. Desde luego, mala pinta *tenía*. Al rato *se acercó* a los japoneses, pero *parecía* que no *quería* que ellos *se enteraran/se enterasen*. De repente *sacó* algo del bolsillo y *empezó* a gritar, pero sin que *tuviera/tuviese* mucho sentido. Me *fijé* en que *llevaba* una jeringuilla en la mano. Uno de los japoneses *se levantó* rápido, y antes de que el chaval les *alcanzara/alcanzase*, le *pegó* dos veces. Éste *se cayó*, y *se quedó* tumbado en el suelo, sin sentido. Los japoneses *pagaron* sus copas, como si no *hubiera/hubiese pasado* nada, y *se fueron*. Poco después, o *sea*, dentro de dos o tres minutos, *llegaron* dos policias. *Cogieron* al chaval que ya *empezaba* a volver en sí y lo *llevaron* a la furgoneta.

3.4

1. Roberto contestó que si venía con él le invitaría a cenar.
2. Su portavoz informó que la Ministra de Sanidad no iba a hablar en la rueda de prensa.
3. Luis me comentó que como había llegado tarde no disponíamos del tiempo necesario.
4. Carla añadió que si Pablo quería recoger su móvil que viniera por él.

4.1 *There are various ways of translating these sentences. If in doubt about your version, check with your teacher. The examples given are merely suggestions.*

1. Tienes que/Debes rellenar todos los huecos.
2. Hace falta/Es necesario que trabajemos todos juntos esta vez.
3. Aquella vez tuve que dejarlo en el parking.
4. Tendremos que esperar hasta el último momento.
5. Debo llamar a mi madre pronto.
6. Siempre tenías que llevar la contraria.
7. Debí decírselo mucho antes.
8. Hay que/ Hace falta fumigar la ciudad entera.
9. Necesitan ayuda si van a acabarlo con tiempo.
10. Es imprescindible que la plantilla esté al tanto del problema.

4.2

1. tenga
2. llegara/llegase *or* hubitera/hubiese llegado
3. dejarán
4. quería *or* quiso
5. llegarán *or* llegan

5.1

Dicen que se come muy bien por estas malditas tierras, pero yo dudo que <u>sea</u> verdad. Por lo menos dudo que los que se empeñan en convencernos de lo bueno que es el pescado frito o de lo rico que es el salchichón de no sé dónde no sé cuántos <u>se hayan atrevido</u> alguna vez a comer en los cuatro sitios donde yo he cenado hasta la fecha. No obstante sus mil y una historias de los encantos de la región, está claro, diría yo, que esa gente o no la <u>conoce</u> o, lo que es más probable, <u>han inventado</u> todos sus cuentecillos a fin de vender sus libros. Cuando yo fui hará un mes o así a cenar a un tal <u>Mesón Aniseto,</u> que venía recomendado por los llamados 'expertos', le pedí el estofado de liebre al dueño. Pero cuando me lo trajeron a la mesa, pues olía tan rematadamente mal que dudaba que <u>fuera/fuese</u> lo que había pedido. Por lo menos no podía creer que fuese el gato del refrán, aunque sí estaba dispuesto a creer que allí pudiera haber gato encerrado, y así, como tenía un hambre que me moría, me lo comí. Al día siguiente, tuve que ir al médico que me diagnosticó una intoxicación alimenticia y me dijo que dudaba que <u>pudiera/pudiese</u> volver a Madrid hasta el sábado o el domingo como más temprano.

6.1

1. <u>Déjate</u> de tonterías, <u>¿quieres?</u> Me <u>estás</u> poniendo de los nervios.
2. Hijo, como <u>sigas</u> así <u>te vas</u> a llevar una torta.
3. Quisiera hacer una declaración. <u>¿Me pone</u> con el comisario?
4. <u>Estabáis</u> todas en casa cuando se desmayó la abuela Paquita.
5. <u>Es usted</u> muy mayor para comportarse así. <u>Modere</u> el tono si quiere seguir en este debate.

7.1

1. A menos que se empeore el tiempo iremos a la playa.
2. Podéis mirar siempre que no toquéis nada.
3. Como vuelvas a mirarme de esa manera tan sensual no respondo.
4. A condición de que no vayas con el cuento a nadie más, te lo digo/diré todo a ti.
5. De haber conocido a Antonio una semana antes le hubiera/hubiese invitado a tu fiesta del lunes pasado.
6. A no ser que pierdas cinco kilos no te va a servir nada toda esta ropa elegante
7. Si tuviera/tengo amigos suficientes haría/haré una gran fiesta.
8. Supongamos que apruebes la oposición. ¿Aceptarás la plaza allí?
9. En caso de que no tenga/tuviera/tuviese éxito en esta entrevista Pedro buscará/buscaría en otra ciudad.

8.1

1. *abarque*
2. *está*
3. *diga*
4. *tenga*
5. *tiene*
6. *tengan*
7. *haga, vuelva*
8. *sepa*
9. *indican*
10. *salieran/saliesen, se armaba*
11. *vean*

8.2

1. puedan
2. poner
3. piense
4. dejes
5. pague *or* paguen (*note the change in spelling*)
6. llame
7. despedir, despidan
8. cambie

Revision Exercise

El cine español *comenzó* a principios del siglo pasado al igual que en otros países pero *se ha caracterizado/ se caracterizaba* –y hay quien dice que sigue caracterizándose– a lo largo de los años por su marginación de la cultura cinematográfica europea. Las eccentricidades de sus personajes desde Buñuel hasta Almodóvar *han contribuido* hasta hoy día a fijar las idiosincracias del cine español como su señas de identidad. Lo que los críticos de cine no *han podido/ podían* o no *han querido/querían* ver hasta hace muy poco es lo mucho que el cine español *tiene/ha tenido* en común con el del resto de Europa. Actualmente el mercado de cine en España *está viviendo/vive* un momento de vitalidad, marcado por unos valores industriales muy poco frecuentes en su historia. Por primera vez los géneros tradicionales típicos de la cultura española (comedia, drama rural, de curas o de militares, etc.) *conviven* con géneros más internacionales (melodrama, crimen y hasta películas de acción). Los filmes con un presupuesto elevado *son* un fenómeno reciente y nosotros *creemos* que *tendrán* un papel decisivo en el futuro también. Si la cultura cinematográfica española no *hubiera sido* tan cerrada durante su primer siglo no *estaría* ahora en una fase de clara recuperación frente a los cines de otros paises similares.

APPENDIX I
PUBLICIDAD EN TIEMPOS DE INTERNET

La gran red de redes, la World Wide Web o simplemente Internet, es una revolución por sí misma.

Este nuevo medio ha cambiado las estructuras, formas y tiempos en la comunicación, además de involucrarse activamente en la manera de trabajar y en la capacidad de hacer negocios. Es decir, una auténtica revolución simultánea, dinámica y en paralelo gira alrededor del mundo entero en lo socio-cultural, comercial y técnico.

Veamos de qué se trata...

Orígenes de la publicidad

Los orígenes de la publicidad se remontan a los tiempos de los antiguos egipcios que pregonaban la llegada de los barcos al puerto con sus cargamentos repletos de mercadería. Los babilonios que comerciaban allí contrataban a un "cantor" con fuerte voz y penetrante para que desde sus tiendas dieran a conocer sus productos a todo aquel que se acercaba.

Los alemanes en el s. XV realizaban de manera artística una forma de publicidad llamada rótulo-bandera, que también se utilizó en París y en Cataluña.

En Francia, Renaudot, considerado el inventor del anuncio en el siglo XVII, abrió una oficina denominada "Gallo de Oro", en la cual se podían conseguir informes y solicitar pedidos acerca de las ventajas recíprocas para los súbditos del rey. Para la historia nació así la primera agencia de publicidad. En tanto, en Barcelona, en los comienzos del 1700, se editó el primer diario con anuncios. Sin embargo, más allá de estos datos históricos, la publicidad ganó en importancia a partir del siglo XIX.

Las familias se alimentaban de los animales que criaban, de lo que sembraban y cosechaban en sus huertas y un mercado abastecía a la comunidad en lo que se necesitaba. Pero, desde ya, en aquellos tiempos no existía el espíritu comercial como el que tenemos frente a nuestros ojos hoy.

No fue hasta la Revolución Industrial que el gran cambio sobrevino y alteró todos los hábitos. Las familias gradualmente dejaron de autoabastecerse para adquirir productos fabriles en serie y a un menor costo.

Los mercados se inundaron con una altísima oferta debido a las nuevas máquinas y a su productividad y esto obligó a bajar los precios y a fomentar el consumo de los mismos. Mayor consumo, mayor producción, mayores ganancias, es decir apareció el comercio moderno.

Como consecuencia, los granjeros emigraron a las ciudades para obtener empleo y así toda la industria se vio favorecida rápidamente. El consumidor ahora tenía dinero proveniente de su sueldo y se sintió independiente en lo económico, luego se especializó en una actividad, al tiempo que la demanda creció a niveles importantes.

En las postrimerías del 1850 sobrevino la competencia entre productores y propietarios con el nacimiento de las cooperativas y las primeras cadenas de venta a nivel masivo. Le hicieron frente a la situación intentando diferenciarse entre la creciente diversificación de productos. ¿Cómo? A través de un nombre para que el consumidor pudiera identificarlo en el almacén por sus ventajas. Fue una buena idea... y así nació la marca.

Los medios de comunicación gráficos, tales como los periódicos y revistas, surgieron al crecer en gran escala el índice de alfabetización y la escolaridad. Y el fabricante obtuvo un espacio para dar a conocer su producto a un número mayor de personas, sin importar su lugar de residencia. La vía pública estaba cubierta con carteles y volantes y el diseño cuidado de artistas que trabajaban en ellos hizo que tomaran gran popularidad.

La publicidad, ya de cara a nuestro siglo, tuvo como protagonistas excluyentes hasta los años cuarenta a la radio con todo su encanto y fuerza, al imponente cine con su magia y a los transportes públicos llevando su mensaje de aquí para allá.

En las décadas siguientes la televisión, sin disminuir las posibilidades de sus precedentes, se convirtió en el indiscutible medio número 1 tanto por su rentabilidad como poderío.

¿Qué es exactamente la publicidad?

La publicidad es una técnica de comunicación que deriva de un plan de Marketing, concebido para vender un producto o servicio a través del estudio y análisis de su público objetivo (target group), y de la mejor forma de llegar a ellos mediante canales de distribución específicos. Es decir, la publicidad es la forma de comunicar las "bondades" de un producto/servicio, sus ventajas propias que la diferencian de otros para lograr el objetivo primordial: que el consumidor/cliente se acerque al punto de venta y realice la compra o que utilice el servicio.

La palabra inglesa "advertising" (publicidad) viene del latín ad vertere, que quiere decir "mover la mente hacia". Las funciones de la publicidad pueden ser numerosas, como lo considera Otto Kleppner: "Está diseñada para convencer a una persona de que compre un producto, para apoyar una causa o incluso para alentar un menor consumo, puede usarse para elegir un candidato político, reunir fondos para una ONG (organización no gubernamental) o para anunciar las posiciones de un sindicato en particular.

"Sin embargo, la mayor parte de la publicidad está destinada a la comercialización de bienes y servicios. Independientemente de su propósito específico, toda publicidad tiene dos hilos comunes: un fundamento de mercadotecnia y una comunicación persuasiva."

Orientación

Recordemos un instante las definiciones sobre publicidad que contempla la Real Academia Española:

1. Calidad o estado público.

2. Conjunto de medios que se emplean para divulgar o extender las noticias de las cosas o de los hechos."

3. Perteneciente o relativo a la publicidad utilizada con fines comerciales.

Se utiliza el término "publicidad" cuando la acción de comunicación tiene fines comerciales. En cambio, propaganda-del latín propagare-significó en un principio, el nombre de una congregación de cardenales, "de propaganda fide", creada para difundir la religión católica, como lo señala la definición de la Real Academia.

Por extensión, se aplicó el término propaganda a cualquier asociación cuyo objeto fuera propagar doctrinas religiosas, políticas, etc. Este uso engendró un método, un sistema para el aprovechamiento de todos los recursos de información o difusión de ideas, y es así como, por comodidad idiomática, llegado el momento en que esos o similares recursos se aplicaron con fines comerciales, se encontró más sencillo aplicar la misma voz para definirla.

La Academia Argentina de Letras entiende que entre publicidad y propaganda no hay una diferencia intrínseca, pero es evidente que existe una gran distancia entre los objetivos de índole comercial y la propagación de ideas políticas, filosóficas, morales, sociales o religiosas.

Jean Marie Domenach menciona que "la propaganda puede compararse con la publicidad en cuanto tiende a crear, transformar o confirmar opiniones".

¿Dónde se encuentran las diferencias entre publicidad y propaganda?

Si nos referimos en primer lugar al medio, la propaganda utiliza los mismos "canales" de comunicación que la publicidad, por ejemplo: avisos en gráfica, spots de radio, comerciales en televisión o afiches en la vía pública.

Los basamentos de sus estrategias de comunicación, el diseño que utiliza, las imágenes que recrea, la forma de utilizar los recursos musicales para, en suma, generar sentimientos de apatía en el espectador tal cual la publicidad. Tales diferencias entre ambas técnicas pueden resultar sutiles y llevar a la confusión, sin embargo que publicidad y propaganda utilicen técnicas similares no modifica el objetivo primordial de cada una.

Su diferencia radica en que son dos actividades diferentes por que tienen objetivos distintos. Además, si una campaña de propaganda utiliza únicamente técnicas publicitarias, tiene posibilidades de fracasar pues, por la índole de sus objetivos, requiere del empleo de métodos especiales distintos de los usados en publicidad.

Sin embargo, ambas técnicas se encuentran en un punto: modificar, favorecer, inclinar hacia, el comportamiento del público en favor o en contra de una u otra cosa. La propaganda ha evolucionado como técnica de comunicación en forma paralela a la publicidad en varios aspectos. La publicidad, persigue siempre objetivos de lucro.

La propaganda tiende a la difusión pública de ideas políticas, filosóficas, morales, sociales o religiosas para llegar con su mensaje y no tiene objetivos económicos, su fin es lograr adherentes en el campo de las "ideas". Por ejemplo, que el público al captar el mensaje de la propaganda se adhiera a un partido o sistema político, tome conciencia acerca de determinadas enfermedades y actúe en consecuencia, se comporte de una determinada manera en la vía pública, utilice los tachos para desperdicios ubicados en las calles, cruce por las sendas peatonales con el semáforo en rojo, descienda por detrás en los colectivos, saque la basura en los horarios determinados, etc., por nombrar algunos casos que cubre el área de la propaganda.

¿Publicitario o publicista?
Se le llama publicitario a aquella persona que se desempeña en el área de la publicidad y publicista es aquel que da a conocer un escrito en forma periódica, un autor o especialista en derecho público pero que también puede ser un profesional de la publicidad. Es decir, son sinónimos, aunque en la "jerga publicitaria" se utiliza la primer forma, publicitario.

Dolores Campos Carlés
Especial para LA NACION LINE

Los Medios Tradicionales y La Publicidad

¿Qué "muere" y qué "resucita"?
Aparecen algunas novedades en la era de la comunicación "entendida como el conjunto global de discursos emitidos a partir de múltiples medios: tanto los tradicionales y masivos (radio, cine, TV, prensa, vía pública) como las técnicas de reciente emergencia" como Internet que apunta cada vez más a personalizar tanto a la información como a la publicidad.

La situación enfrenta a dos posiciones. Por un lado los que piensan que "nada va a cambiar", y minimizan el papel de los "nuevos medios" y por el otro, quienes hacen juicios apocalípticos como "está muriendo la publicidad masiva" porque analizan la situación teniendo en cuenta sólo determinadas modalidades de publicitar como por ejemplo, el marketing directo o los sistemas de comunicación de datos no tradicionales (e-mail, Internet).

Las posiciones extremas nunca muestran la realidad de la situación, no se puede negar que los medios de comunicación están en continuo desarrollo y que además han surgido nuevas formas de comunicarse, de transmitir información y de publicitar.

A un año del 2000 las nuevas y viejas fórmulas publicitarias han encontrado la manera de convivir. Sin embargo no se puede dejar de notar el agotamiento de los tradicionales modos de publicitar; la forma de darles nuevos bríos e inyectarles vitalidad a antiguas modalidades de comunicación dependerá del interés y las posibilidades que estos brinden.

De los medios tradicionales a internet

Es evidente que cada medio tiene sus propios códigos para hacer que el "mensaje" publicitario llegue a los receptores de la manera más convincente. Tiempo atrás la televisión y la radio peleaban palmo a palmo para ganar espacios o, en el caso de la radio, para no perderlos.

Por su parte los avisos en revistas y diarios corrían con ventajas por el carácter sólido de los medios gráficos y hasta duradero, mientras la televisión es algo pasajero; los lectores de los diarios, en cambio, tienen en sus manos un ejemplar que les dura durante todo un día. A veces estos medios parecen limitados y menos espectaculares que la televisión, pero no es así; lo que ocurre es que se tiene una visión tradicional. Los dueños de las agencias saben que es posible hacer una buena campaña gráfica sin envidiarle nada a la televisión.

Una situación similar pasó con la radio, la revolución que provocó el advenimiento de los medios visuales provocó que tuviera que hacer muchas innovaciones y pensar en nuevas maneras de publicitar que se asemejarán más a los nuevos códigos que estaba imponiendo la televisión.

Para competir con la televisión, los diarios, las revistas y la radio debieron exigir a los anunciantes, publicitarios y hombres de medios que busquen caminos alternativos e inventen maneras más originales para atraer al público.

Pero hoy existe un nuevo medio que es Internet y que se está abriendo lugar poco a poco y se divisa ya como la revolución del futuro.

Lo que se modifica es la forma del mensaje pero no el contenido del mismo. La publicidad apunta a convencer al oyente, al lector, al televidente, al cibernauta de que determinado producto va a cambiarle la vida o lo va a alimentar mejor. La prueba de fuego de un buen publicitario es conocer las particularidades de cada medio para saber cómo anunciar mejor y captar la mayor atención posible de la opinión pública.

Hoy en día una agencia de publicidad profesional reconoce que para realizar una exitosa campaña publicitaria lo principal es analizar y conocer los códigos de cada medio para que cuando se realice una estrategia de comunicación se elija el canal más apropiado para dar a conocer un producto o servicio.

Como Internet es un medio nuevo aún en desarrollo, las posibilidades parecen infinitas y están casi sin explotar. La red cibernética es una aventura para cualquier agencia publicitaria que acepte el reto.

María Azul Cecinini
Especial para LA NACION LINE

Revolución Comercial

¿Cómo se adapta la publicidad a Internet?
La red ofrece la posibilidad de interactuar con el cliente, quien tiene hoy el poder en sus manos, puesto que desde su computadora puede comprar, alquilar, sugerir, utilizar, criticar, pedir o simplemente mirar. El cliente es quien exige y la red se prepara para atenderlo de la mejor manera.

Las empresas están alertas y muchas de ellas poseen su sitio como parte de una estrategia de marketing y comunicación, ofreciendo, además, en línea sus servicios y productos.

¿Las ventajas por estar en la red?
La tendencia demuestra que una de las ventajas para las empresas es que la intermediación es cada vez menor, el stock se realiza por pedido a través del método japonés "just in time" y no existe un lugar físico lo cual implica el ahorro de altísimos costos por dos vías: intermediarios y los fijos del inmueble. Y la clave de todo el negocio es el feed-back y la capacidad de respuesta que la empresa puede obtener de sus clientes en el momento, sin importar desde dónde se realice.

La publicidad se está adaptando a éstas nuevas reglas de hacer negocios, pues van juntos en el creciente avance continuo de la red. Podríamos decir que son razones más que suficientes para entender cómo funciona y porqué apunta a lo comercial.

En los principales sitios de las grandes empresas del mundo, la publicidad ya está afianzada de manera asombrosa superando todos los números. Los banners, una de las formas de aviso electrónico, posee plena vigencia adaptándose según las necesidades como link o enlace hacia otra página.

La "sponsorización", otra modalidad del negocio, se ajusta a las necesidades de estar presente en el lugar correcto a través del auspicio de un sitio o página vinculada a un evento relacionado con la empresa, reuniendo así al público con el mensaje publicitario.

El contacto por persona con el aviso será mucho mayor ya que se orienta a la comunicación/comercialización uno a uno. Al poseer el feed-back del cliente se puede conocer su perfil y necesidades y ofrecerle lo que desea a través de la publicidad en el sitio correcto.

La publicidad en la Red

Según Jim Sterne, presidente de Target Marketing, "una industria entera está creciendo alrededor de la creación de avisos on-line, auditando y midiendo sus resultados ya que Internet es el medio más mensurable y flexible en lo que respecta a publicidad logrando ventas "puerta a puerta".

¿Qué clase de gente verá un aviso? ¿Se pueden contabilizar las entradas a una página? ¿Dónde se los puede encontrar? ¿Cuánta gente los ha mirado? ¿Cuánta gente ha "clikeado" en el mensaje electrónico? ¿Cuánta gente compró un producto a través de la red? Todo, absolutamente todo lo que ocurre y toma lugar en Internet ocurre a través de una persona que está manejando una máquina y por ello se puede contar, medir, analizar y luego mejorar.

Internet es un excelente lugar para crear reconocimiento y confianza en su producto. Esta es una de las áreas donde todas las reglas que se conocen de la vida real se las puede aplicar directamente en la red.

Cuando se piensa en una marca resulta prioritario evaluar el lugar a ofrecerla a través de un producto o servicio, es decir, la plaza escogida para venderlo, se debe analizar también su reconocimiento, repetición, alcance y frecuencia sumando a la imagen corporativa la del producto que percibe el cliente.

Crear confianza en Internet significa entender al consumidor local y ofrecerle lo que desea: satisfacción con su compra.

La empresa debe percibir a Internet como lo hace el cliente. Debe ponerse del otro lado. La publicidad intrusa en la TV es aceptada y se la considera casi como parte del entretenimiento, pero sólo en pequeñas proporciones ya que son parte de la diversión que el usuario busca, mientras que el resto se recibe como publicidad que se filtra en nuestros ojos sin desearlo y se ve tal como es.

Si se desea saber cuanta gente respondió a su anuncio se puede conocer solicitando a una empresa auditora en Internet cuantos ingresos diarios y mensuales se han hecho a una página, a una sección determinada, cuantos "clicks" a su aviso. Se puede, inclusive, conocer la computadora que está utilizando el cliente, que navegador o browser está usando, en que horario del día se conecta, que sitio visitaba antes de llegar al aviso de una marca en particular y desde donde está conectado.

Actualmente se pueden obtener datos a través de empresas auditoras sobre la cantidad de "clicks", de las páginas más visitadas, de la cantidad de ventas, de los sitios líderes y cuales son los tópicos que llevan la delantera, etc. Los potenciales clientes pueden realizar una compra de cualquier producto o servicio simplemente a través de un banner. Lo difícil aquí es saber que se puede hacer y si se está haciendo de la manera correcta. Parte de ello es encontrar los "hogares" correctos para exponer el mensaje publicitario. El lugar correcto será el lugar más lógico para poner el anuncio y deberá ser el sitio dónde la mayor cantidad de gente lo podrá mirar. Pero esto no siempre es lo mejor. Lo es para las grandes compañías que hacen campañas de publicidad a nivel mundial.

Todo depende dónde se encuentre el nicho de mercado de cada empresa. Si por ejemplo el público objetivo o target alcanza a la gente joven se exhibirá un aviso en la página de música más visitada, como así también en los sitios de interés que recibe más visitas. Lo importante es crear una estrategia adecuada a cada sitio en particular que se ajuste como guante a la estrategia comercial.

Dolores Campos Carlés
Especial para LA NACION LINE

Internet como revolución técnica

¿Cómo funciona?
Le ofrecemos aquí algunas consideraciones sobre el funcionamiento y aplicaciones generales.

En primer lugar, para conectarse a la red se necesita cierto tipo de hardware y software. Es decir, la velocidad y la forma de procesar datos de una máquina, que como mínimo debe ser una tipo 386-, un monitor VGA (de alta resolución), espacio suficiente en el disco rígido de por lo menos 10MB (mega bytes) y, por último, un módem, que a través de una línea telefónica establecerá la conexión a otra línea.

La conexión a Internet se puede realizar a través de las empresas de telefonía con acceso a la red, por medio de fibra óptica, a través de un enrutador, conexión que utilizan las grandes compañías con línea de teléfono exclusiva y en funcionamiento las 24 horas del día o con proveedores que poseen una línea privada.

Un "cliente" establece a través de su computadora una conexión a otra computadora llamada "servidor". El "provider" o proveedor ofrece este servicio. Para "pasear" por Internet se utilizan programas llamados "navegadores", los más usados y populares son el Netscape Navigator y el Explorer de Microsoft.

¿Qué es Internet?
La World Wide Web-W3 o telaraña mundial-, la gran red de redes, sistema de intercomunicación de redes (internet work system) o simplemente Internet, es en sí una gran cantidad de información que viaja y se distribuye a través de ella por todo el mundo.

Internet ofrece intercambios de archivos, búsqueda de información sobre cualquier tema y demás operaciones utilizando "hipertexto" (texto que posee íconos, fotos, animaciones, sonidos, videos, botones, e imágenes).

Una de las particularidades más notables que posee es que no se encuentra regulada por ningún organismo, su contenido es totalmente libre. Si existe una asociación de usuarios denominados "Internet Society" que se encarga de fomentar su utilización para el envío de información y de unificar criterios comunes en lo tecnológico.

Dominios
Las direcciones se segmentan según "dominios" de país y del tipo de organización. Veamos algunos ejemplos de dominios:

Por países:
ar es la Argentina
es es España
au es Australia
dk es Dinamarca
hk es Hong Kong
ve es Venezuela.

Por organizaciones
com pertenecen a organizaciones comerciales,
gov gubernamentales,
edu educativas,
org organizaciones sin fines de lucro.

Hablemos de Protocolos
Existen reglas standar en Internet llamadas protocolos debido a su alcance masivo. Se utilizan para realizar operaciones para el intercambio de información desde cualquier máquina. Los más importantes se llaman "Protocolo de Internet" o IP, "Protocolo de control de la transmisión" o TCP y "Protocolo punto a punto" o PPP.

Lo que hacen es dividir un archivo solicitado en partes, controlan potenciales errores en cada una de sus partes y luego lo reconstruyen en la máquina solicitante.

Otros servicios de Internet
Archie: es un buscador que ayuda a encontrar archivos (muchos de ellos anónimos) enviados a través del FTP.

Finger: bajo el sistema UNIX entre las ventajas que posee, sirve para conoceruiénes están conectados.

FTP: protocolo de transferencia de archivos, se utiliza para enviar archivos dena computadora a otra, una de ellas puede ser una máquina "servidor". Suso es muy destacado.

Gopher: tipo de buscador más selectivo y tamizado.

Verónica: es un asistente del Gopher, ayuda a buscar títulos o direccionesentro de éste.

Internet BBS: funciona como "depósito" de mensajes comunes en laomputadora de un usuario.

Internet Relay Chat: popularizado como "chat" que es conversar a través dernet, permite a diferencia del servicio "Talk", hablar en forma virtual con varios usuarios a la vez.

Listas de correo: se utiliza para el intercambio de información. Generalmente están dirigidas por un "anfitrión" líder subscribiendo a nuevos usuarios.

Páginas blancas: es un servicio que opera en forma parecida a una guía de teléfonos, en la que figuran direcciones electrónicas, entre otros.

Telnet: es un recurso que permite la conexión con otra computadora "remota" para utilizar sus programas de software. Se requiere para su servicio un número clave y nombre del usuario.

Wais: ayuda a encontrar información dentro de una base de datos.

Talk: es similar al Chat, pero con la diferencia de que sólo se establece la comunicación entre dos usuarios.

Usnet: es una red de usuarios-como lo indica su nombre-que opera como un grupo de interés.

Dolores Campos Carlés
Especial para LA NACION LINE

Internet como revolución socio-cultural

Internet ha revolucionado la forma en que nos comunicamos y lo seguirá haciendo en lo sucesivo gracias al desarrollo de tecnologías que superan lo que años atrás parecía imposible.

La relación actual entre personas mediante la revolución técnica, produjo que sus hábitos y costumbres se hayan modificado de manera asombrosa, tanto en los ámbitos de trabajo y académicos como en la vida cotidiana.

La concepción del mundo en la actualidad es un todo integrado, se tiene acceso al mercado bursátil, los diarios, las publicaciones, las revistas, bibliotecas, canales de televisión, radios, base de datos, investigaciones, en fin un amplio espectro de información aparece disponible para satisfacer el interés en particular de cada navegante.

Acceder a los más diversos productos y servicios on-line que ofrecen los bancos ("home banking"), supermercados y empresas en general ,por nombrar sólo algunos, produce en la vida diaria un fuerte impacto, otorga verdadera dimensión de lo que se vendrá en el futuro y hacia dónde se está orientando el mundo en lo comercial, en lo social y en lo técnico.

Las comunidades cybernéticas, grupos, foros de discusión y los chats fascinan por lo que son en sí mismos. La posibilidad de intercambiar experiencias, puntos de vista, contenidos, líneas de pensamiento entre personas de diferentes países, culturas y edades, enriquece la comunicación y el entendimiento de otras formas de vida que antes hubiera sido imposible siquiera pensarlas.

El fenómeno socio-cultural se manifiesta así, en la capacidad de interactividad inmediata, en el acceso a múltiple información proveniente de cualquier lugar hacia una computadora, y como consecuencia vital en el acortamiento de las distancias y la optimización de los tiempos.

La desestructuración en ésta nueva forma de comunicación que evita formalidades tan propias del papel y otros medios como el fax or ejemplo, constituye una vía absolutamente diferente de lo que se acostumbraba, el e-mail es hoy protagonista absoluto a la hora de trabajar o de contestar la correspondencia.

Nuevos códigos y formas se han gestado orientando la comunicación a través de una PC. Sólo pensar en las enormes distancias recorridas por un simple mensaje electrónico y la inmediatez de recepción sumado a su costo hacen que se utilicen sin titubeo.

Elegir es hoy para el navegante un abanico de posibilidades infinitas. Desde su casa puede acceder a la compra, uso, alquiler, subscripción de todos los bproductos o servicios inéditos que desee de manera rápida, simple, cómoda y al mismo precio del mercado.

Interactuar con otros es para el navegante una forma de apertura mental, sin lugar a dudas, toda una aventura. Pero esperemos que, de cara al nuevo siglo, comunicarse frente a frente siga siendo como hoy, absolutamente irremplazable.

Dolores Campos Carlés
Especial para LA NACION LINE

PUBLICIDAD EN TIEMPOS DE INTERNET
Glosario selectivo español-inglés

abastecer	supply, to	engendrar	engender, breed, to
acceder	access, to	enlace *m*	link
adherente *m*	supporter	enrutador *m*	router (IT networking
advenimiento *m*	advent		device)
afianzado/a	consolidated	entrada *f*	hit (on webpage)
afiche (*LAm*)	poster	girar	revolve, to
agotamiento *m*	exhaustion	hardware *m*	hardware
alentar	encourage, to	hipertexto *m*	hypertext
alimentarse	feed oneself, live on, to	huerta *f*	garden, orchard
alrededor	around	ícono *m*	icon
apatía *f*	apathy	índole comercial, de	of a commercial type
aprovechamiento *m*	exploitation, utlization	interactuar	interact, to
apuntar	point to, make a note	jerga *f*	jargon
	of, to	llevar la delantera	be ahead, to
asemejarse	be similar, to	lograr	obtain, achieve, to
asombroso/a	surprising	lucro *m*	profit, gain
auditar	audit, to	más allá	beyond
auspicio *m*	sponsorship	mensurable *adj*	measurable
babilonio/a	Babylonian	mercadotecnia *f*	marketing
basamento *m*	basis	minimizar	minimize, to
botón *m*	button	módem *m*	modem
brindar	offer, to	navegador *m*	navigator
brío *m*	spirit	nicho *m*	niche
browser *m*	browser	novedad *f*	novelty
buscador *m*	search engine	ONG *f* (organización	
cadena *f*	channel	no gubernamental)	NGO
captar	receive, capture, to	optimización *f*	optimization
cibernauta *mf*	cybernaut	oyente *mf*	listener
cibernético/a	cybernetic	palmo a palmo	like the back of one's
clikear	click on, to		hand
colectivo *m* (*Arg.*)	bus	pasajero/a	passing, fleeting
comportamiento *m*	behaviour	pasear por Internet	browse the internet, to
conexión *f*	connection	peatonal *adj*	pedestrian
conseguir	get, achieve, to	pedido *m*	order
contabilizar	count, to	pelear	fight, to
convincente *adj*	convincing	perfil *m*	profile
cosechar	reap, win, harvest, to	propagación *f*	propagation, spreading
creciente *adj*	growing	protocolo *m*	protocol
criar	raise, bring up, to	provocar	provoke
desempeñar	play, fulfil, to	radicar	be, to
desperdicio *m*	waste	realizar	realize, carry out, to
diario/a	daily	recursos *mpl*	resources
difusión *f*	spreading	reto *m*	challenge
disco rígido/duro *m*	hard disk	rótulo *m*	label
discurso *m*	speech	semáforo *m*	traffic light
divulgar	circulate, spread, to	sembrar	sow, to
egipcio/a	Egyptian	senda *f*	pathway
emitir	emit, give out, issue, to	servidor *m*	server
en lo sucesivo	in the future	sin titubeo(s)	without hesitation

sindicato *m*	*trade union*	surgir	*rise, to*
software *m*	*software*	sutil *adj*	*subtle*
solicitar	*request, to*	tacho *m* (*Southern Cone*)	*wastebasket*
sponsorización *f*	*sponsorship*	tamizar	*sift, filter, to*
spot *m*	*advert*	telaraña mundial *f*	*world wide web*
standar *adj*	*standard*	televidente *mf*	*TV viewers*
súbdito *m*	*subject (e.g. of monarch)*	ubicado/a	*located*
		usuario *m*	*user*
superar	*better, to*		

APPENDIX II

LEY ORGÁNICA[10] 8/2000, de 22 de diciembre, de reforma de la Ley Orgánica 4/2000, de 11 de enero, sobre derechos y libertades de los extranjeros en España y su integración social.

(Publicada en el BOE 23.12.2000)

JUAN CARLOS I

REY DE ESPANA

A todos los que la presente vieren y entendieren.

Sabed Que las Cortes Generales han aprobado y Yo vengo en sancionar la siguiente Ley Orgánica.

EXPOSICIÓN DE MOTIVOS

I

El 12 de enero de 2000 se publicó en el "Boletín Oficial del Estado" la Ley Orgánica 4/2000, de 11 de enero, sobre derechos y libertades de los extranjeros en España y su integración social, habiéndose detectado durante su vigencia aspectos en los que la realidad del fenómeno migratorio supera las previsiones de la norma.

Al mismo tiempo, nuestra normativa debe ser conforme con los compromisos asumidos por España, concretamente, con las conclusiones adoptadas por los Jefes de Estado y de Gobierno de los Estados miembros de la Unión Europea los días 16 y 17 de octubre de 1999 sobre la creación de un espacio de libertad, seguridad y justicia.

La reforma de la Ley Orgánica 4/2000 parte de la situación y características de la población extranjera en España, no sólo en la actualidad, sino de cara a los años venideros, regulándose la inmigración desde la consideración de ésta como un hecho estructural que ha convertido a España en un país de destino de los flujos migratorios y, por su situación, también en un punto de tránsito hacia otros Estados, cuyos controles fronterizos en las rutas desde el nuestro han sido eliminados o reducidos sustancialmente.

Por otra parte, esta normativa forma parte de un planteamiento global y coordinado en el tratamiento del fenómeno migratorio en España, que contempla desde una visión amplia todos los aspectos vinculados al mismo, y, por ello, no sólo desde una única perspectiva, como pueda ser la del control de flujos, la de la integración de los residentes extranjeros, o la del codesarrollo de los países de origen, sino todas ellas conjuntamente.

IV

Los Jefes de Estado y de Gobierno de los Estados miembros de la Unión Europea acordaron el mes de octubre de 1999 que se debía garantizar un trato justo a los

---

[10] Organic Law. The pyramidal structure envisaged by the Spanish Constitution has at its apex the Constitutional Reform Laws followed by international treaties, Statutes of Autonomy, Organic Law, Autonomous Law and by-laws.

nacionales de terceros países que residieran legalmente en el territorio de sus Estados miembros. Una política de integración debe encaminarse a conceder a estos residentes derechos y obligaciones comparables a los de los ciudadanos de la Unión, así como a fomentar la ausencia de discriminación en la vida económica, social y cultural y al desarrollo de medidas contra el racismo y la xenofobia. En el apartado 1 del artículo 3 se establece que, como criterio interpretativo general, se entenderá que los extranjeros ejercitan los derechos que les reconoce esta Ley en condiciones de igualdad con los españoles.

V

Con relación al Título II de la Ley Orgánica, relativo al régimen jurídico de las situaciones de los extranjeros, la premisa que ha informado las modificaciones efectuadas sobre su articulado ha sido la de establecer un régimen de situaciones y permisos que incentiven a los extranjeros a entrar y residir en nuestro país dentro del marco de la regularidad, frente a la entrada y estancia irregular.

Se ha mantenido la situación de residencia temporal y residencia permanente de los extranjeros, introduciéndose la posibilidad de concesión de un permiso de residencia temporal cuando concurran razones humanitarias o circunstancias excepcionales.

VI

La reforma incluye en el contenido de la Ley Orgánica, conforme a los compromisos internacionales suscritos por España, como miembro de Schengen, sanciones a los transportistas que trasladen a extranjeros hasta el territorio español sin verificar que cumplen los requisitos para la entrada.

Respecto a las sanciones dirigidas contra el tráfico de personas, se introducen medidas para profundizar en la lucha contra dicho tráfico y explotación de seres humanos, permitiendo el control de determinadas actividades vinculadas al mismo o facilitando la neutralización de los medios empleados por los traficantes. Por otra parte, partiendo de que en un Estado de derecho es necesario establecer los instrumentos que permitan hacer efectivo el cumplimiento de las normas, en este caso, de aquéllas que rigen la entrada y permanencia en territorio español, se ha introducido como infracción sancionable con expulsión la permanencia de forma ilegal en el territorio español, pretendiéndose, con ello, incrementar la capacidad de actuación del Estado en cuanto al control de la inmigración ilegal, al nivel de otros Estados miembros de la Unión Europea, que cuentan en sus ordenamientos jurídicos con la posibilidad de expulsar a los extranjeros que se encuentran en esta situación, un criterio que se refleja en las conclusiones del Consejo Europeo de Tampere.

Artículo 1. Delimitación del ámbito.

1. Se consideran extranjeros, a los efectos de la aplicación de la presente Ley, a los que carezcan de la nacionalidad española.
2. Lo dispuesto en esta Ley se entenderá, en todo caso, sin perjuicio de lo establecido en leyes especiales y en los Tratados internacionales en los que España sea parte."

Artículo 3. Derechos de los extranjeros e interpretación de las normas.

1. Los extranjeros gozarán en España de los derechos y libertades reconocidos en el Título I de la Constitución en los términos establecidos en los Tratados internacionales, en esta Ley y en las que regulen el ejercicio de cada uno de ellos. Como criterio interpretativo general, se entenderá que los extranjeros ejercitan los derechos que les reconoce esta Ley en condiciones de igualdad con los españoles.

Artículo 6. Participación pública.

1. Los extranjeros residentes en España podrán ser titulares del derecho de sufragio en las elecciones municipales, atendiendo a criterios de reciprocidad, en los términos que por Ley o Tratado sean establecidos para los españoles residentes en los países de origen de aquellos.
2. Los extranjeros residentes, empadronados en un municipio, tienen todos los derechos establecidos por tal concepto en la legislación de bases de régimen local, pudiendo ser oídos en los asuntos que les afecten de acuerdo con lo que dispongan los reglamentos de aplicación.
3. Los Ayuntamientos incorporarán al padrón y mantendrán actualizada la información relativa a los extranjeros que residan en el municipio.
4. Los poderes públicos facilitarán el ejercicio del derecho de sufragio de los extranjeros en los procesos electorales democráticos del país de origen.

Artículo 9. Derecho a la educación.

1. Todos los extranjeros menores de dieciocho años tienen derecho y deber a la educación en las mismas condiciones que los españoles, derecho que comprende el acceso a una enseñanza básica, gratuita y obligatoria, a la obtención de la titulación académica correspondiente y al acceso al sistema público de becas y ayudas.
2. En el caso de la educación infantil, que tiene carácter voluntario, las Administraciones públicas garantizarán la existencia de un número de plazas suficientes para asegurar la escolarización de la población que lo solicite.
3. Los extranjeros residentes tendrán derecho a la educación de naturaleza no obligatoria en las mismas condiciones que los españoles. En concreto, tendrán derecho a acceder a los niveles de educación y enseñanza no previstos en el apartado anterior y a la obtención de las titulaciones que correspondan a cada caso, y al acceso al sistema público de becas y ayudas.
4. Los poderes públicos promoverán que los extranjeros residentes que lo necesiten puedan recibir una enseñanza para su mejor integración social, con reconocimiento y respeto a su identidad cultural.

Artículo 10. Derecho al trabajo y a la seguridad social.

1. Los extranjeros que reúnan los requisitos previstos en esta Ley Orgánica y en las disposiciones que la desarrollen tendrán derecho a ejercer una actividad remunerada por cuenta propia o ajena, así como al acceso al sistema de la Seguridad Social, de conformidad con la legislación vigente.

2. Los extranjeros residentes en España podrán acceder, en igualdad de condiciones que los nacionales de los Estados miembros de la Unión Europea, como personal laboral al servicio de las Administraciones públicas, de acuerdo con los principios constitucionales de igualdad, mérito y capacidad, así como el de publicidad. A tal efecto podrán presentarse a las ofertas de empleo público que convoquen las Administraciones públicas.

Artículo 13. Derecho a ayudas en materia de vivienda.

Los extranjeros residentes tienen derecho a acceder al sistema público de ayudas en materia de vivienda en las mismas condiciones que los españoles.

Artículo 15. Sujeción de los extranjeros a los mismos impuestos que los españoles.

1. Sin perjuicio de lo dispuesto en los acuerdos aplicables sobre doble imposición internacional, los extranjeros estarán sujetos, con carácter general, a los mismos impuestos que los españoles.

Artículo 17. Familiares reagrupables.

1. El extranjero residente tiene derecho a reagrupar con él en España a los siguientes familiares:
   a) Los ascendientes del reagrupante o su cónyuge, cuando estén a su cargo y existan razones que justifiquen la necesidad de autorizar su residencia en España.
2. Reglamentariamente, se determinarán las condiciones para el ejercicio del derecho de reagrupación y, en especial, del que corresponda a quienes hayan adquirido la residencia en virtud de una previa reagrupación.

Artículo 18. Procedimiento para la reagrupación familiar.

1. Los extranjeros que deseen ejercer este derecho deberán solicitar una autorización de residencia por reagrupación familiar a favor de los miembros de su familia que deseen reagrupar. Al mismo tiempo, deberán aportar la prueba de que disponen de un alojamiento adecuado y de los medios de subsistencia suficientes para atender las necesidades de su familia una vez reagrupada.
2. Podrán ejercer el derecho a la reagrupación con sus familiares en España cuando hayan residido legalmente un año y tengan autorización para residir al menos otro año.
3. Cuando se acepte la solicitud de reagrupación familiar, la autoridad competente expedirá a favor de los miembros de la familia que vayan a reagruparse la autorización de residencia, cuya duración será igual al período de validez de la autorización de residencia de la persona que solicita la reagrupación.

Artículo 20. Derecho a la tutela judicial efectiva.

2. Los procedimientos administrativos que se establezcan en materia de extranjería respetarán en todo caso las garantías previstas en la legislación general sobre procedimiento administrativo, especialmente en lo relativo a publicidad

de las normas, contradicción, audiencia del interesado y motivación de las resoluciones, salvo lo dispuesto en el artículo 27 de esta Ley.
3. En los procedimientos administrativos estarán legitimadas para intervenir como interesadas las organizaciones constituidas legalmente en España para la defensa de los inmigrantes, expresamente designadas por éstos.

Artículo 22. Derecho a la asistencia jurídica gratuita.

1. Los extranjeros que se hallen en España y que carezcan de recursos económicos suficientes según los criterios establecidos en la normativa de asistencia jurídica gratuita tienen derecho a ésta en los procedimientos administrativos o judiciales que puedan llevar a la denegación de su entrada, a su devolución o expulsión del territorio español y en todos los procedimientos en materia de asilo. Además, tendrán derecho a la asistencia de intérprete si no comprenden o hablan la lengua oficial que se utilice.
2. Los extranjeros residentes que acrediten insuficiencia de recursos económicos para litigar tendrán derecho a la asistencia jurídica gratuita en iguales condiciones que los españoles en los procesos en los que sean parte, cualquiera que sea la jurisdicción en la que se sigan.

Artículo 23.2.e)

e) Constituye discriminación indirecta todo tratamiento derivado de la adopción de criterios que perjudiquen a los trabajadores por su condición de extranjeros o por pertenecer a una determinada raza, religión, etnia o nacionalidad.

Artículo 25. Requisitos para la entrada en territorio español.

1. El extranjero que pretenda entrar en España deberá hacerlo por los puestos habilitados al efecto, hallarse provisto del pasaporte o documento de viaje que acredite su identidad, que se considere válido para tal fin en virtud de convenios internacionales suscritos por España y no estar sujeto a prohibiciones expresas. Asimismo, deberá presentar los documentos que se determinen reglamentariamente que justifiquen el objeto y condiciones de estancia, y acreditar medios de vida suficientes para el tiempo que pretenda permanecer en España, o estar en condiciones de obtener legalmente dichos medios.

Artículo 26. Prohibición de entrada en españa:

1. No podrán entrar en España, ni obtener un visado a tal fin, los extranjeros que hayan sido expulsados, mientras dure la prohibición de entrada, así como aquellos que la tengan prohibida por otra causa legalmente establecida o en virtud de convenios internacionales en los que sea parte España.
2. A los extranjeros que no cumplan los requisitos establecidos para la entrada, les será denegada mediante resolución motivada, con información acerca de los recursos que puedan interponer contra ella, plazo para hacerlo y autoridad ante quien deben formalizarlo, y de su derecho a la asistencia letrada, que podrá ser de oficio, y de intérprete, que comenzará en el momento mismo de efectuarse el control en el puesto fronterizo.

Artículo 31. Situación de residencia temporal.

4. Podrá otorgarse un permiso de residencia temporal cuando concurran razones humanitarias, circunstancias excepcionales o cuando se acredite una situación de arraigo, en los supuestos previstos reglamentariamente.
5. Para autorizar la residencia temporal de un extranjero será preciso que carezca de antecedentes penales en España o en sus países anteriores de residencia por delitos existentes en el ordenamiento español y no figurar como rechazable en el espacio territorial de países con los que España tenga firmado un convenio en tal sentido. Se valorará, en función de las circunstancias de cada supuesto, la posibilidad de renovar el permiso de residencia a los extranjeros que hubieren sido condenados por la comisión de un delito y hayan cumplido la condena, los que han sido indultados, o que se encuentren en la situación de remisión condicional de la pena.
6. Los extranjeros con permiso de residencia temporal vendrán obligados a poner en conocimiento del Ministerio del Interior los cambios de nacionalidad y domicilio.
7. Excepcionalmente, por motivos humanitarios o de colaboración con la Justicia, podrá eximirse por el Ministerio del Interior de la obligación de obtener el visado a los extranjeros que se encuentren en territorio español y cumplan los requisitos para obtener un permiso de residencia. Cuando la exención se solicite como cónyuge de residente, se deberán reunir las circunstancias de los artículos 17 y 18 y acreditar la convivencia al menos durante un año y que el cónyuge tenga autorización para residir al menos otro año.

Artículo32. Residencia permanente.

2. Tendrán derecho a residencia permanente los que hayan tenido residencia temporal durante cinco años de forma continuada. Se considerará que la residencia ha sido continuada aunque por períodos de vacaciones u otras razones que se establezcan reglamentariamente hayan abandonado el territorio nacional temporalmente.

Artículo 34. Residencia de apátridas, indocumentados y refugiados.

1. El Ministro del Interior reconocerá la condición de apátrida a los extranjeros que manifestando que carecen de nacionalidad reúnen los requisitos previstos en la Convención sobre el Estatuto de Apátridas, hecha en Nueva York el 28 de septiembre de 1954, y les expedirá la documentación prevista en el artículo 27 de la citada Convención. El estatuto de apátrida comportará el régimen específico que reglamentariamente se determine.
2. El extranjero que se presente en dependencias del Ministerio del Interior manifestando que por cualquier causa insuperable, distinta de la apatridia, no puede ser documentado por las autoridades de ningún país y que desea ser documentado por España, después de practicada la pertinente información, podrá excepcionalmente obtener, en los términos que reglamentariamente se determinen, un documento identificativo que acredite su inscripción en las referidas dependencias. En todo caso, se denegará la documentación solicitada cuando el peticionario esté incurso en algunos de los supuestos del artículo 26.

Los extranjeros que hayan obtenido dicha inscripción y deseen permanecer en España deberán instar la concesión de permiso de residencia válido durante la vigencia del citado documento. También podrán solicitar la concesión de permiso de trabajo por el tiempo señalado, en las mismas condiciones que los demás extranjeros.

3. La resolución favorable sobre la petición de asilo en España supondrá el reconocimiento de la condición de refugiado del solicitante, el cual tendrá derecho a residir en España y a desarrollar actividades laborales, profesionales y mercantiles de conformidad con lo dispuesto en la Ley 5/1984, de 26 de marzo, reguladora del derecho de asilo y de la condición de refugiado, modificada por la Ley 9/1994, de 19 de mayo, y su normativa de desarrollo. Dicha condición supondrá su no devolución ni expulsión en los términos del artículo 33 de la Convención sobre el Estatuto de los Refugiados, hecha en Ginebra el 28 de julio de 1951."

Artículo 36. Autorización para la realización de actividades lucrativas.

1. Los extranjeros mayores de dieciséis años para ejercer cualquier actividad lucrativa, laboral o profesional, deberán obtener, además del permiso de residencia o autorización de estancia, una autorización administrativa para trabajar.
2. Cuando el extranjero se propusiera trabajar por cuenta propia o ajena, ejerciendo una profesión para la que se exija una titulación especial, la concesión del permiso se condicionará a la tenencia y, en su caso, homologación del título correspondiente. También se condicionará a la colegiación, si las leyes así lo exigiesen.
3. Los empleadores que deseen contratar a un extranjero no autorizado para trabajar deberán obtener previamente, conforme a lo dispuesto en el apartado 1 de este artículo, autorización del Ministerio de Trabajo y Asuntos Sociales. La carencia de la correspondiente autorización por parte del empleador, sin perjuicio de las responsabilidades a que dé lugar, no invalidará el contrato de trabajo respecto a los derechos del trabajador extranjero.

Artículo 37. Permiso de trabajo por cuenta propia.

Para la realización de actividades económicas por cuenta propia, en calidad de comerciante, industrial, agricultor o artesano, habrá de acreditar haber solicitado la autorización administrativa correspondiente, cuando proceda, y cumplir todos los requisitos que la legislación vigente exige a los nacionales para la apertura y funcionamiento de la actividad proyectada y obtener del Ministerio de Trabajo y Asuntos Sociales la autorización prevista en el artículo 36 de esta Ley.

Artículo 38. El permiso de trabajo por cuenta ajena.

1. Para la concesión inicial del permiso de trabajo, en el caso de trabajadores por cuenta ajena, se tendrá en cuenta la situación nacional de empleo.
2. El permiso de trabajo tendrá una duración inferior a cinco años y podrá limitarse a un determinado territorio, sector o actividad.
3. El permiso de trabajo se renovará a su expiración si:
   a) Persiste o se renueva el contrato u oferta de trabajo que motivaron su concesión inicial, o cuando se cuente con una nueva oferta de empleo en los

términos que se establezcan reglamentariamente.

b) Cuando por la autoridad competente, conforme a la normativa de la Seguridad Social, se hubiere otorgado una prestación contributiva por desempleo, por el tiempo de duración de dicha prestación.

c) Cuando el extranjero sea beneficiario de una prestación económica asistencial de carácter público destinada a lograr su inserción social o laboral durante el plazo de duración de la misma.

d) Cuando concurran las circunstancias que se establezcan reglamentariamente. A partir de la primera concesión, los permisos se concederán sin limitación alguna de ámbito geográfico, sector o actividad.

Artículo 39. El contingente de trabajadores extranjeros.

El Gobierno, teniendo en cuenta la situación nacional de empleo, las propuestas que le eleven las Comunidades Autónomas y previa audiencia del Consejo Superior de Política de Inmigración y de las organizaciones sindicales y empresariales más representativas, establecerá anualmente, siempre que exista necesidad de mano de obra, un contingente para este fin en el que se fijará el número y las características de las ofertas de empleo que se ofrecen a trabajadores extranjeros que no se hallen ni sean residentes en España, con indicación de sectores y actividades profesionales. A estos efectos, las propuestas que pueden elevar las Comunidades Autónomas incluirán el número de ofertas de empleo y las características profesionales de los trabajadores.

No tendrán que solicitar la obtención del permiso de trabajo los extranjeros en situación de residencia permanente establecida en el artículo 32 de esta Ley Orgánica.

Artículo 47. Exención.

No vendrán obligados al pago de las tasas por la expedición de los permisos de trabajo los nacionales iberoamericanos, filipinos, andorranos, ecuatoguineanos, los sefardíes, los hijos y nietos de español o española de origen, y los extranjeros nacidos en España, cuando pretendan realizar una actividad lucrativa, laboral o profesional, por cuenta propia.

Artículo 52. Infracciones leves:

Son infracciones leves

a) La omisión o el retraso en la comunicación a las autoridades españolas de los cambios de nacionalidad, de estado civil o de domicilio, así como de otras circunstancias determinantes de su situación laboral cuando les sean exigibles por la normativa aplicable.

b) El retraso, hasta tres meses, en la solicitud de renovación de las autorizaciones una vez hayan caducado.

e) Encontrarse trabajando en España sin haber solicitado autorización administrativa para trabajar por cuenta propia, cuando se cuente con permiso de residencia temporal.

Artículo 53. Infracciones graves.

Son infracciones graves:

a) Encontrarse irregularmente en territorio español, por no haber obtenido o tener caducada más de tres meses la prórroga de estancia, la autorización de residencia o documentos análogos, cuando fueren exigibles, y siempre que el interesado no hubiere solicitado la renovación de los mismos en el plazo previsto reglamentariamente.

b) Encontrarse trabajando en España sin haber obtenido permiso de trabajo o autorización administrativa previa para trabajar, cuando no cuente con autorización de residencia válida.

c) Incurrir en ocultación dolosa o falsedad grave en el cumplimiento de la obligación de poner en conocimiento del Ministerio del Interior los cambios que afecten a nacionalidad, estado civil o domicilio.

d) El incumplimiento de las medidas impuestas por razón de seguridad pública, de presentación periódica o de alejamiento de fronteras o núcleos de población concretados singularmente, de acuerdo con lo dispuesto en la presente Ley.

e) La comisión de una tercera infracción leve, siempre que en un plazo de un año anterior hubiera sido sancionado por dos faltas leves de la misma naturaleza.

f) La participación por el extranjero en la realización de actividades contrarias al orden público previstas como graves en la Ley Orgánica 1/1992, de 21 de febrero, sobre Protección de la Seguridad Ciudadana.

g) Las salidas del territorio español por puestos no habilitados, sin exhibir la documentación prevista o contraviniendo las prohibiciones legalmente impuestas.

Artículo 54. Infracciones muy graves.

1. Son infracciones muy graves:

a) Participar en actividades contrarias ala seguridad exterior del Estado o que pueden perjudicar las relaciones de España con otros países, o estar implicados en actividades contrarias al orden público previstas como muy graves en la Ley Orgánica 1/1992, de 21 de febrero, sobre Protección de la Seguridad Ciudadana.

b) Inducir, promover, favorecer o facilitar, formando parte de una organización con ánimo de lucro, la inmigración clandestina de personas en tránsito o con destino al territorio español siempre que el hecho no constituya delito.

c) La realización de conductas de discriminación por motivos raciales, étnicos, nacionales o religiosos, en los términos previstos en el artículo 23 de la presente Ley, siempre que el hecho no constituya delito.

d) La contratación de trabajadores extranjeros sin haber obtenido con carácter previo el correspondiente permiso de trabajo, incurriéndose en una infracción por cada uno de los trabajadores extranjeros ocupados.

e) La comisión de una tercera infracción grave siempre que en un plazo de un año anterior hubiera sido sancionado por dos faltas graves de la misma naturaleza.

2. También son infracciones muy graves
   a) El transporte de extranjeros por vía aérea, marítima o terrestre, hasta el territorio español, por los sujetos responsables del transporte, sin que hubieran comprobado la validez y vigencia, tanto de los pasaportes, títulos de viaje o documentos de identidad pertinentes, como, en su caso, del correspondiente visado, de los que habrán de ser titulares los citados extranjeros.
   b) El incumplimiento de la obligación que tienen los transportistas de hacerse cargo sin pérdida de tiempo del extranjero transportado que, por deficiencias en la documentación antes citada, no haya sido autorizado a entrar en España.

Esta obligación incluirá los gastos de mantenimiento del citado extranjero y, si así lo solicitan las autoridades encargadas del control de entrada, los derivados del transporte de dicho extranjero, que habrá de producirse de inmediato, bien por medio de la compañía objeto de sanción o, en su defecto, por medio de otra empresa de transporte, con dirección al Estado a partir del cual le haya transportado, al Estado que haya expedido el documento de viaje con el que ha viajado o a cualquier otro Estado donde esté garantizada su admisión.

Lo establecido en las dos letras anteriores se entiende también para el caso en que el transporte aéreo o marítimo se realice desde Ceuta o Melilla hasta cualquier otro punto del territorio español.

Artículo 55. Sanciones.

1. Las infracciones tipificadas en los artículos anteriores serán sancionadas en los términos siguientes:
   a) Las infracciones leves con multa de hasta 50.000 pesetas.
   b) Las infracciones graves con multa de 50.001 hasta 1.000.000 de pesetas.
   c) Las infracciones muy graves con multa desde 1.000.001 hasta 10.000.000 de pesetas.
2. Corresponderá al Subdelegado del Gobierno o al Delegado del Gobierno en las Comunidades uniprovinciales la imposición de las sanciones por las infracciones administrativas establecidas en la presente Ley Orgánica.
3. Para la graduación de las sanciones, el órgano competente en imponerlas se ajustará a criterios de proporcionalidad, valorando el grado de culpabilidad y, en su caso, el daño producido o el riesgo derivado de la infracción y su trascendencia.
4. Para la determinación de la cuantía de la sanción se tendrá especialmente en cuenta la capacidad económica del infractor.

Artículo 57. Expulsión del territorio.

1. Cuando los infractores sean extranjeros y realicen conductas de las tipificadas como muy graves, o conductas graves de las previstas en los apartados a), b), c) d) y f) del artículo 53 de esta Ley Orgánica, podrá aplicarse en lugar de la sanción de multa la expulsión del territorio español, previa la tramitación del correspondiente expediente administrativo.
2. Asimismo constituirá causa de expulsión, previa la tramitación del correspondiente expediente, que el extranjero haya sido condenado, dentro o fuera

de España, por una conducta dolosa que constituya en nuestro país delito sancionado con pena privativa de libertad superior a un año, salvo que los antecedentes penales hubieran sido cancelados.

3. En ningún caso podrán imponerse conjuntamente las sanciones de expulsión y multa.

4. La expulsión conllevará, en todo caso, la extinción de cualquier autorización para permanecer en España de la que fuese titular el extranjero expulsado.

5. La sanción de expulsión no podrá ser impuesta, salvo que la infracción cometida sea la prevista en el artículo 54, letra a) del apartado 1, o suponga una reincidencia en la comisión en el término de un año de una infracción de la misma naturaleza sancionable con la expulsión, a los extranjeros que se encuentren en los siguientes supuestos
   a) Los nacidos en España que hayan residido legalmente en los últimos cinco años.
   b) Los que tengan reconocida la residencia permanente.
   c) Los que hayan sido españoles de origen y hubieran perdido la nacionalidad española.
   d) Los que sean beneficiarios de una prestación por incapacidad permanente para el trabajo como consecuencia de un accidente de trabajo o enfermedad profesional ocurridos en España, así como los que perciban una prestación contributiva por desempleo o sean beneficiarios de una prestación económica asistencial de carácter público destinada a lograr su inserción o reinserción social o laboral.

6. Tampoco podrán ser expulsados los cónyuges de los extranjeros, ascendientes e hijos menores o incapacitados a cargo del extranjero que se encuentre en alguna de las situaciones señaladas anteriormente y hayan residido legalmente en España durante más de dos años, ni las mujeres embarazadas cuando la medida pueda suponer un riesgo para la gestación o para la salud de la madre.

7. Cuando el extranjero se encuentre procesado o inculpado en un procedimiento por delitos castigados con penas privativas de libertad inferiores a seis años, el Juez podrá autorizar, previa audiencia del Fiscal, su salida del territorio español, siempre que se cumplan los requisitos establecidos en la Ley de Enjuiciamiento Criminal, o su expulsión, si ésta resultara procedente de conformidad con lo previsto en los párrafos anteriores del presente artículo, previa sustanciación del correspondiente procedimiento administrativo sancionador.

No serán de aplicación las previsiones contenidas en el párrafo anterior cuando se trate de delitos tipificados en los artículos 312, 318 bis, 515.6.°, 517 y 518 del Código Penal.

En el supuesto de que se trate de extranjeros no residentes legalmente en España y que fueren condenados por sentencia firme, será de aplicación lo dispuesto en el artículo 89 del Código Penal.

8. Cuando los extranjeros, residentes o no, hayan sido condenados por conductas tipificadas como delitos en los artículos 312, 318 bis, 515.6.°, 517 y 518 del Código Penal, la expulsión se llevará a efecto una vez cumplida la pena privativa de libertad.

9. La resolución de expulsión deberá ser notificada al interesado, con indicación de los recursos que contra la misma se puedan interponer, órgano ante el que hubieran de presentarse y plazo para presentarlos.

Artículo 58. Efectos de la expulsión y devolución.

1. Toda expulsión llevará consigo la prohibición de entrada en territorio español por un período mínimo de tres años y máximo de diez.
2. No será preciso expediente de expulsión para la devolución de los extranjeros en los siguientes supuestos:
   a) Los que habiendo sido expulsados contravengan la prohibición de entrada en España.
   b) Los que pretendan entrar ilegalmente en el país.
3. En el supuesto de que se formalice una solicitud de asilo por las personas que se encuentren en alguno de los supuestos mencionados en el apartado anterior, no podrá llevarse a cabo la devolución hasta que se haya decidido la inadmisión a trámite de la petición, de conformidad con la normativa de asilo.

Tampoco podrán ser devueltas las mujeres embarazadas cuando la medida pueda suponer un riesgo para la gestación o para la salud de la madre.

4. La devolución será acordada por la autoridad gubernativa competente para la expulsión.
5. La devolución acordada en aplicación de la letra a) del apartado 2 conllevará la reiniciación del cómputo del plazo de prohibición de entrada que hubiese acordado la orden de expulsión quebrantada. Asimismo, en este supuesto, cuando la devolución no se pudiera ejecutar en el plazo de setenta y dos horas, la autoridad gubernativa solicitará de la autoridad judicial la medida de internamiento prevista para los expedientes de expulsión.

Artículo 60. Retorno.

1. Los extranjeros a los que en frontera no se les permita el ingreso en el país serán retornados a su punto de origen en el plazo más breve posible. La autoridad gubernativa que acuerde el retorno se dirigirá al Juez de Instrucción si el retorno fuera a retrasarse más de setenta y dos horas para que determine el lugar donde hayan de ser internados hasta que llegue el momento del retorno.
2. Los lugares de internamiento para extranjeros no tendrán carácter penitenciario, y estarán dotados de servicios sociales, jurídicos, culturales y sanitarios. Los extranjeros internados estarán privados únicamente del derecho ambulatorio.
3. El extranjero durante su internamiento se encontrará en todo momento a disposición de la autoridad judicial que lo autorizó, debiéndose comunicar a ésta por la autoridad gubernativa cualquier circunstancia en relación a la situación de los extranjeros internados.
4. La detención de un extranjero a efectos de retorno será comunicada al Ministerio de Asuntos Exteriores y a la embajada o consulado de su país.

Artículo 6l. Medidas cautelares.

1. Durante la tramitación del expediente sancionador en el que se formule propuesta de expulsión, la autoridad gubernativa competente para su resolución podrá acordar, a instancia del instructor y a fin de asegurar la eficacia de la resolución final que pudiera recaer, alguna de las siguientes medidas cautelares
   a) Presentación periódica ante las autoridades competentes.
   b) Residencia obligatoria en determinado lugar.

c) Retirada del pasaporte o documento acreditativo de su nacionalidad, previa entrega al interesado de resguardo acreditativo de tal medida.
d) Detención cautelar, por la autoridad gubernativa o sus agentes, por un período máximo de setenta y dos horas, previas a la solicitud de internamiento. En cualquier otro supuesto de detención, la puesta a disposición judicial se producirá en un plazo no superior a setenta y dos horas.
e) Internamiento preventivo, previa autorización judicial en los centros de internamiento.

Artículo 64. Ejecución de la expulsión.

1. Una vez notificada la resolución de expulsión, el extranjero vendrá obligado a abandonar el territorio español en el plazo que se fije, que en ningún caso podrá ser inferior a las setenta y dos horas, excepto en los casos en que se aplique el procedimiento preferente. En caso de incumplimiento se procederá a su detención y conducción hasta el puesto de salida por el que se haya de hacer efectiva la expulsión. Si la expulsión no se pudiera ejecutar en el plazo de setenta y dos horas, podrá solicitarse la medida de internamiento regulada en los artículos anteriores, que no podrá exceder de cuarenta días.
2. La ejecución de la resolución de expulsión se efectuará a costa del extranjero si tuviere medios económicos para ello. Caso contrario, se comunicará al representante diplomático o consular de su país, a los efectos oportunos.
3. Se suspenderá la ejecución de la resolución de expulsión cuando se formalice una petición de asilo, hasta que se haya inadmitido a trámite o resuelto, conforme a lo dispuesto en la normativa de asilo.

Artículo 69. Apoyo al movimiento asociativo de los inmigrantes.

Los poderes públicos impulsarán el fortalecimiento del movimiento asociativo entre los inmigrantes y apoyarán a los sindicatos, organizaciones empresariales y a las organizaciones no gubernamentales que, sin ánimo de lucro, favorezcan su integración social, facilitándoles ayuda económica, tanto a través de los programas generales como en relación con sus actividades específicas.

Artículo 70. El Foro para la integración social de los inmigrantes.

1. El Foro para la Integración Social de los Inmigrantes, constituido, de forma tripartita y equilibrada, por representantes de las Administraciones públicas, de las asociaciones de inmigrantes y de las organizaciones sociales de apoyo, entre ellas los sindicatos de trabajadores y organizaciones empresariales con interés e implantación en el ámbito inmigratorio, constituye el órgano de consulta, información y asesoramiento en materia de integración de los inmigrantes.

Disposición adicional primera. Código Penal.

Los Ministerios de Justicia y del Interior adoptarán las medidas necesarias para que la Comisión Técnica, constituida en el seno del Ministerio de Justicia para el estudio de la reforma del sistema de penas del Código Penal examine las modificaciones necesarias en relación con los delitos de tráfico ilegal de personas, en particular en los casos en los que intervengan organizaciones que, con ánimo de lucro, favorezcan dicho tráfico.

Disposición final quinta. Entrada en vigor.

Esta Ley Orgánica entrará en vigor al mes de su completa publicación en el "Boletín Oficial del Estado".

Por tanto,

Mando a todos los españoles, particulares y autoridades, que guarden y hagan guardar esta Ley Orgánica.

Madrid, 22 de diciembre de 2000.

JUAN CARLOS R.

El Presidente del Gobierno,

JOSÉ MARÍA AZNAR LÓPEZ

LA LEY DE EXTRANJERÍA AÑO 2001 (VERSIÓN ABREVIADA)
Glosario selectivo español-inglés

a estos efectos	*for these purposes, to this end*
a favor de	*in favour of*
a instancia del instructor	*at the request of the examining magistrate*
a los efectos de	*for purposes of*
actividad lucrativa, una	*paid employment*
actividades de carácter docente, las	*teaching*
ámbito, el	*scope, the*
ánimo de lucro, con	*profit-making*
antecedentes penales, los	*criminal record, the*
apátrida, el/la	*stateless person, the*
asesoramiento, el	*advice*
asistencia letrada, la	*legal aid*
autoridad gubernativa competente, la	*the proper government authorities*
beca, una	*grant, a*
BOE (Boletín Oficial del Estado)	*Official Gazette*
caducado/a	*expired*
carácter penitenciario, de	*like a prison*
carecer de	*lack, to*
Comunidades uniprovinciales, las	*Autonomous Communities comprising one province only*
condición de refugiado, la	*refugee status*
condicionarse a la colegiación	*be eligible for membership of a professional body, to*
conducta dolosa, la	*fraudulent conduct*
conllevar	*entail, to*
Consejo	*Council*
contingente, un	*quota, a*
contravenir	*contravene, to*
convenio, el	*agreement, the*
cónyuge, el/la	*spouse, the*
cuantía, la	*amount, the*
cuenta ajena, actividad remunerada por	*paid work for someone else*
cuenta propia, por	*freelance*
cumplimiento, el	*compliance*
cumplir la condena	*complete the sentence, to*
de naturaleza no obligatoria	*non-compulsory*
delimitación del ámbito, la	*defining the scope*
delito, el	*crime, the*
denegación de su entrada, la	*refusal of entry*
derecho de sufragio, el	*right to vote, the*
desempeño, el	*carrying out, the*
detención cautelar, la	*preventative detention*
devolución, la	*return (i.e. to country of origin), the*
doble imposición, la	*double taxation*
dotado/a	*equipped*
ejercitar	*exercise, to*
el expediente sancionador, el	*disciplinary measures / action*
empadronado/a	*registered*
en función de	*as regards*
en virtud de	*by virtue of*
encaminarse a	*be aimed at, to*
entrar en vigor	*come into force, to*
estado de derecho, un	*a democracy*
estancia irregular, la	*illegal presence*
eximirse	*to obtain an exemption*
expedir	*issue, to*
falsedad grave, la	*serious misrepresentation*
flujos migratorios, los	*migratory flows*
fomentar	*promote, encourage, to*
gozar	*enjoy, to*
habilitado al efecto	*properly authorized for the purpose*
hacerse cargo de	*take charge / care of, to*
inadmisión a trámite de la petición, la	*refusal of leave to appeal, the*
indocumentado/a	*without identifying papers*
indultado/a	*pardoned*
infracción leve, una	*minor offence, a*
inmigración clandestina, la	*illegal immigration*
internamiento, el	*internment*
interponer un recurso	*bring an action, to*
irregular, el	*illegal immigrant, the*
la autoridad competente	*proper authorities, the*
Ley de Extranjería	*Immigration Laws, the*
litigar	*be at law, to*
mano de obra, la	*workforce, the*
marco de la regularidad, el	*legal framework, the*
medidas cautelares, las	*preventative measures*
medios económicos, los	*economic means, the*
multa, la	*fine, the*
norma, la	*rule, regulation*
normativa, la	*regulations*
ocultación dolosa, la	*fraudulent concealment*
ofertas de empleo público, las	*public sector jobs*
oído, ser	*have one's case heard, to*
ordenamiento, el	*code (legal)*
ordenamientos jurídicos, los	*legal codes, the*
órgano, el	*body, agency, the*
otorgarse	*grant, to*

padrón, el	register, the	remisión condicional de la pena, la	conditional remission of sentence
pena privativa de libertad, una	custodial sentence, a	resguardo acreditativo, el	receipt slip
percibir	receive (pay), to	resolución motivada, la	text of a judgement (laying out the reasons), the
permanencia, la	continuous residence		
petición de asilo, la	request for asylum, the	sancionable con expulsión	punishable by expulsion
presentación periódica, la	periodical attendance	sefardíes, los	the Sepahardic Jews
promover	promote, to	seno, el	bosom, heart, the
propuesta de expulsión, la	recommendation for expulsion, the	solicitar	request, apply for, to
prórroga, una	extension, an	solicitud de asilo, la	request for asylum, the
provisto de	equipped, provided with	suscritos por España	signed up to by Spain
quebrantar (la orden de expulsión)	break (the expulsion order), to	temporal	temporary
		titulación, la	qualifications
reagrupar	bring together again as a group, to	titular, el	holder, the
		transportista, el	haulage contractor
recaer sobre	fall on, to	tratado, el	treaty, the
rechazable	liable to be rejected, turned away	tutela judicial, la	legal aid
		venidero/a	future (adj.)
refugiado/a	refugee, a	vigente	in force
regir	be in force, be valid, to	vinculado/a	connected
reincidencia, la	recidivism	visado, el	visa, the

GENERAL ENGLISH-SPANISH GLOSSARY

A

abduction of a minor	sustracción de menor f
abolition, repeal	derogación f
absolve, relieve of blame, to	exculpar
absurd, crazy	disparatado/a
accident	siniestro m
acquisition, takeover	adquisición f
acting	funciones, en
advance(money)	anticipo m
advance	avance m
advance notice	antelación f
advertising	publicidad f
advisable	aconsejable adj
aeroplane	aeronave f
affiliation	afiliación f
affront	afrenta f
aforementioned, said	dicho/a
agree on, to	pactar
agree to, promise, commit to, to	comprometerse a
AIDS	SIDA m
ailment	dolencia f
air, mien	ademán m
airport baggage handlers	maleteros mpl
alibi	coartada f
all risks	a todo riesgo
alleviate, relieve, to	aliviar
alms	limosna f
always falling in love	enamoradizo/a
amount	importe m
appeal for, to	hacer un llamamiento
Appeals Court	Tribunal de Apelaciones m
applicant	solicitante m
apprehend, to	aprehender
apprentice matador	novillero m
apprentice	aprendiz m
appropriate	adecuado/a
approval	aprobación f
area of conflict	zona conflictiva f
area, sphere	ámbito m
argue for, to	abogar por
argue, to	argumentar
armed robbery	atraco a mano armada m
arouse, raise, to	suscitar
arrogant, haughty	altivo/a
arson	incendio provocado (o intencionado) m
as far as ... is concerned	propósito de, a

assault, to	agredir
astonishing	asombroso/a
attack	atentado m
attitude	actitud f
attitude, stance, position	postura f
atuteness, cunning	astucia f
Autonomous Communities	Autonomías fpl
available	disponible adj
award, grant, to	otorgar

B

baggage	equipaje m
band	pandilla f
basement, cellar	sótano m
be burned at the stake, to	hoguera, morir en la
be content with, to	contentarse con
be emotionally attached to, to	arrimarse
be governed by, to	regirse por
be in favour of, to	partidario de, ser
be located, to	ubicarse
be rumoured, to	rumorearse
be self-sufficient, to	autoabastecerse
be situated, to	hallarse
be successful, to (financially)	prosperar
be successful, to	triunfar
beached whale, a	ballena embarrancada, una
bear cub	osezno m
bear's den	osera f
become, to	hacerse, ponerse
begging	mendicidad f
behaviour	comportamiento mi
being processed	trámite, en
belongings	bienes mpl
beseige, to	asediar
bet, to	apostar
beyond	más allá
birth rate	índice de natalidad m
bitter	amargado/a
bitterness	amargura f
bizarre, outlandish	estrambótico/a
black economy	economías sumergidas fpl
blame, to	culpar
blaspheme, to	blasfemar
bless, to	bendecir
blessing	bendición f
blood serum	suero m

Board of Directors	Consejo de Administración *m*	*chief executive*	jefe del ejecutivo *m*
boardroom	sala de juntas *f*	*choose, opt for, to*	optar por
boat	embarcación *f*	*Cinderella*	Cenicienta
bodyguard	guardaespaldas *m*	*cite, quote, to*	citar
bonfire	hoguera *f*	*citizen*	ciudadano *m*
bonnet (of car)	capó *m*	*civil and criminal*	
booming	pujante *adj*	*indictment*	enjuiciamiento civil y penal *m*
border posts	puestos fronterizos *mpl*	*civil court*	tribunal civil *m*
branch office	sucursal *m*	*civil law*	código civil *m*
brand, brand name	marca *f*	*civil servant*	funcionario *m*
breeches	calzones *mpl*	*classroom*	aula, el *f*
breeding	casta *f*	*clause*	cláusula *f*
bright, striking	llamativo/a	*cling on to, to*	aferrarse a
bring a lawsuit, to	entablar una demanda	*close friendship*	estrecha amistad *f*
bring together, to	adminicular	*clown (in drama)*	gracioso *m*
brutality	sevicia *f*	*clown (in circus)*	payaso *m*
budget	presupuesto *m*	*coastal patrols*	patrullas costeras *fpl*
Buenos Aires, from	bonaerense *mf*, porteño/a	*collect, to*	recaudar
		collective adj	colectivo/a
building plots	parcelas edificables *fpl*	*collective agreement*	
buildings, offices	dependencias *fpl*	*(on pay & conditions)*	convenio colectivo *m*
bullfighter	torero/a *mf*	*come from, to*	proceder de
bullfighter's 'suit of lights'	traje de luces *m*	*come to light, to*	salir a luz
bullfighting strategy	lidia *f*	*come true, be fulfilled, to*	cumplirse
bullring	ruedo *m*	*comforting*	reconfortante *adj*
buried deep	quemado/a	*committed*	enrollado/a, compro- metido/a, dedicado/a
burnt to a cinder	achicharrado/a		
by means of	mediante	*commotion*	revuelo *m*
		commute, to	conmutar
		company	empresa *f*
		company's assets	activo social *m*
C		*competition*	
candle	vela *f*	*(business, etc.)*	competencia *f*
cap	gorra *f*	*competition, contest*	concurso *m*
cape (bullfighting)	capote *m*	*compile, to*	recopilar
capercaillie (a gamebird)	urogallo *nm*	*complaints continue*	
cargo	carga *f*	*to be made*	siguen registrándose denuncias
carry out orders, to	ejecutar las órdenes		
carry out, to	llevar a cabo	*complement each other, to*	compaginarse
catastrophe	catástrofe *f*	*conceal, to*	ocultar
categorical	tajante *adj*	*concede, to*	conceder
categorically	rotundamente	*conceited*	creído/a
cause	causante *m*	*conceive, to*	concebir
cause, to	ocasionar	*condom*	condón, preservativo *m*
caution	cautela *f*	*confront, to*	enfrentarse a
cautious	cauteloso/a	*confrontation*	enfrentamiento *m*
chair of group	cabeza del grupo *mf*	*consider, provide for, to*	contemplar
chair, to	presidir	*consider, think about, to*	plantearse
channel, point in the		*consortium*	consorcio *m*
right direction, to	encaminar	*construction company*	constructora *f*
change one's mind, to	cambiar de parecer, cambiar de opinión	*consultation*	consulta *f*
		consumer price index	índice general de pre- cios al consumo (IPC)
character (in play, etc.)	personaje *m*		
character witness	testigo de conducta *m*	*consumption*	consumo
characteristic, feature	rasgo *m*	*container*	envase *m*
characterize, to	calificar	*contractor*	contratista *mf*
chat room or forum	foro *m*	*contradiction (in terms)*	contrasentido *m*
check, to	checar (Mex)	*contribute, to*	aportar

controversial — controvertido/a
cooking pot — olla *nf*
cope with, to — abasto con, dar
cost — costo, coste *m*
councillor — concejal/ala *mf*
courtship — noviazgo *m*
cover (of book) — portada *f*
covered up — embozado/a
crammed together — apiñados/as, hacinados/as
crème de la creme — flor y nata *f*
crime scene — lugar del delito *m*
crime — crimen, delito *m*
Criminal Investigation Section — Investigación y Criminalística *f*
cross the straits, to — cruzar el estrecho
crossings out — tachones *mpl*
culture shock — desorientación cultural *f*
currency of legal tender, the — moneda de curso legal, la
curtain — telón *m*
custody, guardianship — patria potestad *f*
cuts — recortes *mpl*
cutting (from newspaper) — recorte *m*
cynicism — cinismo *m*

D

damage — daño *m*
damage, to — perjudicar
damages — daños y perjuicios *mpl*
damaging, harmful — nocivo/a ,dañino/a, perjudicial
damned — maldito/a
dare, to — osar
date from, to — remontarse a
deal with, arrange, to — tramitar
death penalty — pena de muerte *f*
death toll — índice de muertes *m*
deceased — difunto/a, fallecido/a
deceive, to — engañar
declare, to — manifestar
decline — declive *m*
deeply rooted — arraigado/a
defeat — derrota *f*
delay — retraso *m*
delegate — delegado/a *mf*
delight — encanto *m*
demand, appeal, request — demanda *f* petición *f*
demand, to — exigir, reclamar
demonstration, protest — manifestación *f*
deny, to — desmentir
depress, to — deprimir
depressing — deprimente
deprivation — privaciones *fpl*
desertion — abandono del hogar *m*
designer — diseñadora *f*

despair — desconsuelo *m*
destination — destino *m*
destructive — pernicioso/a
detail, to — detallar
deteriorated — venido/a a menos
deterioration — deterioro *m*
determined to — resuelto/a a
deterrent — disuasor, elemento *m*
development — desarrollo *m*
difficult moment, bad patch — trance *m*
difficult to deal with — difícil de tratar
direct evidence — pruebas directas *fpl*
directives — directrices *fpl*
dirty linen (something to hide) — trapos sucios *mpl*
disagreement — desacuerdo *m*, desavenencia *f*
disappoint, to — decepcionar
disappointment — decepción *f* desilusión *f*
disclose (data), to — adelantar (datos)
discourage, to — desalentar
discredited — desacreditado/a
discussion document — base de consulta *f*
disdain, scorn — desdén *m*
dismayed — consternado/a
disposal, sale, sell-off — enajenación *f*
distance oneself, to — distanciarse
distressing — angustioso/a
district — comarca *f*
DIY do-it-yourself — bricolaje *m*
documentary — documental *m*
domestic offense — delito de índole familiar *m*
domestic waste — residuos domésticos *mpl*
doorman — conserje *m*
down and outs — marginados *mpl*
downturn (economic) — bajón *m* retroceso *m*
draft bill — proyecto de ley *m*
draft copy — borrador *m*
dream, hope — ilusión *f*
drug dealer — traficante *m*
drug habit — hábitos tóxicos *mpl*
drug pusher, dealer — camello *m* (*coll.*)
drugs — drogas *fpl*, estupefacientes *mpl*
dual nationality laws — ley de doble nacionalidad *f*

E

ease off, to — aliviarse
education level — escolaridad *f*
effective — eficaz *adj*
egalitarian — igualitario/a
electorate — electorado *m*
e-mail — correo electrónico
embody to — encarnar

employees	empleados *mpl*
encourage, to	fomentar
end of, at the	en las postrimerías de
ending	desenlace *m*
enjoy, to	disfrutarse de, gozar de
ensure public safety, to	garantizar la seguridad ciudadana
entail, to	conllevar
enter into, strike up, start, to	entablar
enterprising	emprendedor/a
envisage, to	contemplar
envy, to	codiciar, envidiar
equipment	equipo *m*
esquivar	avoid, to
essential	imprescindible *adj*
establish the facts, to	averiguar los hechos
estar dispuesto/a a	willing to, to be
estate agency	inmobiliaria *f*
event, happening	acontecimiento *m*
even-tempered	ecuánime *adj*
everyday	cotidiano/a
evidence for the defence	prueba de descargo *f*
executioner	verdugo/a *mf*
executive committe	consejo de adminis-tración *m*
expel, to	expulsar
explanation	aclaración *f*
expoit, to	explotar
expressly	terminantemente
external contracting, outsourcing	contratación externa *f*
extremists (right-wing)	ultras *mpl*
eyebrows which meet, with	cejijunto/a

film, to	rodar
filmmaker	cineasta *mf*
final, definitive	definitivo/a
financial year	ejercicio *m*
find guilty, to	hallar culpable
find out, to	enterarse de
find, to	hallar
fingerprinting	dactiloscopia *f*
fit of rage	arrebato de ira *m*
flag carrier (airline)	portadora de bandera *f*
flamenco dancer	bailaor/a *mf*
flatten, squash, to	aplastar
fleet	flota *f*
flight (i.e. running away)	huida *f*
flirt, to	flirtear
flotation (of a company)	salida a bolsa *f*
flow control	contención de flujos *f*
folleto *m*	leaflet, flyer
foodstuffs	alimenticios *mpl*
for (the) purposes of	a efectos de
for sure, definitely	fijo
foreigner	guiri *mf(fam.)*
forensic	forense *adj*
formalize and execute	formalizan y otorgan
foundations	cimientos *mpl*
framework	marco *m*
franchise	franquicia *f*
frequent drunkenness	ebriedad consuetudi-naria *f*
frightened	asustado/a
from the start	de entrada
from	procedente de
fund	fondo *m*

F

facade	fachada *f*
face	rostro *m*
facilitate, to	facilitar
fade, to	borrarse
failed social policy	fallida política social *f*
failure to comply	incumplimiento *m*
failure	fracaso *m*
family court	juzgado familiar *m*
family vault	panteón *m*
famine	hambruna *f*
farmer	granjero *m*
feel like a fish out of water, to	gallina en corral ajena, sentirse
feeling of lack, loss	sentimiento de carencia *m*
feign, to	fingir
female	hembra *f*
fight a bull, to	torear
file, to open a	abrir expediente

G

G.P.	médico de cabecera *m*
gang	pandilla *f (fam.)*
gather, to	recabar
get away from, distance oneself, to	alejarse
get caught on, to	engancharse en
get involved in, to	involucrarse
get lost, beat it, to	largarse con viento fresco *(coll.)*
get one's own way, to	salirse con la suya
get rid of, to	deshacerse de
get up someone's nose, to	hinchar las pelotas a *(vulg.)*
get worked up, be uptight, to	agobiarse
ghetto	gueto *m*
give an appearance, to	aparentar
give approval to, to	visto bueno a, dar el
give in/up, to	ceder
give up smoking, to	dejar de fumar
glimpse, discern, to	vislumbrar

global organizations	organismos mundiales mpl
globalization	mundialización f
goal	meta f
goods	bienes mpl
gossip	cotilleo m, murmuraciones fpl
government adj	gubernamental
greedy	codicioso/a
grotesque drama	esperpento m
group	colectivo m
grumblings	refunfuños mpl
grumpy, given to moaning	gruñón/ona
gun club	club de tiro m
guy/girl	tío/a mf (coll.)

H

handle, manage, to	manejar
hangover	resaca f
happen, occur	sobrevenir
hardback	de tapa/s dura/s fpl
harmful	dañino/a
harmonized European Union legislation	legislación comunitaria armonizada f
have a bearing on, to	incidir en
have a criminal record, to	antecedentes, penales (o policiales), tener
have an advantage over, to	aventajar
have good connections, to	enchufes, tener buenos
have recourse to the courts, to	recurrir a los tribunales
he/she couldn't care less	importa un rábano, le
head of personnel	directora de personal f
head office	sede, sede social f
head, lead, to	encabezar
heading, rubric	encabezamiento m
headline	titular m
heartrending	desgarrador/a
help, to	ayudar, auxiliar a
hero, leading man in theatre	galán m
hide, to	esconderse
higgledy piggledy, all over the place	troche y moche, a (fam.)
hip	enrollado/a (argot)
history, record	historial m
hit the bottle, to	darse a la bebida
hold the reins, to	llevar las riendas
hole	agujero m
home	hogar m
hooligan	gamberro m
hostel, refuge, shelter	albergue m
housing	vivienda f
howl, to	aullar

human rights	derechos humanos mpl
hustle and bustle	ajetreo m

I

Iberian brown bear identified as a dangerous extremist	oso pardo ibérico m fichado/a como ultra peligroso/a
illegal immigrants	inmigrantes irregulares mfpl
illegal immigrants	irregulares mpl
illiterate, ignoramos	analfabeto/a mf
ill-matched	malavenido/a
illnesses	enfermedades fpl
immigrant community as a whole, the	colectivo de los inmigrantes m
Immigration Laws, the immigration policy	Ley de Extranjería f las políticas de inmigración fpl
impact on, to have an	repercutir en
impose, to	imponer
imprudent, unwise	imprudente adj
imputation, charge	imputación f
in agreement	conforme adj
in charge of, responsible for	encargado/a de, a cargo de
in the absence of	falta de, a
in the same way	asimismo
in the short term	a corto plazo
income, revenue	ingresos mpl
increase	aumento m
indecisive	indeciso/a
indirect evidence	pruebas indirectas fpl
industrial unrest	agitación laboral f
industrial waste	deshechos industriales mpl
industrial	fabril adj
inebriation	embriaguez f
inevitably	indefectiblemente
inhale, to	inhalar
inherited	heredado/a
injured, offended	agraviado/a
Inland Revenue	Hacienda
insist on, to; strive to, to	empeñarse en + infin
insistence	empeño m
intense hatred	desmesurado odio m
intense hunger	hambre canina f
introduce (a law)	implantar (una ley)
investigate, to	indagar
investigations	indagaciones fpl
investment	inversión f
investor	inversor m
inveterate, hardened	empedernido/a
involvement	involucración f
irreplaceable	irremplazable adj
irreproachable	intachable

J

jewel	joya *f*
job, role	cargo *m*
judgement, ruling	fallo *m*
jungle	selva *f*
jungle	sensato/a
justice of the peace	juez de paz *m*

K

keep under control, to	atajar
keep up-to-date, to	día, estar al
key data, facts, the	datos clave, los
kind, nature, type	índole *f*
kind-hearted	bondadoso/a
knife	navaja *f*
knock down, to	atropellar

L

labourer	peón
lack a decent home, to	carecer de vivienda digna
lack of linguistic competence	incompetencia lingüística *f*
landing gear, undercarriage	tren de aterrizaje *m*
latest thing	último grito *m*
launch	lanzamiento *m*
law and order	órden público *m*
law practice	bufete *m*
lead, head, to	liderar
leaflet	volante *m* (*LA*)
leak (information), to	filtrar
lean out of, to	asomarse a
leased aircraft	aviones arrendados *mpl*
leased	arrendado/a
leather jacket	cazadora de cuero *f*
legal adviser	asesor/a jurídico/a *mf*
legal counsel, advice	asesoría jurídica *f*
legal	jurídico/a
leisure	ocio *m*
lend support, to	apoyo, prestar
let's take it one step at a time	partes, vayamos por
level	tasa *f*
level of violence	tasa de violencia *f*
lie, to	mentir
life sentence	cadena perpetua *f*, presidio perpetuo *m* (*LAm*)
light	leve *adj*
limelight	candelero *m*
link	vínculo *m*
linkage	vinculación *f*
literacy	alfabetización *f*
little kid	chinorri (slang)
little previous education	escasa escolarización anterior *f*

live like a king, to	vivir a cuerpo de rey
livestock	cabaña ganadera *f*
load	cargamento *m*
location	ubicación *f*
long for, desire, to	ansia
long-haul flights	recorrido, vuelos de largo
long-lasting	duradero/a
long-winded	prolijo/a
look after, safeguard, to	velar por
look down on, to	despreciar
love, great enthusiasm for	afición a *f*
loyal	fiel, leal *adj*
lubricate, to	engrasar
lung	pulmón *m*

M

machine-gun	ametralladora *f*
machinery	maquinaria *f*
Madrid equivalent of cockney 'wide-boy'	chulo *m*
magnet	imán *m*
main office	casa central *m*
main or headline story	titular *m*
maintenance payment	pensión alimenticia *f*
maintenance	mantenimiento *m*
majority shareholder	accionista mayoritaria *mf*
make a fuss of someone, to	hacer fiestas a una persona
make passes (with a cape), to	pases, dar
make public, to	pregonar
make the most of, to	aprovechar
makeup	maquillaje *m*
malicious homicide	homicidio doloso *m*
man/woman in his/her forties	cuarentón/tona *mf*
management tool	herramienta de administración *f*
management	dirección *f*
managing director	director gerente *m*
manslaughter	homicida por imprudencia *m*
marital home	domicilio conyugal *m*
market share	cuota de mercado *f*
massive	bestia, a lo
matter	asunto *m*
measures	medidas *fpl*
media	medios de comunicación *fpl*
mended	remendado/a
mental derangement	enajenación mental *f*
merchandise	mercadería *f*
milestone	hito *m*
Ministry of Public Works	MOP (Min. de Obras Públicas)
mischief	travesuras *fpl*

misfortune	desdicha f
miss, long for, to	añorar
moan, to	gemir
moderator	moderador/a mf
monthly	mensual adj
motto, slogan	lema m
move, to	traslada
movers and shakers	mueven los hilos, los que
moving away from seasonality	desestacionalización f
moving	conmovedor/ora
myth	mito m

N

naff, tacky, definitely not cool	hortera adj mf
named	denominado/a
national average, the	media nacional, la
neighbourhood	vecindad f
network	red f, entramado m
nickname	mote m
nicotine	nicotina f
nineteenth-century	decimonónico/a
non-fiction	de divulgación
not to be able to stand someone	no poder ver a alguien
notes	apuntes mpl
now, nowadays	hoy día, a estas alturas
nun	monja f
nursery school, crèche	guardería f

O

obsessed, fanatical	maniático/a
of the utmost importance	de suma importancia
offspring	vástago m
old-fashioned, out of step	desfasado/a
omen	augurio m
on average	media, de
on the ball, bright	espabilado/a
once again	nuevo, de
open ground	descampado m
open up to immigration, to	abrirse a la inmigración
order someone to do, to	conminar a + infin
orphan	huérfano/a mf
outskirts	afueras fpl
overcome the legal obstacles, to	salvar los obstáculos legales
overwhelm, to	abrumar
overwhelmed	abrumado/a

P

pain in the arse (vulg.)	coñazo m (vulg.)
pain in the neck, a	pesado, un (coll.)
painful, distressing	doloroso/a
paperback	edición de bolsillo f
pardoned	indultado/a
parole	libertad condicional f
particular or unusual circumstances	peculiares circunstancias
partner (business)	socio/a mf
pass sentence, to	dictar una sentencia
passers-by	transeúntes mfpl
passes with the cape (bullfighting)	lances de capote mpl
pasty, pie	empanada f
patrol	patrulla f
paunchy	barrigón/gona
pay, credit, to	abonar
payroll deductions	descuentos en nómina mpl
penalty	pena f
perched	encaramado/a
peremptorily	perentoriamente
period of residence in	permanecencia en f
period	plazo m
permission to settle	permiso de asentamiento m
perpetration of criminal acts, the	comisión de actos delictivos f
personnel	recursos humanos mpl
pesetas	pelas fpl (fam.)
pester, to	dar la lata
physically handicapped people	disminuidos físicos mpl
piece, bit	trozo m
pitched battle	batalla campal f
play a role, to	desempeñar un papel
poachers	furtivos mpl
poaching	caza furtiva f
point out, to	apuntar
policy (insurance)	póliza f
policy	política f
poor sod (vulg.)	pringao mi (coll.)
power	poderío m
practice with the bullfighting cape	toreo de salón m
prat, plonker (vulg.)	gilipollas mf (vulg.)
predation	depredación f
premiere, to	estrenarse
preserve, to	conservar
preside over, head, to	presidir
press conference	rueda de prensa f
press release	comunicado de prensa m
pressurize, to	presionar
previous, prior	previo/a
prey	presa f
primacy	primacía f
print run	tirada f
prison adj	carcelario/a
prisoner	preso m

procedures	procedimientos *mpl*, proceso (*jurídico*)*m*
procedures (formalities)	trámites *mpl*
proceedings	procedimiento *m*
produce results, to	arrojar conclusiones
producer	fabricante *m*
profile	perfil *m*
profit and loss account	cuenta de resultados, la
profitability	rentabilidad *f*
profits	beneficios *mpl*, ganancias *fpl*
prominent, outstanding	destacado/a
promote, to	promover
promotion of business	fomento empresarial *m*
property search	registro en domicilio / domiciliario *m*
proposal	propuesta *f*
props	atrezzo *m*, utilería
prosecution evidence	prueba de cargo *f*
prospects	expectativas *fpl*
provided with	provisto/a de
provision	prestación *f*
prudish, prissy	mojigato/a
public highway	vía pública *f*
put a down payment on, to	entrada en, poner la
put off, to	aplazar
put on airs, to	aires, darse
put under surveillance, to	vigilancia, poner en
put up for tender, to	sacar a concurso

Q

quash, overturn, cancel, to	anular
question, to	cuestionar

R

raffle	rifa *f*
rage	ira *f*
railing	barandilla *f*
rape, to	violar
rate	tasa *f*
ravings, delirium	desvarío *m*
reach an agreement, to	llegar a un acuerdo
reach, scope	alcance *m*
reach, to	alcanzar
ready for anything	dispuesto/a a todo
realize, to	darse cuenta
reason	motivo *m*
rebel without a cause	rebelde sin causa *m*
reception centres	centros de acogida *mpl*
record, file	expediente *m*
recovery, rally	repunte *m*
recreation	recreo *m*
reduce, to	rebajar

redundancy, layoff, dismissal	despido *m*
refrain	estribillo *m*
refuge, shelter	amparo *m*
regularization (i.e. legalization)	regularización *f*
rehabilitate, to	reinsertar
rehabilitated	reinsertado/a
rehearsal	ensayo *m*
reinforcement	refuerzo *m*
reject, to	rechazar
rekindle	reavivar
relations	enlaces *mpl*
relaunch	relanzamiento *m*
release, to	soltar
reliability	fiabilidad *f*
reliable	fiable *adj*
relief, providing	alentador/ora
relief	alivio *m*
reluctantly	a regañadientes
renown	renombre *m*
replace, to	reemplazar
replacement parts	partes de repuesto *f*
report (to the police), to	denunciar
report	informe *m*
repress, to	reprimir
repressed	reprimido/a
reproach, to	reprochar
rescue, to	rescatar
researcher	investigador/ora *mf*
resign, to	dimitir
resort to, have recourse to, to	recurrir a
responsible for	cargo de, a
restricted	restringido/a
resulting	resultante
resume, to	reanudar
retire, to(at the end of one's working life)	jubilarse
retire, withdraw, to	retirar
retired people	jubilados/as
review	reseña *f*
rich kid	niño/a pera *mf* (*fam.*), pijo *m* (*coll.*)
riffraff	gentuza *f*
ring, flashy, cheap jewellery (coll.)	sortija *f*
rise	alza, el *f*
risk one's life, to	jugársela (*fam.*)
risk	riesgo *m*
rivalry	rivalidad *f*
role	papel *m*
round here	lares, por estos
rule out in advance, to	descartarse a priori
rule out, to	descartar
rules governing asylum, the	leyes de asilo *fpl*
rules	normas *fpl*

rules, regulations,	
guidelines	normativa *f*
rural villages	núcleos urbanos rurales *mpl*
rush, to	apresurarse a

S

safe, to be	estar a salvo
safety of the community	seguridad colectiva *f*
safety pin	imperdible *m*
sales director	director de ventas *m*
save, to	ahorrar
saving	ahorro *m*
scaffolding, support structure	andamiaje *m*
scandalize, shock, to	escandalizar
scarcity	escasez *f*
scarf	bufanda *f*
scorn	desprecio *m*
screwdriver	destornillador *m*
script	guión *m*
scuffle, clash	refriega *f*
seasonality	estacionalidad
seat (in parliament)	curul *f*
security guard	guarda jurado/a *mf*
sedative	sedante *m*
seize, confiscate, to	incautarse
self-interested, biased	interesado/a
selfish, egotistical	egoista *adj*
sensational press	prensa amarilla *f*
sentence (of court)	sentencia *f*, condena *f*
serial womanizer	mujeriego en serie *m*
serial	en serie
serious	grave *adj*
seriously at-risk cases	casos de grave riesgo *mpl*
servant	criado *m*
set (in theatre)	decorado *m*
shore	ribera *f*
settle (a debt), to	saldar
settle in, to	fijar la residencia en
settling of accounts, getting even	ajuste de cuentas *m*
shady-looking	con mala pinta
shake, send shock waves through, to	sacudir
shaken	sacudido/a
shaking, trembling	temblores *mpl*
shameful	vergonzoso/a
shanty, shack	chabola *f*
share price	cotización (de las acciones) *f*
shareholder	accionista *mf*
shares	acciones *fpl*
sharing out	reparto *m*
shelter	cobijo *m*
shock	asombro *m*

shocking	escandaloso/a
shop window	escaparate *m*
shortening	acortamiento *m*
shortly afterwards	al poco rato
shotgun	escopeta *f*
show evidence of, to	evidenciar
showground, the	recinto ferial, el
sickened	asqueado/a
sign	indicio *m*
sign, to	firmar
sin	pecado *m*
sink, to	hundirse
site	solar *m*, lugar *m*
skinhead (coll.)	cabeza rapada *f*
slander	injurias *fpl*
slap	bofetón *m*
slip away, to	escabullirse de
slur one's words, to	arrastrar las palabras
small boats intercepted	pateras interceptadas *fpl*
smoke a pipe, to	fumar en pipa
smoke	humo *m*
social marginalization	marginación social *f*
soportar	to put up with
soundings, straw poll	sondeo *m*
spanner	llave inglesa *f*
speech	discurso *m*
sponsored	auspiciado/a
spotlight	foco de luz *m*
stab wound	puñalada *f*
staff, workforce	plantilla *f*
stage	tablado *m*
stage, the	tablas, las
stagger, to	tambalearse
staggering	fulminante *adj*
staging	escenificación *f* montaje *m*
stamp, mark	impronta *f*
stand/face up to, to	encararse con
standardization, comparability	homologación *f*
startup	puesta en marcha *f*
state adj	estatal
step-sister	hermanastra *f*
stick to, to	atenerse a
stiff neck	tortícolis *f*
stock exchange, the	bolsa, la *f*
stock market	mercado bursátil *m*
stomach, belly, paunch	barriga *f*
stoning	lapidación *f*
stowaway, a	polizón *m*
straightforward	campechano/a
street adj	callejero/a
street market	mercadillo *m*
stress, stand out, to	destacar
stress, to	hacer hincapié en
strict border controls	estricto control fronterizo *m*
strike call	convocatoria de una huelga *f*

strike	huelga *f*	*taxes*	contribuciones *f*,
strive to, insist on, to	empeñarse en		impuestos *m*,
stroke of luck	golpe de suerte *m*		gravámenes, *mpl*
struggle with, to	forcejear con	*team*	equipo *m*
struggle	lucha *f*	*television soap opera*	culebrón televisivo *m*
study, to	cursar estudios	*temporary*	eventual
submit a tender, to		*term of office*	mandato *m*
tender, to	presentarse a concurso	*terrible, sad*	penoso/a
submit to, to	someterse	*the conditions set out*	las condiciones expues-
sub-Saharan			tas
(i.e. Nigerian, etc.)	subsahariano/a *mf*	*the good times are*	
subsidiary/sister		*coming to an end*	acaban las vacas gor-
company	empresa filial *f*		das, se
succesful	exitoso/a	*the local elections*	municipales, las
success	éxito *m*	*the Madrid scene*	movida madrileña *f*
suddenly	de golpe	*the straw that broke*	
suffer (the		*the camel's back*	gota que colmó el vaso,
consequences), to	resentirse		la
suffer, to (illness, etc.)	padecer	*therapeutic*	terapéutico/a
suggestions	sugerencias *fpl*	*third parties*	terceros *mpl*
summary	resumen *m*	*those in attendance,*	
summons to court	emplazamiento a juicio	*those appearing*	comparecientes *mfpl*
	m	*those without papers*	sin papeles *mfpl*
supplier	proveedor/a *mf*	*threat*	amenaza *f*
supply	proveer	*threaten, to*	amenazar
supply (someone		*threatening*	amenazador/ora
with), to	suministrar, proveer (a	*through the courts*	vía judicial *f*
	alguien de)	*throw, to*	arrojar
support, backing	apoyo *m*, respaldo *m*	*ties*	lazos *mpl*
support, back, to	respaldar	*titbit*	golosina *f*
supporters	partidarios *mpl*	*top executives, the*	altos cargos, los
supress, remove,		*trace, impression*	
abolish, to	suprimir	*(lit footprint)*	huella *f*
surfer (of internet)	navegante *m*	*trade union*	sindicato *m*
surround, to	rodear	*trade, to*	comerciar
surrounded	rodeado/a	*train lines, tracks*	vías de tren *fpl*
surroundings,		*transgressive*	transgresor/a
environment	entorno *m*	*transition to democracy*	
survival	supervivencia *f*	*in Spain, the*	transición *f*
survive, to	pervivir	*trashy*	pacotilla, de
suspects, the	presuntos	*treasury, public funds*	erario *m*
	culpables *mpl*	*treaty*	tratado *m*
suspend, to	suspender	*trial*	juicio *m*
suspicious, annoyed	mosqueado/a *(fam.)*	*trick*	truco *m*
swearword	palabrota *f*	*tripe*	callos *mpl*
syringe	jeringuilla *f*	*truncated, shortened*	truncado/a

T		**U**	
table of contents	índice de materias *m*	*unacceptable*	inadmisible *adj*
take in, to	acoger	*unanimity*	unanimidad *f*
take minutes, to	levantar el acta	*undecided*	indeciso/a
take to court, to	llevar a juicio	*underline, to*	subrayar
talent, gift	don *m*	*undermine, to*	socavar
tar	alquitrán *m*	*underside*	envés *m*
task	tarea *f*	*understudy*	suplente *mf*
tax	impuesto *m*,	*undervalue, despise,*	
	gravamen *m*	*scorn, to*	despreciar

undesirables	indeseables *mpl*
unemployed	paro, en
unemployment benefit	paro *m*
unemployment figures	índice de paro *m*
unemployment	paro *m*
unfortunate	inoportuno/a
union committe	comité sindical *m*
union rep	enlace sindical *m*
unions representing most of the workers	sindicatos mayoritarios *mpl*
university chair, professorship	cátedra *f*
unprecedented	inaudito/a
unprecedented	inédito/a
unusual	fuera de lo corriente
unworkable	irrealizable
update, to	actualizar
ups and downs	altibajos *mpl*
urban area	casco urbano *m*
urge, to	instar
use blackmail, to	chantaje, servirse de
utterly	rotundamente

V

validity, being in force	vigencia *f*
valued	tasado/a
vegetable produce	hortalizas *fpl*
veil	velo *m*
very Spanish (esp. very Castilian)	castizo/a
vice	vicio *m*
violent extreme right-wingers	violentos de ideología ultraderechista *mpl*
voltage	voltaje *m*
vulture	buitre *m*

W

wardrobe (theatre or collection of clothes)	vestuario *m*
warehouse, store	almacén *m*
warning	aviso *m*
waste	deshechos *mpl*
watch one's back, to	espaldas, cubrirse las
wave	oleada *f*
weak	flojo/a
wealthy	adinerado/a
weigh up, to	sopesar
welcome immigrants, to	acoger a inmigrantes
Welfare State, the	Estado del Bienestar *m*
welfare	bienestar *m*
what a mess	birria, vaya
what's on offer for tourists	oferta turística, la
whore (vulg.)	puta *f* (*vulg.*)
wild boar	jabalí *m*
wild, unbridled	desaforado/a
winemaker	viñatero *m*
with a view to	con vistas a
withdrawal, removal	supresión *f*
womaniser	mujeriego *m*
workshop	taller *m*
worthy of	digno/a de
wounded	herido/a
wretched	mísero/a
write an expert report, to	elaborar un informe técnico y pericial

X

xenophobic or racist attitudes	actitudes xenófobas o racistas *fpl*